国家社科基金重点项目：

“新时代中国绿色发展的内生动力与长效机制研究”（18AJY010）

教育部人文社科基金项目：

“创新驱动中国工业绿色转型研究”（17YJA790025）

中国城市绿色竞争力指数报告

2020

关成华　韩晶 ◎著

REPORT ON THE GREEN COMPETITIVENESS INDEX OF CHINESE CITIES

经济日报出版社

图书在版编目（CIP）数据

中国城市绿色竞争力指数报告.2020／关成华等著.--北京：经济日报出版社，2020.3
ISBN 978-7-5196-0658-9

Ⅰ.①中… Ⅱ.①关… Ⅲ.①城市经济-绿色经济-竞争力-研究报告-中国-2020 Ⅳ.①F299.2

中国版本图书馆CIP数据核字（2020）第019040号

中国城市绿色竞争力指数报告2020

作　　者	关成华　韩　晶
责任编辑	陈　芬
助理编辑	陈礼滟
责任校对	温　海
出版发行	经济日报出版社
地　　址	北京市西城区白纸坊东街2号A座综合楼710（邮政编码：100054）
电　　话	010-63567684（总编室）
	010-63584556（财经编辑部）
	010-63567687（企业与企业家史编辑部）
	010-63567683（经济与管理学术编辑部）
	010-63538621　63567692（发行部）
网　　址	www.edpbook.com.cn
E-mail	edpbook@126.com
经　　销	全国新华书店
印　　刷	北京建宏印刷有限公司
开　　本	787×1092 mm　1/16
印　　张	16.375
字　　数	207千字
版　　次	2020年7月第1版
印　　次	2020年7月第1次印刷
书　　号	ISBN 978-7-5196-0658-9
定　　价	56.00元

课 题 组

课题组组长

关成华　韩　晶

课题组成员

陈超凡　高　铭　孙雅雯　陈　曦

田易凡　任　璐　姜如玥　冯　娅

王　赟（中国农学会）

彭一然（工业和信息化部国际经济技术合作中心）

目　录

CONTENTS

总　论

第二章　经济基础与科技进步测算及分析

第三章　城市自然资产与环境压力测算及分析

第四章　资源与环境效率测算及分析

第五章　政策响应与社会福利测算及分析

第六章　新时代中国城市绿色竞争力提升战略

表 目

图 目

总　论

绿色发展作为化解自然环境约束、破解经济转型难题、实现可持续发展的关键，正逐渐成为中国生态文明建设、美丽中国建设的重要指导理念。党的十九大报告中 43 次出现“生态”一词，29 次出现“环境”一词，13 次出现“资源”一词，4 次出现“绿色发展”一词，昭示着绿色发展成为新时代的主题，引领未来国家经济社会发展的方向和模式。十九届四中全会在此基础上进一步提出生态文明建设是关系中华民族永续发展的千年大计，我们必须要践行绿水青山就是金山银山的理念，坚持节约资源和保护环境的基本国策，坚持节约优先、保护优先、自然恢复为主的方针，坚持走生产发展、生活富裕、生态良好的文明发展道路，在坚定制度自信的基础上，不断完善生态文明制度体系，推进新时代“生态之治”，才能实现建设美丽中国的夙愿。在资源环境约束日益趋紧，生态环境问题频发的背景下，“高耗能、高排放、高污染”的粗放型发展模式已难以为继，作为消耗资源环境的主体，城市的绿色发展对于实现经济发展与资源环境的有机协调，人与自然的和谐共生，推进经济社会的高质量发展具有重大意义。

“城市绿色竞争力”丰富了城市竞争力的内涵，为城市追求更可持续的竞争力提供了新的思路，对于引导地方政府和社会公众将绿色发展作为新时代建设中国特色社会主义的出发点和落脚点，具有十分重要的现实意义。本报告通过建立中国城市绿色竞争力评价指标体系，从经济基础与科技进步、自然资产与环境压力、资源与环境效率、政策响应与社会福利四个方面深入分析中国城市绿色竞争力的特征，在此基础上提出新时代中国城市绿色竞争力提升路径，以期为城市追求绿色发展提供动力，为中央和地方政府决策提供参考。

一、城市绿色竞争力的理论框架

城市绿色竞争力概念是由竞争力概念演变而来。所谓“竞争力”，一般意义上是指两个或两个以上竞争者在竞争过程中所表现出来的相对优势、比较差距、吸引力与收益力的一种综合力。作为经济活动的主要载体和平台，城市在全球活动和区域经济中的地位日益重要，城市间的竞争也越发激烈，关于城市竞争力的研究随之兴起。在内涵上，城市竞争力主要指“一个城市在竞争和发展过程中与其他城市相比所具有的吸引、争夺、拥有、控制和转化资源，争夺、占领和控制市场，创造价值，为其居民提供福利的能力”[①]。将绿色引入竞争力领域，以绿色的方式提升竞争力，即绿色竞争力——其内涵集中表现在发展度（强调包容性，特别是经济与环境双赢的社会效果）、协调度（强调经济、环境与社会的协调统一）和持续度（强调保持长期可持续的竞争优势）三方面。绿色竞争力是对不同主体绿色发展水平和层次的综合度量，反映了不同主体以高效、清洁、有弹性、可持续的方式获得增长并创造社会福利的能力。当竞争的主体为城市时，产生了“城市绿色竞争力”的概念。本报告认为，城市绿色竞争力是指“一个城市在竞争和发展过程中，基于可持续发展目标，以资源节约、环境友好的方式创造物质和生态财富，增进社会福利，进而获取竞争优势的系统合力”。当前，全球正面临着一次绿色时代的巨大变革，绿色发展是当下也是未来城市发展的必由之路，绿色竞争力将成为城市竞争的关键。研究城市绿色竞争力，对于改善城市环境、促进城市繁荣、增益居民福祉、实

① 倪鹏飞，卜鹏飞．城市引领中国崛起——中国城市竞争力十年（2002—2011）研究新发现［J］．理论学刊，2012（12）：48-53.

现城市可持续发展具有重要意义。

本报告从城市绿色竞争力的内涵出发，构建城市绿色竞争力理论框架，如图 1-1 所示。

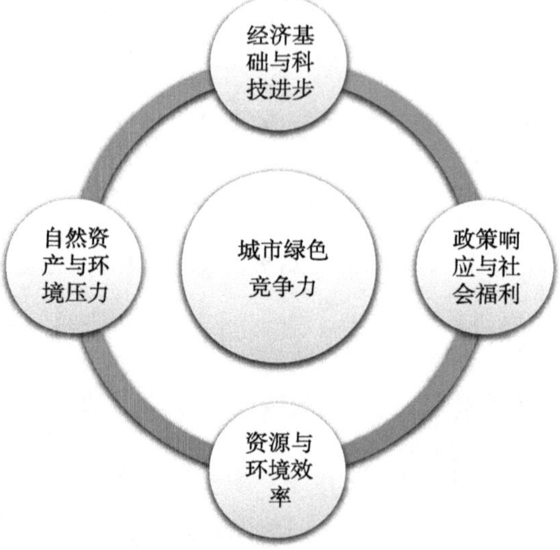

图 1-1　城市绿色竞争力理论框架

课题组认为，城市绿色竞争力不能仅反映一个城市在自然基础、环境保护、生态建设等方面的竞争力，它应该是一个包容性的概念，其内涵需要通过综合度量及比较来体现，因此，可将城市绿色竞争力视为一个复杂系统。这个复杂系统与绿色发展和可持续发展目标一致，应涵盖经济、环境和社会三大维度。本报告中，城市绿色竞争力由经济基础与科技进步、自然资产与环境压力、资源与环境效率、政策响应与社会福利四大子系统及其内部要素构成。系统内部的各要素存在复杂的交互作用，只有这些要素之间实现了正向反馈和有效耦合，才能逐级往上促进绿色竞争力系统的良性运转。

如图 1-2，本报告以 OECD“绿色增长测度框架”[①] 为基础，构建了一个城市绿色竞争力系统的一般框架，这个框架简要描述了在经济、环境和社会三大

---

① OECD. Green Growth Indicators 2017[R]. OECD, Paris, France, 2017.

维度层面，城市绿色竞争力系统内部各要素之间的互动关系。图 1–1 和图 1–2 为本报告进一步解析城市绿色竞争力的内涵提供了理论依据。

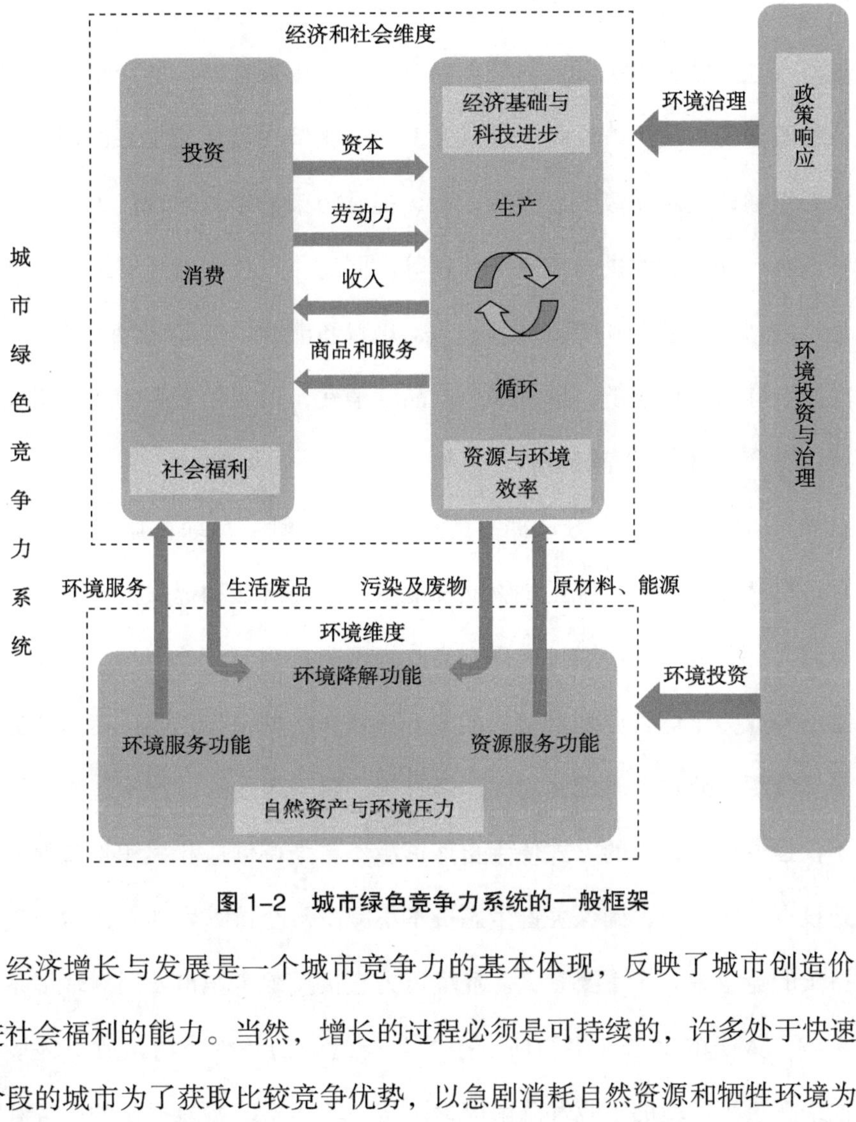

图 1–2　城市绿色竞争力系统的一般框架

经济增长与发展是一个城市竞争力的基本体现，反映了城市创造价值和增进社会福利的能力。当然，增长的过程必须是可持续的，许多处于快速城市化阶段的城市为了获取比较竞争优势，以急剧消耗自然资源和牺牲环境为代价换取高速增长，从长期来看，这种不可持续的增长模式必将削弱综合竞争力。只有当一个城市的经济增长是环境意义上可持续的，那么居民才可能获得真正生活质量的改善。科技进步是经济增长的源泉，也是维系一个城市持久竞争力的核心动力。当前，随着科技革命和产业革命要素的加快积累和成熟，科技创新正在孕育重大突破，科技创新已经并还将重塑全球的经济形态、改变世界竞争格局。为了抢占竞争优势，迫切要求进一步提高城市科技创新能力，重视科技研发投入、累积智力资本等创新要素。在绿色发展的新时代，科技创新也是打造城市绿色竞争力的关键。科技创新有助于城市现有经济的转型，使传统经济从依赖资源与环境的线性增长模式转变为资源节约与环境友好的循环发展模式，核心是通过技术升级改善资源效率、提升污染控制和治理能力、降低环境风险和危害、恢复和改进自然资产存量等。同时，科技创新还有助于拓展城市的绿色经济，包括创新和扩散绿色技术，培育新能源、节能环保等新兴绿色产业，融入全球绿色价值链，促进绿色产品和消费，从而创造新的经济增长点和新的就业机会，培育经济新动能。

自然资产反映了一个城市拥有的自然资源禀赋，是绿色竞争力形成的基础条件。自然界为经济系统提供物质和能量，为经济活动提供投入要素。历史上，全球大部分资源使用增长出现在高收入国家，当前，处于高速增长的发展中国家已经成为全球资源消费增长的中心。快速的城市化以不可持续的方式消耗着自然资源，淡水、耕地、能源、森林等主要资源的缺口严重。提升绿色竞争力不仅强调以可持续的方式使用自然资源，更强调创造和累积生态财富，即更多地投资生态系统，确保关键生态资本不减少甚至持续增加，这对于塑造城市可持续的竞争力具有重要意义。环境压力直接反映了城市发展对环境系统造成的影响。人类的生产和生活所产生的各类污染物及废弃物排放至环境系统中，如果超过了环境的吸收和降解能力，将使环境系统所能提供的服务和功能持续减少。良好的生态环境是最公平的公共产品，是最普惠的民生福祉。然而，城市发展在创造物质财富的同时，却使得环境危机愈演愈烈；全球变暖深刻威胁着人类福祉，它改变了原有的气候格局，使得极端自然灾害频繁发生；大气污染、水污染、土壤污染等环境问题层出不穷，通过直接和间接渠道对人类健康甚至生命安全造成威胁。塑造城市绿色竞争力要求通过创新的制度、政策、技术等以新的方式处理环境问题，使经济活动引致的环境压力呈现不断改善的趋势，降低环境风险和危害，从而增强城市环境的复原力和对经济社会发展的支撑力。

资源与环境效率衡量了城市价值创造对资源和环境的消耗程度，提升资源和环境效率不仅能使生产过程更加高效、清洁、低碳、循环、有弹性，同时也能减轻生产活动对环境系统造成的压力和损害。从资源效率来看，绿色竞争力本质上要求通过提高生产率水平、减少资源消耗、促进高附加值资源使用而促成资源利用效率的改进；从环境效率来看，绿色竞争力本质上要求以清洁生产替代末端治理，从而不断改善环境生产率、提升环境绩效。一个富有绿色竞争力的城市应当比其他城市具有更高的资源环境效率，这意味着其经济增长与资源消耗和环境污染之间能够实现脱钩。脱钩主要分为两类：相对脱钩，即资源消耗和环境污染增加的速度小于经济增长的速度；绝对脱钩，即经济增长的同时资源利用和环境污染减少。短期内，随着资源环境生产率的提高，技术驱动和转向资源密集程度更低的经济活动，相对脱钩是易于实现的，而绝对脱钩，需要对现有增长模式实行根本性的变革，包括技术、生产、消费乃至文化等，才能最终实现城市价值创造与生态环境改善的和谐统一。提升城市的绿色竞争力，既应当排除经济发展造成资源危机和环境损害的挂钩情形，也应当排除通过经济下滑带来的资源环境压力缓解效应，更应当排除经济下滑的同时资源环境仍旧受到损害的双负效应①。

政策响应是城市实现绿色增长目标和提升绿色竞争力的重要保障。政府是政策制定和引导市场活动的主体，环境治理与投资是政府政策行为的具体表

① 潘浩然．什么才是绿色发展？［N］．中国环境报，2017-03-29.

现，体现了政府对环境问题的关注度和对环境管理的有效度，有助于优化经济活动的行为、纠正市场偏差、累积生态财富等。当然，政策响应不仅仅体现在环境管理层面，更重要的是能够以绿色为目标，推出长期、连续、有效、创新的系列政策工具，包括利用价格工具提升资源环境系统的价值、激励绿色技术研发、完善碳税和交易机制、鼓励绿色金融和绿色投资等，这些政策能够实现政府行为与市场行为的有效衔接，有助于激发城市绿色增长的潜能，进一步形成绿色竞争优势。包容的绿色增长必须同时兼顾社会福利问题，一个具有绿色竞争力的城市最终的获益者是城市居民，即绿色竞争力的提升不能以损害社会福祉为代价，要有益于社会的安全、健康、平等、公平、自由。生活质量是社会福利的重要组成部分，富有绿色竞争力的城市能够为其居民创造更多的物质财富、提供就业、减少贫困、降低财富分配不公等。同时，随着人们对生态环境要求越来越高，生态环境在幸福指数中的地位不断凸显，一个运作良好的生态环境系统将为社会提供健康、安全和令人愉悦的环境产品和服务，干净的饮用水、清新的空气、优美的城市环境都成为改善居民生活质量的重要内容。

诚如课题组在前文中指出的，城市绿色竞争力的内涵包括了度量的含义，也包括了比较的内核。WEF、IMD 的全球竞争力研究、中国社会科学院的城市竞争力研究、OECD 的绿色增长研究等都相继开发和设置了竞争力和绿色增长的监测及评价指标，中国官方也设置了《绿色发展指标体系》并于 2017 年首次发布了“中国绿色发展指数”。因此，仅仅从概念或理论上认识城市绿色竞争力是远远不够的，还需要基于其概念及理论的重要特征建立衡量城市绿色竞争力的具体评价指标，并对指标数据进行搜集，对数据做出测算和分析。本报告以测度和评价城市绿色竞争力为目标，根据城市绿色竞争力的内涵和理论框架，在经济基础与科技进步、自然资产与环境压力、资源与环境效率、政策响应与社会福利四大子系统下设置了系列评价指标，构建了中国城市绿色竞争力指标体系，通过数据挖掘和科学测度方法，对中国 290 个城市的绿色竞争力进行了测算和评估。希冀《中国城市绿色竞争力指数报告 2020》能为中国城市评估绿色竞争力提供一套可执行的方法，为引导各城市深入贯彻落实国家战略要求，在新理念指引下提升城市综合竞争力、在新时期迈向可持续高质量的发展提供决策参考。

二、中国城市绿色竞争力评价指标体系设计原则

在城市竞争力和绿色发展的理论框架下，经过专家研讨及课题组论证，本报告最终确定了中国城市绿色竞争力评价指标体系的设计原则。

（一）逻辑性原则

中国城市绿色竞争力指标体系并非只是经济运行和社会发展指标的简单堆砌，而是在已有扎实理论研究的基础之上，从绿色竞争力构成的各个方面，整体全面、逻辑严谨地总结城市绿色竞争力形成和发展的一般规律。同时，同一层级的各个指标可以独立反映上一层级指标的不同方面，各个指标相互支撑共同反映上一层级的指标特征。

（二）代表性原则

城市绿色竞争力的形成是相关要素系统运行的集成结果，因此构成城市绿色竞争力的指标体系必须采用重要且有代表性的指标。既要避免指标体系过于庞杂，又要避免指标过于单一对于测评结果和测评价值的削弱。同时，指标的代表性也意味着相应数据的可得性，这些对于研究目的的实现有着重要的意义。

（三）可比性原则

课题组在设计城市绿色竞争力指标评价体系时，力求所选指标具有明显的可度量性，尽可能采用国际通用指标，以求在较长时期内和更广区域内更好地分析城市绿色竞争力形成的特点，为今后开展城市绿色竞争力的动态监测和对比提供扎实的系统支撑。

（四）导向性原则

课题组在进行指标选取时，同时注重指标蕴含的现实指导意义和绿色发展潜力，指标体系设计紧密结合城市绿色竞争力形成和发展的实际，选取的指标具有导向性。既有助于发现城市绿色竞争力形成中存在的短板，通过评价可以引导城市绿色发展，又可以通过具备前瞻性导向的评价指标体系激励城市绿色竞争力的培养和形成，为城市绿色发展指明方向。

三、中国城市绿色竞争力评价指标体系

基于经济增长和国家竞争力理论，结合绿色增长的理论内涵，并借鉴OECD绿色增长评价指标体系、“世界经济论坛”国家竞争力指标体系的设计方法，课题组分别从经济基础与科技进步、自然资产与环境压力、资源与环境效率、政策响应与社会福利四个方面全面设计并最终形成中国城市绿色竞争力指标体系。

具体而言，“经济基础与科技进步”反映城市的经济实力以及经济增长的源泉，包括技术进步、教育等因素，体现的是绿色竞争力第一大支柱，即“经济”层面的内容；“自然资产与环境压力”“资源与环境效率”主要反映各个城

市的资源与环境状况，体现的是绿色竞争力第二大支柱，即“资源环境”层面的内容。需要说明的是，城市“资源环境”内容既包括城市本身的资源环境状况，同时也包含经济运行过程中资源环境的使用状况。且由于绿色竞争力更加注重资源利用与环境保护，如果单纯只设计1个一级指标并不能全面衡量资源环境所涵盖的全部内容。因此，在经过专家研讨及课题组反复论证之后，将“资源环境”分解为2个一级指标，即“自然资产与环境压力”和“资源与环境效率”。前者体现城市的自然资本和环境负荷，后者则重点反映经济运行过程中的资源环境的生产效率。“政策响应与社会福利”反映政府和社会对环境的投资管理以及人民生活质量状况，体现绿色竞争力第三大支柱“社会”层面的内容。

在中国城市绿色竞争力评价体系基础之上，2018年，经过专家组多次研讨和论证，课题组对中国城市绿色竞争力指标的选取进行了多次调整和完善，并根据指标的可获得性，最终形成中国城市绿色竞争力指标体系，包括4个一级指标、8个二级指标以及44个三级指标。

同时考虑到绿色发展的新形势、新进展，课题组最终确定一级指标权重设计的思路为：在城市绿色竞争力的三大支柱中，给予第二大支柱“资源环境”相较于“经济”和“社会”两大支柱更高的权重，而第二大支柱设置了2个一级指标，故将“自然资产与环境压力”“资源与环境效率”的指标权重分别定为20%、20%，同时，分别给予“经济基础与科技进步”及“政策响应与社会福利”各30%的权重。在此基础上，确定三级指标在一级指标下平均权重，然后“倒推加总”计算出相应的二级指标权重。具体指标体系设置如表1–1所示。

表 1-1 中国城市绿色竞争力评价指标体系

一级指标	二级指标	三级指标	
经济基础与科技进步	经济基础	1. 人均地区生产总值	2. 地区财政收入
		3. 第一产业劳动生产率	4. 第二产业劳动生产率
		5. 第三产业劳动生产率	6. 第三产业增加值比重
	科技教育	7. 科技投入占公共财政支出比例	8. 万名从业人口中科学技术人员数
		9. 全市科技从业人员数占全省比重	10. 教育投入占公共财政支出比例
		11. 每万人在校大学生人数	
自然资产与环境压力	资源储量	12. 人均耕地面积	13. 人均水资源量
		14. 人均绿地面积	15. 森林覆盖率
	环境压力	16. 单位土地面积二氧化硫排放量	17. 人均二氧化硫排放量
		18. 单位土地面积化学需氧量排放量	19. 人均化学需氧量排放量
		20. 单位土地面积氮氧化物排放量	21. 人均氮氧化物排放量
		22. 单位土地面积氨氮排放量	23. 人均氨氮排放量
资源与环境效率	资源效率	24. 单位地区生产总值用水量	25. 工业固体废物综合利用率
	环境效率	26. 单位地区生产总值二氧化硫排放量	27. 单位地区生产总值化学需氧量排放量
		28. 单位地区生产总值氮氧化物排放量	29. 单位地区生产总值氨氮排放量
政策响应与社会福利	环境投资与治理	30. 城市污水处理投资占市政公用设施建设固定资产投资比重	31. 城市园林绿化投资占市政公用设施建设固定资产投资比重
		32. 城市市容环境卫生投资占市政公用设施建设固定资产投资比重	33. 城市垃圾处理投资占市政公用设施建设固定资产投资比重
		34. 节能保护支出占财政支出比重	35. 每万人拥有公共汽车数量
		36. 工业二氧化硫去除率	37. 工业烟尘排放达标率
		38. 城市污水处理率	39. 生活垃圾无害化处理率
	生活质量	40. 城镇居民人均可支配收入	41. 人均住房面积
		42. 建成区绿化覆盖率	43. 空气质量达到二级以上天数
		44. 可吸入颗粒物浓度（PM2.5）年均值	

注：本表内容由课题组在 2018 年的多次专家研讨会上讨论确定。

四、中国城市绿色竞争力测算方法

中国城市绿色竞争力的测算，需要保证评价方法和测度结果客观科学，更好地反映中国城市绿色竞争力探索的实践。为此，课题组与专家经过反复研讨及论证，最终确定采用“极差标准化法”（本报告统一简称为“极差法”）对2016年中国城市绿色竞争力指数进行测度[①]。

本报告采用“极差法”对城市绿色竞争力指数进行测算的过程，主要是对44个三级指标进行标准化处理。需要注意的是，这一标准化过程需要区分指标与城市绿色竞争力之间相关性的正负特征。正向指标与逆向指标的标准化过程存在一定区别。具体处理过程如下：

若是正向指标，即指标值越大，越有利于城市绿色竞争力的形成和发展，则该指标标准化的计算公式为：

$$X_i = \frac{x_i - x_{min}}{x_{max} - x_{min}}$$

若是逆向指标，即指标值越大，越不利于城市绿色竞争力的形成和发展，则该指标的标准化计算公式为：

$$X_i = \frac{x_{max} - x_i}{x_{max} - x_{min}}$$

其中，X_i 为标准化处理之后的值；x_i 为指标原始值；x_{min} 为样本最小值；x_{max} 为样本最大值。

采用极差法进行数据标准化的好处是，以指标数据的极值为参照系，对原始数据进行线性变换，所得测算结果将会落到0至1的区间内，这样将使得数值之间差异较小、分布紧凑，且无负值产生。更为重要的是，相对于标准化法，极差法能够更好地实现城市绿色竞争力指数的纵向比较，可以保证后续《中国城市绿色竞争力指数报告》测算方法上的可比性，避免测算方法改变可

① 数据的标准化是将数据按比例缩放，使之落入一个小的特定区间。这样去除数据的单位限制，将其转化为无量纲的纯数值，便于不同单位或量级的指标能够进行比较和加权。其中，最典型的就是“极差法”和“标准化法”。

能引起的结果偏差。

在经过标准化处理之后，按照确定的指标权重将各指标进行加权合成，即可得到上一级指标的综合得分。将四个一级指标加权综合后便可最终得出相应城市绿色竞争力指数。

五、中国城市绿色竞争力的测算结果及分析

在中国城市绿色竞争力评价指标体系的基础之上，课题组测算了 2017 年中国 290 个城市的“绿色竞争力指数”。具体测评城市如表 1–2 所示。

表 1–2　中国城市绿色竞争力指数测评城市

省（区、市）	城市个数	具体城市	省（区、市）	城市个数	具体城市
北京	1	北京	河南省	17	郑州、开封、洛阳、平顶山、安阳、鹤壁、新乡、焦作、濮阳、许昌、漯河、三门峡、南阳、商丘、信阳、周口、驻马店
天津	1	天津	湖北省	12	武汉、黄石、十堰、宜昌、襄阳、鄂州、荆门、孝感、荆州、黄冈、咸宁、随州
河北省	11	石家庄、唐山、秦皇岛、邯郸、邢台、保定、张家口、承德、沧州、廊坊、衡水	湖南省	13	长沙、株洲、湘潭、衡阳、邵阳、岳阳、常德、张家界、益阳、郴州、永州、怀化、娄底
山西省	11	太原、大同、阳泉、长治、晋城、朔州、晋中、运城、忻州、临汾、吕梁	广东省	21	广州、韶关、深圳、珠海、汕头、佛山、江门、湛江、茂名、肇庆、惠州、梅州、汕尾、河源、阳江、清远、东莞、中山、潮州、揭阳、云浮
内蒙古	9	呼和浩特、包头、乌海、赤峰、通辽、鄂尔多斯、呼伦贝尔、巴彦淖尔、乌兰察布	广西	14	南宁、柳州、桂林、梧州、北海、防城港、钦州、贵港、玉林、百色、贺州、河池、来宾、崇左

续表

省（区、市）	城市个数	具体城市	省（区、市）	城市个数	具体城市
辽宁省	14	沈阳、大连、鞍山、抚顺、本溪、丹东、锦州、营口、阜新、辽阳、盘锦、铁岭、朝阳、葫芦岛	海南省	3	海口、三亚、儋州
吉林省	8	长春、吉林、四平、辽源、通辽、白山、松原、白城	重庆	1	重庆
黑龙江	12	哈尔滨、齐齐哈尔、鸡西、鹤岗、双鸭山、大庆、伊春、佳木斯、七台河、牡丹江、黑河、绥化	四川省	18	成都、自贡、攀枝花、泸州、德阳、绵阳、广元、遂宁、内江、乐山、南充、眉山、宜宾、广安、达州、雅安、巴中、资阳
上海	1	上海	贵州省	6	贵阳、六盘水、遵义、安顺、毕节、铜仁
江苏省	13	南京、无锡、徐州、常州、苏州、南通、连云港、淮安、盐城、扬州、镇江、泰州、宿迁	云南省	8	昆明、曲靖、玉溪、保山、昭通、丽江、普洱、临沧
浙江省	11	杭州、宁波、温州、嘉兴、湖州、绍兴、金华、衢州、舟山、台州、丽水	西藏	1	拉萨
安徽省	16	合肥、芜湖、蚌埠、淮南、马鞍山、淮北、铜陵、安庆、黄山、滁州、阜阳、宿州、六安、亳州、池州、宣城	陕西省	10	西安、铜川、宝鸡、咸阳、渭南、延安、汉中、榆林、安康、商洛
福建省	9	福州、厦门、莆田、三明、泉州、漳州、南平、龙岩、宁德	甘肃省	12	兰州、嘉峪关、金昌、白银、天水、武威、张掖、平凉、酒泉、庆阳、定西、陇南
江西省	11	南昌、景德镇、萍乡、九江、新余、鹰潭、赣州、吉安、宜春、抚州、上饶	青海省	2	西宁、海东
山东省	17	济南、青岛、淄博、枣庄、东营、烟台、潍坊、济宁、泰安、威海、日照、莱芜、临沂、德州、聊城、滨州、菏泽	宁夏	5	银川、石嘴山、吴忠、固原、中卫
			新疆	2	乌鲁木齐、克拉玛依

（一）中国城市绿色竞争力指数测算结果

根据 2017 年的数据，按照中国城市绿色竞争力指标体系，课题组测算了中国 290 个城市的绿色竞争力指数。具体指数及其排名如表 1–3 所示。

表 1–3　中国 290 个城市绿色竞争力指数及排名

城市	绿色竞争力综合指数		经济基础与科技进步		自然资产与环境压力		资源与环境效率		政策响应与社会福利	
	指数值	排名	分指数	排 名	分指数	排 名	分指数	排 名	分指数	排 名
深圳市	0.4232	1	0.1250	9	0.0246	89	0.1091	1	0.1645	4
北京市	0.3947	2	0.1482	1	0.0198	145	0.0801	3	0.1466	16
广州市	0.3751	3	0.1422	3	0.0219	114	0.0686	8	0.1424	19
三亚市	0.3723	4	0.0864	50	0.0271	64	0.0631	17	0.1956	1
长沙市	0.3565	5	0.1325	5	0.0256	77	0.0636	16	0.1347	49
上海市	0.3525	6	0.1442	2	0.0112	267	0.0573	26	0.1398	24
青岛市	0.3497	7	0.1100	15	0.0214	121	0.0855	2	0.1328	58
鄂尔多斯市	0.3478	8	0.0978	30	0.0341	40	0.0563	28	0.1596	5
西安市	0.3392	9	0.1118	12	0.0342	39	0.0733	6	0.1198	169
东莞市	0.3333	10	0.0997	26	0.0249	84	0.0355	205	0.1731	2
杭州市	0.3320	11	0.1113	13	0.0237	93	0.0654	11	0.1315	61
珠海市	0.3296	12	0.1093	16	0.0164	182	0.0519	52	0.1519	8
苏州市	0.3191	13	0.1300	6	0.0078	286	0.0446	107	0.1368	35
南京市	0.3168	14	0.1195	10	0.0143	221	0.0447	105	0.1383	28
威海市	0.3160	15	0.0968	31	0.0162	189	0.0561	29	0.1468	15
无锡市	0.3158	16	0.1262	8	0.0098	280	0.0470	79	0.1328	57
天津市	0.3131	17	0.1348	4	0.0066	287	0.0550	36	0.1167	201
宁波市	0.3125	18	0.0996	27	0.0165	181	0.0552	35	0.1413	22
中山市	0.3119	19	0.1021	24	0.0123	253	0.0627	18	0.1347	48
东营市	0.3105	20	0.0911	43	0.0150	206	0.0745	5	0.1299	74
黄山市	0.3089	21	0.0637	104	0.0484	16	0.0434	125	0.1535	7
武汉市	0.3053	22	0.1289	7	0.0063	288	0.0446	108	0.1256	115
福州市	0.3051	23	0.0865	49	0.0207	132	0.0625	19	0.1354	42
合肥市	0.3037	24	0.1071	21	0.0182	159	0.0482	74	0.1302	72
安康市	0.3035	25	0.0494	184	0.0607	5	0.0725	7	0.1209	159

续表

城市	绿色竞争力综合指数		经济基础与科技进步		自然资产与环境压力		资源与环境效率		政策响应与社会福利	
	指数值	排名	分指数	排 名	分指数	排 名	分指数	排 名	分指数	排 名
海口市	0.3031	26	0.0942	39	0.0145	215	0.0378	180	0.1566	6
温州市	0.3011	27	0.0850	54	0.0261	74	0.0512	55	0.1389	26
厦门市	0.3006	28	0.0919	41	0.0150	204	0.0449	102	0.1488	12
贺州市	0.3004	29	0.0541	150	0.0563	7	0.0538	43	0.1362	39
镇江市	0.3001	30	0.1091	17	0.0114	265	0.0488	69	0.1309	66
包头市	0.3001	31	0.1175	11	0.0121	255	0.0328	224	0.1376	31
台州市	0.2995	32	0.0770	67	0.0234	99	0.0501	61	0.1489	11
济南市	0.2987	33	0.1079	18	0.0146	213	0.0555	31	0.1208	160
嘉兴市	0.2982	34	0.0911	42	0.0105	274	0.0542	41	0.1423	20
烟台市	0.2982	35	0.0889	46	0.0178	162	0.0603	22	0.1311	63
泉州市	0.2976	36	0.0765	72	0.0186	153	0.0541	42	0.1484	13
金华市	0.2968	37	0.0816	61	0.0228	106	0.0574	25	0.1350	44
绍兴市	0.2958	38	0.0968	32	0.0185	157	0.0443	116	0.1362	38
固原市	0.2958	39	0.0559	136	0.0574	6	0.0554	32	0.1270	97
江门市	0.2954	40	0.0722	80	0.0470	18	0.0544	39	0.1218	150
舟山市	0.2952	41	0.0619	110	0.0284	59	0.0553	34	0.1496	9
长春市	0.2938	42	0.0996	28	0.0219	115	0.0567	27	0.1157	208
昆明市	0.2935	43	0.0956	35	0.0211	124	0.0394	165	0.1374	32
大庆市	0.2906	44	0.0857	53	0.0238	92	0.0456	94	0.1355	41
呼和浩特市	0.2906	45	0.1079	19	0.0192	151	0.0328	223	0.1308	68
乌兰察布市	0.2884	46	0.0563	132	0.0487	15	0.0444	111	0.1390	25
三明市	0.2873	47	0.0717	83	0.0298	52	0.0533	49	0.1325	59
张家界市	0.2870	48	0.0569	129	0.0510	12	0.0649	14	0.1141	223
南宁市	0.2863	49	0.0759	73	0.0209	128	0.0591	23	0.1303	70
佛山市	0.2862	50	0.1021	25	0.0089	284	0.0373	186	0.1379	30
常州市	0.2854	51	0.1023	23	0.0090	283	0.0494	67	0.1247	128
扬州市	0.2834	52	0.0833	56	0.0119	259	0.0548	38	0.1333	53
丽水市	0.2833	53	0.0767	69	0.0363	31	0.0440	118	0.1262	106
防城港市	0.2826	54	0.0605	117	0.0403	24	0.0754	4	0.1064	267
大连市	0.2826	55	0.0949	36	0.0139	224	0.0445	109	0.1293	79

续表

城市	绿色竞争力综合指数		经济基础与科技进步		自然资产与环境压力		资源与环境效率		政策响应与社会福利	
	指数值	排名	分指数	排 名	分指数	排 名	分指数	排 名	分指数	排 名
许昌市	0.2825	56	0.0819	59	0.0168	177	0.0641	15	0.1197	172
龙岩市	0.2820	57	0.0696	89	0.0293	55	0.0460	89	0.1371	34
北海市	0.2813	58	0.0665	97	0.0142	223	0.0675	9	0.1331	55
湖州市	0.2810	59	0.0804	62	0.0163	187	0.0477	75	0.1366	36
芜湖市	0.2808	60	0.1105	14	0.0110	269	0.0382	177	0.1210	157
乌鲁木齐市	0.2806	61	0.1064	22	0.0109	270	0.0432	128	0.1201	166
郑州市	0.2805	62	0.0986	29	0.0138	225	0.0504	59	0.1176	194
兰州市	0.2788	63	0.1076	20	0.0112	268	0.0498	66	0.1102	250
玉林市	0.2783	64	0.0519	167	0.0487	14	0.0652	12	0.1124	234
泰州市	0.2778	65	0.0737	78	0.0126	250	0.0605	21	0.1310	65
潍坊市	0.2773	66	0.0894	44	0.0126	251	0.0508	57	0.1245	130
遵义市	0.2758	67	0.0726	79	0.0221	110	0.0347	210	0.1464	17
柳州市	0.2745	68	0.0740	77	0.0305	50	0.0503	60	0.1197	171
漳州市	0.2738	69	0.0669	95	0.0253	81	0.0520	51	0.1296	77
沧州市	0.2735	70	0.0722	81	0.0166	179	0.0650	13	0.1197	170
儋州市	0.2731	71	0.0491	188	0.0210	125	0.0363	197	0.1667	3
茂名市	0.2720	72	0.0641	100	0.0256	78	0.0512	54	0.1311	64
廊坊市	0.2716	73	0.0666	96	0.0131	240	0.0538	44	0.1381	29
石家庄市	0.2716	74	0.0958	33	0.0130	241	0.0424	134	0.1203	165
南平市	0.2712	75	0.0555	142	0.0378	26	0.0534	48	0.1246	129
淄博市	0.2708	76	0.0859	51	0.0130	244	0.0462	87	0.1257	111
惠州市	0.2707	77	0.0620	108	0.0218	116	0.0412	142	0.1457	18
南昌市	0.2693	78	0.0849	55	0.0147	210	0.0419	137	0.1278	90
呼伦贝尔市	0.2692	79	0.0458	208	0.0627	3	0.0276	252	0.1332	54
重庆市	0.2682	80	0.0958	34	0.0166	180	0.0330	219	0.1229	143
南通市	0.2675	81	0.0819	60	0.0104	275	0.0464	86	0.1288	81
盐城市	0.2666	82	0.0745	76	0.0163	186	0.0578	24	0.1180	191
铜陵市	0.2660	83	0.0783	65	0.0145	216	0.0396	159	0.1336	52
宣城市	0.2644	84	0.0713	85	0.0247	88	0.0459	90	0.1226	145
衢州市	0.2641	85	0.0705	87	0.0237	95	0.0422	135	0.1277	92

续表

城市	绿色竞争力综合指数		经济基础与科技进步		自然资产与环境压力		资源与环境效率		政策响应与社会福利	
	指数值	排名	分指数	排 名	分指数	排 名	分指数	排 名	分指数	排 名
沈阳市	0.2638	86	0.0872	48	0.0131	239	0.0406	148	0.1229	141
哈尔滨市	0.2638	87	0.0946	37	0.0202	139	0.0432	127	0.1057	269
酒泉市	0.2638	88	0.0494	186	0.0706	1	0.0242	266	0.1196	174
拉萨市	0.2634	89	0.0831	57	0.0375	27	0.0142	284	0.1285	83
马鞍山市	0.2628	90	0.0827	58	0.0144	217	0.0396	160	0.1261	107
贵阳市	0.2623	91	0.0946	38	0.0160	191	0.0167	281	0.1349	46
桂林市	0.2615	92	0.0614	114	0.0348	36	0.0425	132	0.1229	142
成都市	0.2612	93	0.0858	52	0.0164	183	0.0408	145	0.1182	189
周口市	0.2607	94	0.0350	279	0.0511	11	0.0664	10	0.1083	260
百色市	0.2606	95	0.0493	187	0.0491	13	0.0365	194	0.1256	113
洛阳市	0.2605	96	0.0765	71	0.0212	123	0.0484	73	0.1145	219
鹰潭市	0.2604	97	0.0570	127	0.0233	102	0.0453	97	0.1348	47
铜仁市	0.2601	98	0.0642	99	0.0277	62	0.0329	221	0.1353	43
张掖市	0.2600	99	0.0412	235	0.0540	9	0.0394	163	0.1254	117
徐州市	0.2590	100	0.0794	64	0.0137	226	0.0536	46	0.1123	237
泰安市	0.2580	101	0.0700	88	0.0153	200	0.0534	47	0.1193	180
宁德市	0.2578	102	0.0520	166	0.0254	79	0.0543	40	0.1260	108
毕节市	0.2577	103	0.0758	74	0.0218	117	0.0405	150	0.1197	173
随州市	0.2569	104	0.0455	211	0.0548	8	0.0521	50	0.1045	274
太原市	0.2562	105	0.0922	40	0.0101	278	0.0256	264	0.1283	85
滨州市	0.2558	106	0.0801	63	0.0116	263	0.0367	192	0.1274	95
汕头市	0.2558	107	0.0557	138	0.0127	249	0.0391	171	0.1483	14
丽江市	0.2555	108	0.0467	200	0.0524	10	0.0299	240	0.1266	100
株洲市	0.2552	109	0.0674	93	0.0213	122	0.0394	162	0.1272	96
莱芜市	0.2551	110	0.0691	91	0.0122	254	0.0440	119	0.1297	76
梅州市	0.2550	111	0.0452	217	0.0230	103	0.0507	58	0.1361	40
蚌埠市	0.2545	112	0.0721	82	0.0107	273	0.0367	191	0.1350	45
秦皇岛市	0.2543	113	0.0769	68	0.0156	196	0.0359	201	0.1259	110
郴州市	0.2541	114	0.0582	124	0.0264	69	0.0400	155	0.1296	78
汕尾市	0.2532	115	0.0420	232	0.0333	42	0.0500	62	0.1279	89

续表

城市	绿色竞争力综合指数		经济基础与科技进步		自然资产与环境压力		资源与环境效率		政策响应与社会福利	
	指数值	排名	分指数	排名	分指数	排名	分指数	排名	分指数	排名
新余市	0.2532	116	0.0765	70	0.0154	199	0.0333	215	0.1279	87
莆田市	0.2531	117	0.0556	140	0.0238	91	0.0500	63	0.1236	136
克拉玛依市	0.2529	118	0.0638	101	0.0163	185	0.0317	233	0.1411	23
榆林市	0.2528	119	0.0634	105	0.0164	184	0.0499	65	0.1231	139
河源市	0.2528	120	0.0442	220	0.0345	37	0.0433	126	0.1308	67
济宁市	0.2520	121	0.0676	92	0.0135	229	0.0458	91	0.1251	122
湘潭市	0.2516	122	0.0710	86	0.0150	203	0.0401	153	0.1255	116
常德市	0.2510	123	0.0616	112	0.0205	135	0.0472	77	0.1217	151
钦州市	0.2504	124	0.0502	180	0.0336	41	0.0458	93	0.1208	161
梧州市	0.2498	125	0.0496	182	0.0412	23	0.0476	76	0.1114	242
银川市	0.2487	126	0.0894	45	0.0109	271	0.0182	277	0.1302	73
怀化市	0.2483	127	0.0542	148	0.0332	43	0.0398	157	0.1210	156
六安市	0.2481	128	0.0327	283	0.0393	25	0.0512	56	0.1250	125
西宁市	0.2468	129	0.0879	47	0.0103	277	0.0343	213	0.1143	222
景德镇市	0.2468	130	0.0541	149	0.0249	86	0.0376	182	0.1303	71
潮州市	0.2462	131	0.0596	120	0.0204	137	0.0412	143	0.1250	124
唐山市	0.2460	132	0.0746	75	0.0118	260	0.0400	154	0.1196	175
开封市	0.2460	133	0.0475	199	0.0343	38	0.0537	45	0.1105	249
巴彦淖尔市	0.2456	134	0.0504	177	0.0270	67	0.0261	260	0.1420	21
松原市	0.2450	135	0.0433	226	0.0351	35	0.0417	140	0.1250	126
清远市	0.2447	136	0.0537	153	0.0453	19	0.0378	179	0.1079	262
攀枝花市	0.2440	137	0.0494	183	0.0233	101	0.0340	214	0.1373	33
池州市	0.2439	138	0.0518	168	0.0260	75	0.0424	133	0.1238	134
绥化市	0.2439	139	0.0336	282	0.0476	17	0.0609	20	0.1019	278
雅安市	0.2436	140	0.0521	165	0.0359	32	0.0331	217	0.1225	147
安顺市	0.2434	141	0.0494	185	0.0210	127	0.0465	85	0.1265	102
绵阳市	0.2432	142	0.0713	84	0.0222	109	0.0375	184	0.1122	239
吉安市	0.2430	143	0.0489	189	0.0282	60	0.0427	131	0.1233	138
六盘水市	0.2420	144	0.0646	98	0.0199	143	0.0312	235	0.1263	105
韶关市	0.2420	145	0.0518	169	0.0253	82	0.0285	246	0.1364	37

续表

城市	绿色竞争力综合指数		经济基础与科技进步		自然资产与环境压力		资源与环境效率		政策响应与社会福利	
	指数值	排名	分指数	排 名	分指数	排 名	分指数	排 名	分指数	排 名
宜春市	0.2419	146	0.0526	162	0.0199	144	0.0442	117	0.1252	118
滁州市	0.2417	147	0.0614	113	0.0173	168	0.0407	147	0.1223	148
黑河市	0.2417	148	0.0241	286	0.0655	2	0.0204	273	0.1316	60
通辽市	0.2416	149	0.0488	191	0.0261	73	0.0352	206	0.1315	62
岳阳市	0.2416	150	0.0620	109	0.0199	141	0.0403	152	0.1194	179
淮北市	0.2407	151	0.0775	66	0.0097	281	0.0374	185	0.1162	205
濮阳市	0.2405	152	0.0459	207	0.0278	61	0.0559	30	0.1108	248
淮安市	0.2401	153	0.0604	118	0.0135	231	0.0468	83	0.1194	178
日照市	0.2399	154	0.0694	90	0.0104	276	0.0392	169	0.1210	158
焦作市	0.2395	155	0.0551	143	0.0155	198	0.0450	100	0.1239	133
新乡市	0.2386	156	0.0618	111	0.0186	154	0.0451	99	0.1132	230
湛江市	0.2386	157	0.0527	160	0.0151	202	0.0430	129	0.1278	91
庆阳市	0.2384	158	0.0406	244	0.0290	56	0.0548	37	0.1140	224
赣州市	0.2367	159	0.0509	174	0.0264	71	0.0318	231	0.1276	93
宿迁市	0.2363	160	0.0576	125	0.0160	192	0.0444	113	0.1183	185
连云港市	0.2362	161	0.0586	123	0.0134	232	0.0447	106	0.1195	176
衡阳市	0.2362	162	0.0562	134	0.0171	172	0.0330	220	0.1298	75
商洛市	0.2355	163	0.0404	247	0.0358	34	0.0262	259	0.1330	56
驻马店市	0.2351	164	0.0371	273	0.0207	131	0.0487	71	0.1285	84
安庆市	0.2345	165	0.0545	147	0.0198	146	0.0411	144	0.1191	182
宜宾市	0.2340	166	0.0502	179	0.0306	49	0.0378	181	0.1154	213
晋中市	0.2339	167	0.0536	154	0.0130	243	0.0469	82	0.1203	164
枣庄市	0.2339	168	0.0597	119	0.0112	266	0.0493	68	0.1136	227
商丘市	0.2338	169	0.0395	259	0.0265	68	0.0553	33	0.1124	235
咸宁市	0.2333	170	0.0590	122	0.0229	104	0.0437	121	0.1077	263
延安市	0.2332	171	0.0402	251	0.0286	57	0.0385	175	0.1260	109
曲靖市	0.2328	172	0.0571	126	0.0162	188	0.0343	211	0.1252	119
通化市	0.2327	173	0.0451	218	0.0264	70	0.0365	195	0.1247	127
信阳市	0.2324	174	0.0425	229	0.0226	107	0.0517	53	0.1157	209
聊城市	0.2322	175	0.0632	106	0.0146	211	0.0405	151	0.1139	226

续表

城市	绿色竞争力综合指数		经济基础与科技进步		自然资产与环境压力		资源与环境效率		政策响应与社会福利	
	指数值	排名	分指数	排 名	分指数	排 名	分指数	排 名	分指数	排 名
来宾市	0.2317	176	0.0443	219	0.0315	46	0.0406	149	0.1154	212
阳江市	0.2315	177	0.0463	203	0.0214	120	0.0387	174	0.1251	123
广元市	0.2314	178	0.0399	253	0.0316	45	0.0449	103	0.1150	216
河池市	0.2314	179	0.0406	246	0.0610	4	0.0222	268	0.1075	265
南阳市	0.2312	180	0.0484	194	0.0254	80	0.0435	124	0.1140	225
白城市	0.2312	181	0.0406	243	0.0368	30	0.0454	96	0.1083	259
德州市	0.2310	182	0.0606	116	0.0145	214	0.0437	122	0.1122	238
承德市	0.2307	183	0.0508	175	0.0298	53	0.0271	254	0.1230	140
九江市	0.2304	184	0.0557	137	0.0210	126	0.0268	255	0.1268	99
锦州市	0.2302	185	0.0480	196	0.0167	178	0.0416	141	0.1239	132
辽源市	0.2300	186	0.0407	241	0.0176	163	0.0466	84	0.1251	121
揭阳市	0.2298	187	0.0482	195	0.0235	98	0.0312	236	0.1269	98
益阳市	0.2295	188	0.0538	152	0.0197	147	0.0388	173	0.1173	196
崇左市	0.2294	189	0.0593	121	0.0447	20	0.0447	104	0.0806	290
衡水市	0.2292	190	0.0570	128	0.0207	133	0.0499	64	0.1016	279
临沂市	0.2291	191	0.0637	103	0.0117	262	0.0392	170	0.1145	220
赤峰市	0.2290	192	0.0459	206	0.0313	48	0.0254	265	0.1264	104
十堰市	0.2285	193	0.0409	238	0.0313	47	0.0351	207	0.1212	155
黄冈市	0.2284	194	0.0403	249	0.0234	100	0.0469	81	0.1178	193
邢台市	0.2283	195	0.0557	139	0.0146	212	0.0487	70	0.1093	254
邯郸市	0.2276	196	0.0522	164	0.0134	233	0.0450	101	0.1171	198
永州市	0.2273	197	0.0456	210	0.0302	51	0.0444	115	0.1072	266
三门峡市	0.2268	198	0.0563	133	0.0216	119	0.0358	202	0.1131	231
玉溪市	0.2264	199	0.0536	155	0.0172	170	0.0317	232	0.1239	131
嘉峪关市	0.2262	200	0.0439	222	0.0125	252	0.0313	234	0.1385	27
遂宁市	0.2258	201	0.0375	268	0.0208	129	0.0440	120	0.1235	137
铜川市	0.2250	202	0.0392	260	0.0203	138	0.0470	78	0.1184	184
云浮市	0.2247	203	0.0422	230	0.0221	112	0.0324	227	0.1280	86
黄石市	0.2244	204	0.0555	141	0.0098	279	0.0364	196	0.1227	144
亳州市	0.2234	205	0.0477	197	0.0207	134	0.0452	98	0.1098	253

续表

城市	绿色竞争力综合指数		经济基础与科技进步		自然资产与环境压力		资源与环境效率		政策响应与社会福利	
	指数值	排名	分指数	排 名	分指数	排 名	分指数	排 名	分指数	排 名
张家口市	0.2220	206	0.0461	204	0.0216	118	0.0291	243	0.1251	120
丹东市	0.2219	207	0.0434	225	0.0241	90	0.0331	218	0.1214	154
临沧市	0.2217	208	0.0348	280	0.0370	29	0.0444	112	0.1056	270
本溪市	0.2214	209	0.0454	213	0.0298	54	0.0196	274	0.1265	101
普洱市	0.2213	210	0.0429	227	0.0427	22	0.0167	282	0.1190	183
保定市	0.2212	211	0.0627	107	0.0179	161	0.0293	242	0.1113	244
中卫市	0.2210	212	0.0531	158	0.0121	256	0.0398	156	0.1160	206
鹤壁市	0.2204	213	0.0372	271	0.0130	242	0.0445	110	0.1257	112
乌海市	0.2201	214	0.0559	135	0.0059	289	0.0276	251	0.1307	69
肇庆市	0.2200	215	0.0549	145	0.0257	76	0.0277	250	0.1117	241
吕梁市	0.2199	216	0.0404	248	0.0144	218	0.0469	80	0.1182	188
宝鸡市	0.2198	217	0.0510	172	0.0208	130	0.0349	208	0.1130	232
平凉市	0.2191	218	0.0376	267	0.0205	136	0.0393	167	0.1217	152
广安市	0.2190	219	0.0426	228	0.0129	246	0.0419	138	0.1216	153
佳木斯市	0.2190	220	0.0408	240	0.0373	28	0.0284	247	0.1124	233
宜昌市	0.2185	221	0.0568	130	0.0194	149	0.0205	272	0.1219	149
朔州市	0.2183	222	0.0538	151	0.0153	201	0.0285	245	0.1207	162
平顶山市	0.2182	223	0.0504	178	0.0131	238	0.0384	176	0.1163	204
晋城市	0.2180	224	0.0488	190	0.0135	230	0.0282	249	0.1275	94
白山市	0.2175	225	0.0373	270	0.0329	44	0.0323	229	0.1150	215
德阳市	0.2175	226	0.0673	94	0.0096	282	0.0288	244	0.1118	240
天水市	0.2173	227	0.0477	198	0.0224	108	0.0327	225	0.1145	221
邵阳市	0.2172	228	0.0409	237	0.0271	65	0.0320	230	0.1172	197
保山市	0.2170	229	0.0345	281	0.0248	87	0.0408	146	0.1169	199
白银市	0.2169	230	0.0375	269	0.0173	167	0.0328	222	0.1293	80
武威市	0.2167	231	0.0372	272	0.0276	63	0.0368	188	0.1150	214
七台河市	0.2155	232	0.0268	284	0.0236	96	0.0310	237	0.1342	50
漯河市	0.2152	233	0.0407	242	0.0128	247	0.0461	88	0.1156	210
昭通市	0.2151	234	0.0454	215	0.0169	175	0.0360	200	0.1168	200
荆门市	0.2148	235	0.0485	193	0.0172	169	0.0227	267	0.1264	103

续表

城市	绿色竞争力综合指数		经济基础与科技进步		自然资产与环境压力		资源与环境效率		政策响应与社会福利	
	指数值	排名	分指数	排 名	分指数	排 名	分指数	排 名	分指数	排 名
菏泽市	0.2146	236	0.0515	171	0.0150	205	0.0455	95	0.1026	276
金昌市	0.2136	237	0.0359	277	0.0180	160	0.0107	289	0.1489	10
汉中市	0.2135	238	0.0455	212	0.0237	94	0.0261	261	0.1182	187
阜阳市	0.2135	239	0.0440	221	0.0186	155	0.0422	136	0.1088	256
咸阳市	0.2131	240	0.0438	223	0.0175	164	0.0394	166	0.1124	236
鄂州市	0.2127	241	0.0528	159	0.0055	290	0.0368	190	0.1175	195
娄底市	0.2125	242	0.0409	236	0.0157	194	0.0392	168	0.1166	202
运城市	0.2122	243	0.0497	181	0.0134	234	0.0205	271	0.1286	82
泸州市	0.2122	244	0.0454	214	0.0175	165	0.0380	178	0.1113	243
忻州市	0.2121	245	0.0422	231	0.0136	228	0.0371	187	0.1192	181
大同市	0.2116	246	0.0507	176	0.0136	227	0.0132	286	0.1341	51
定西市	0.2115	247	0.0406	245	0.0219	113	0.0484	72	0.1005	281
襄阳市	0.2112	248	0.0546	146	0.0183	158	0.0282	248	0.1101	251
抚州市	0.2111	249	0.0401	252	0.0262	72	0.0394	164	0.1055	271
吴忠市	0.2111	250	0.0398	257	0.0172	171	0.0305	238	0.1237	135
阜新市	0.2104	251	0.0371	274	0.0185	156	0.0349	209	0.1199	167
宿州市	0.2101	252	0.0385	265	0.0169	176	0.0458	92	0.1090	255
石嘴山市	0.2096	253	0.0534	156	0.0133	235	0.0150	283	0.1279	88
海东市	0.2093	254	0.0638	102	0.0120	257	0.0436	123	0.0899	286
自贡市	0.2091	255	0.0565	131	0.0130	245	0.0388	172	0.1008	280
渭南市	0.2089	256	0.0415	234	0.0120	258	0.0444	114	0.1110	246
乐山市	0.2088	257	0.0509	173	0.0173	166	0.0343	212	0.1062	268
牡丹江市	0.2079	258	0.0527	161	0.0359	33	0.0257	262	0.0937	285
安阳市	0.2077	259	0.0550	144	0.0114	264	0.0302	239	0.1110	247
眉山市	0.2074	260	0.0486	192	0.0143	222	0.0394	161	0.1050	272
淮南市	0.2067	261	0.0463	202	0.0081	285	0.0324	228	0.1199	168
内江市	0.2066	262	0.0386	264	0.0118	261	0.0430	130	0.1133	228
吉林市	0.2066	263	0.0611	115	0.0201	140	0.0177	278	0.1077	264
四平市	0.2065	264	0.0388	263	0.0170	173	0.0358	203	0.1149	218
长治市	0.2055	265	0.0459	205	0.0144	219	0.0257	263	0.1195	177
贵港市	0.2050	266	0.0533	157	0.0169	174	0.0366	193	0.0981	283

续表

城市	绿色竞争力综合指数		经济基础与科技进步		自然资产与环境压力		资源与环境效率		政策响应与社会福利	
	指数值	排名	分指数	排 名	分指数	排 名	分指数	排 名	分指数	排 名
萍乡市	0.2026	267	0.0518	170	0.0189	152	0.0207	270	0.1112	245
上饶市	0.2026	268	0.0437	224	0.0235	97	0.0129	287	0.1225	146
葫芦岛市	0.2020	269	0.0371	275	0.0161	190	0.0332	216	0.1156	211
铁岭市	0.2019	270	0.0391	261	0.0221	111	0.0275	253	0.1132	229
朝阳市	0.2006	271	0.0353	278	0.0199	142	0.0368	189	0.1086	257
孝感市	0.1992	272	0.0399	255	0.0107	272	0.0327	226	0.1159	207
临汾市	0.1988	273	0.0402	250	0.0127	248	0.0296	241	0.1163	203
荆州市	0.1978	274	0.0453	216	0.0157	195	0.0189	276	0.1178	192
盘锦市	0.1963	275	0.0399	256	0.0143	220	0.0375	183	0.1046	273
辽阳市	0.1957	276	0.0409	239	0.0156	197	0.0136	285	0.1256	114
鞍山市	0.1931	277	0.0466	201	0.0149	207	0.0216	269	0.1100	252
阳泉市	0.1929	278	0.0522	163	0.0131	237	0.0196	275	0.1079	261
资阳市	0.1927	279	0.0415	233	0.0132	236	0.0417	139	0.0962	284
双鸭山市	0.1918	280	0.0253	285	0.0250	83	0.0266	256	0.1149	217
齐齐哈尔市	0.1908	281	0.0389	262	0.0228	105	0.0263	257	0.1029	275
营口市	0.1901	282	0.0457	209	0.0148	208	0.0397	158	0.0899	287
抚顺市	0.1880	283	0.0385	266	0.0192	150	0.0121	288	0.1182	186
鸡西市	0.1876	284	0.0210	288	0.0285	58	0.0174	279	0.1207	163
鹤岗市	0.1872	285	0.0179	289	0.0249	85	0.0262	258	0.1181	190
陇南市	0.1836	286	0.0397	258	0.0270	66	0.0172	280	0.0997	282
南充市	0.1785	287	0.0371	276	0.0197	148	0.0362	198	0.0856	288
巴中市	0.1775	288	0.0239	287	0.0159	193	0.0358	204	0.1019	277
达州市	0.1757	289	0.0399	254	0.0148	209	0.0360	199	0.0850	289
伊春市	0.1704	290	0.0134	290	0.0432	21	0.0052	290	0.1085	258

注：1. 本表根据“中国城市绿色竞争力评价指标体系”，依据各指标 2017 年数据测算而得；2. 本表中各测评城市按照绿色竞争力综合指数的指数值从大到小排序；3. 本表中绿色竞争力综合指数等于经济基础与科技进步、自然资产与环境压力、资源与环境效率和政策响应与社会福利四个一级指标分数之和；4. 本表测算结果保留 4 位小数，如果指数相同排名相同说明两市测算的指数完全一样，如果指数相同但排名不同则是小数点四舍五入的结果，说明指数值在小数点后 4 位之后有差异，本报告此后所有测算结果均采用该方法保留 4 位小数；5. 以上数据及排名根据《中国统计年鉴 2018》《中国城市统计年鉴 2018》《中国环境统计年鉴 2018》《2015 中国环境统计年报》《中国省市经济发展年鉴 2018》《中国城市建设统计年鉴 2018》《国泰安数据库——经济研究系列区域经济库》等测算。

（二）城市绿色竞争力指数的分布与比较

在参与测算的 290 个城市中，城市绿色竞争力综合指数平均值为 0.2489，其中，有 125 个城市的绿色竞争力指数高于平均水平，165 个城市的绿色竞争力指数低于平均水平。综合指数最高的城市是深圳市，达到 0.4232；最低的城市是伊春市，仅为 0.1704。根据表 1–3，报告同时绘出了 2017 年中国城市绿色竞争力指数排名前 20 城市和排名后 20 城市的比较图（详见图 1–3）。

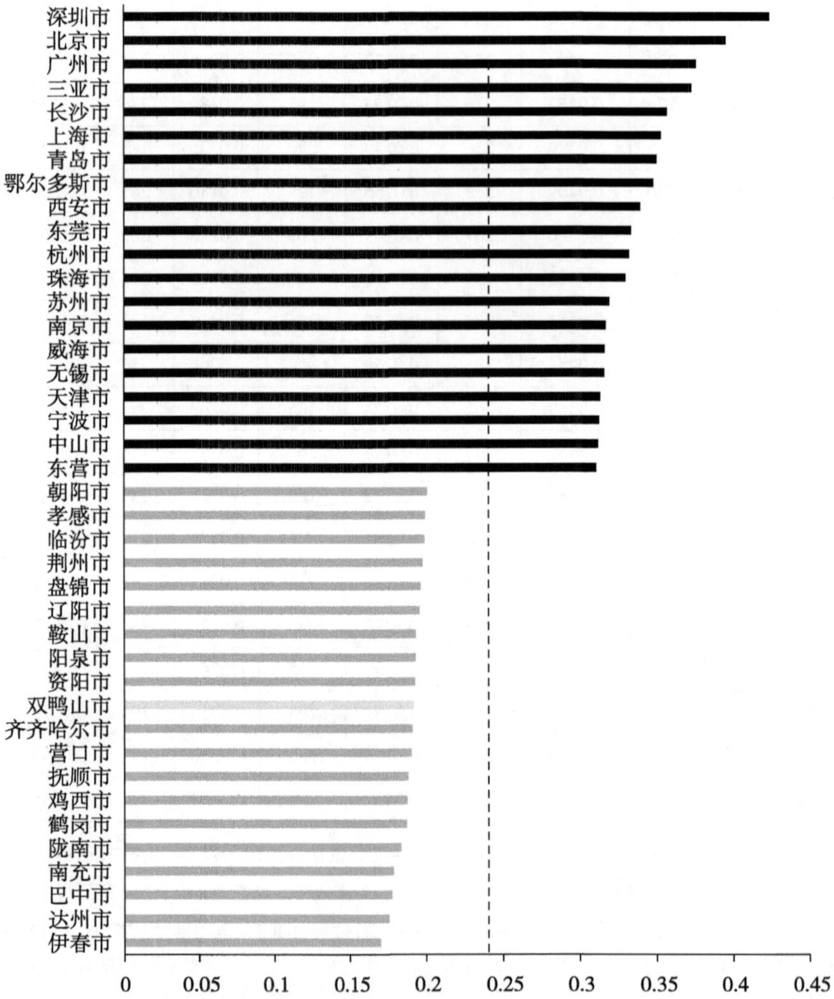

图 1–3　中国城市绿色竞争力指数排名前 20 城市和排名后 20 城市比较图

注：本图根据表 1–3 制作。指数值由高到低排列，虚线表示所有参评城市绿色竞争力指数的平均值 0.2489。

综合指数排在前20位的城市依次是：深圳市、北京市、广州市、三亚市、长沙市、上海市、青岛市、鄂尔多斯市、西安市、东莞市、杭州市、珠海市、苏州市、南京市、威海市、无锡市、天津市、宁波市、中山市、东营市。

根据表1-3和图1-3，报告进一步从地理区域、城市群、城市人口规模、经济发展水平等不同角度，对城市绿色竞争力指数进行了更加深入的探讨，以求更加细致、全面地了解中国城市绿色竞争力的发展状况。

1. 不同地理区域城市绿色竞争力差异分析

（1）区域间对比

按照东部、中部、西部和东北地区的地理区域划分标准，报告绘制了2017年中国城市绿色竞争力指数区域比较。从城市绿色竞争力指数来看，区域差异非常明显，东部地区城市遥遥领先，西部地区稍强于中部地区，东北地区最为落后。其中，东部所有测评城市的平均水平达到0.2771，远高于其他地区。中部、西部和东北地区城市的平均水平分别为0.2381、0.2417、0.2196，均低于东部地区，同时也低于全国平均水平的0.2489。具体情况如图1-4所示。

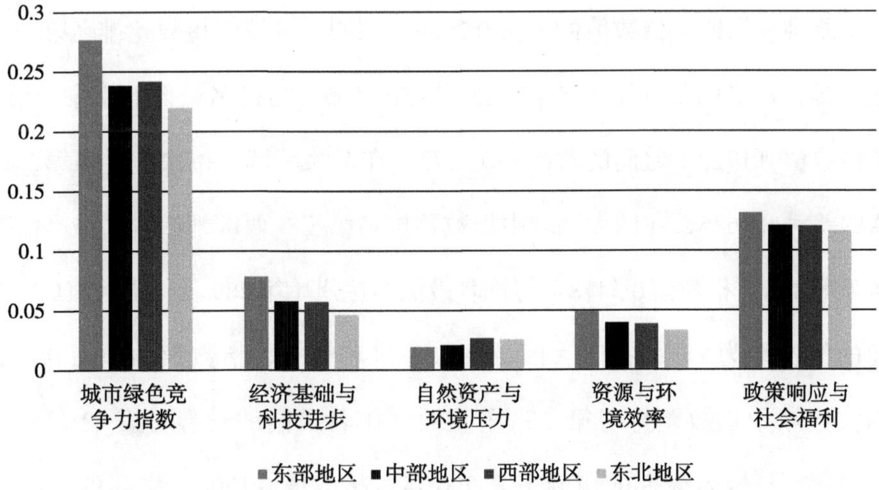

图1-4　中国四大区域城市绿色竞争力指数及一级指标对照图

注：本图数据为四大区域中各城市绿色竞争力指数值及一级指标分数值的算术平均值。

从城市绿色竞争力排名来看，同样呈现出显著的区域化特征。东部地区多数城市排名靠前，平均位次为 86；西部地区城市次之，平均位次为 158；中部地区的平均位次与西部地区接近为 168，东北地区城市平均位次最为靠后，为 212。总体来看，相对于中部、西部和东北地区，东部地区城市绿色竞争力优势明显。

综合排名中，排名前 20 的城市中，东部地区城市有 17 个，占到 85%，仅有鄂尔多斯、西安、长沙 3 个城市不属于东部地区，东北地区城市未能进入前 20；排名前 50 的城市中，东部地区城市有 33 个，占到 63%，中部地区城市有 5 个，西部地区城市有 10 个，东北地区城市仅有 2 个；在全国 125 个城市绿色竞争力综合指数高于平均水平的城市中，东部地区城市有 64 个，几乎占到总数的一半，中部地区城市有 23 个，西部地区城市有 33 个，东北地区城市仅有 5 个。

（2）区域内对比

从区域内城市绿色竞争力排名的位次差和指数值的差来看，各区域内的城市排名差异比较明显。东部地区排名最高的深圳（第 1 名，指数值 0.4232）与排名最低的菏泽（第 236 名，指数值 0.2146）之间的位次差为 235，在四大区域中位差排名第四，指数值的差为 0.2086，在四大区域中指数差排名第一；中部地区排名最高的长沙（第 5 名，指数值 0.3565）与排名最低的阳泉（第 278 名，指数值 0.1929）之间的位次差为 273，在四大区域中位次差排名第二，指数值的差为 0.1636，在四大区域中指数差排名第三；西部地区排名最高的鄂尔多斯（第 8 名，指数值 0.3478）与排名最低的达州（第 289 名，指数值 0.1757）之间的位次差为 281，在四大区域中位差排名第一，指数值的差为 0.1721，在四大区域中指数差排名第二；东北地区排名最高的长春（第 42 名，指数值 0.2938）与排名最低的伊春（第 290 名，指数值 0.1704）之间的位次差为 248，在四大区域中位差排名第三，指数值的差为 0.1234，在四大区域中指数差排名第四。

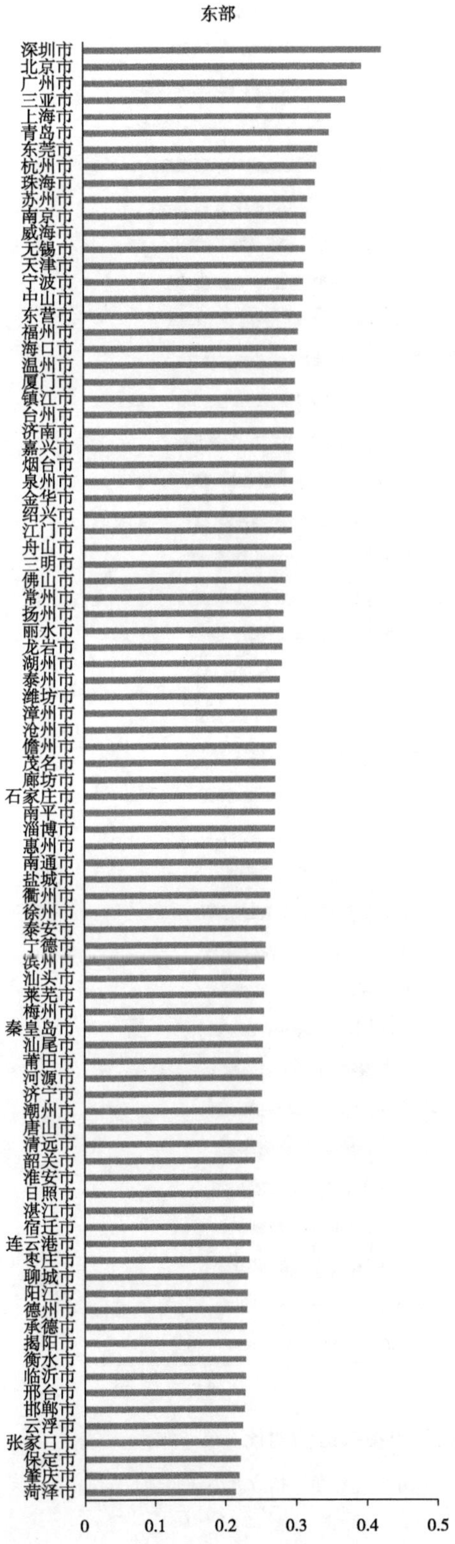
东部
深圳市
北京市
广州市
三亚市
上海市
青岛市
东莞市
杭州市
珠海市
苏州市
南京市
威海市
无锡市
天津市
宁波市
中山市
东营市
福州市
海口市
温州市
厦门市
镇江市
台州市
济南市
嘉兴市
烟台市
泉州市
金华市
绍兴市
江门市
舟山市
三明市
佛山市
常州市
扬州市
丽水市
龙岩市
湖州市
泰州市
潍坊市
漳州市
沧州市
儋州市
茂名市
廊坊市
石家庄市
南平市
淄博市
惠州市
南通市
盐城市
衢州市
徐州市
泰安市
宁德市
滨州市
汕头市
莱芜市
梅州市
秦皇岛市
汕尾市
莆田市
河源市
济宁市
潮州市
唐山市
清远市
韶关市
淮安市
日照市
湛江市
宿迁市
连云港市
枣庄市
聊城市
阳江市
德州市
承德市
揭阳市
衡水市
临沂市
邢台市
邯郸市
云浮市
张家口市
保定市
肇庆市
菏泽市
0
0.1
0.2
0.3
0.4
0.5

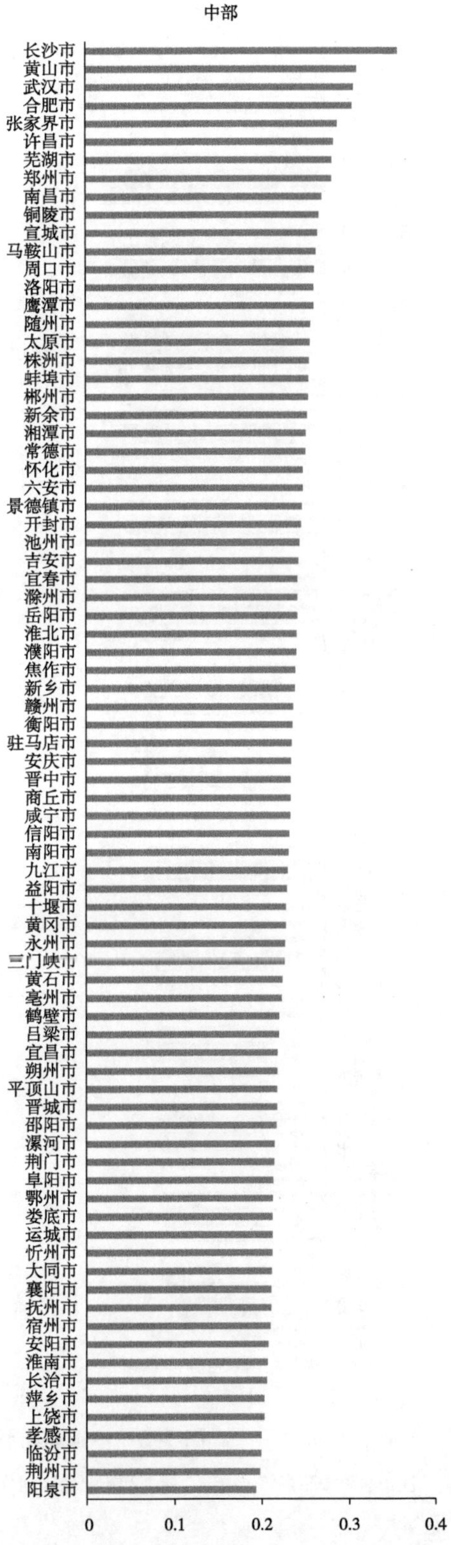
中部
长沙市
黄山市
武汉市
合肥市
张家界市
许昌市
芜湖市
郑州市
南昌市
铜陵市
宣城市
马鞍山市
周口市
洛阳市
鹰潭市
随州市
太原市
株洲市
蚌埠市
郴州市
新余市
湘潭市
常德市
怀化市
六安市
景德镇市
开封市
池州市
吉安市
宜春市
滁州市
岳阳市
淮北市
濮阳市
焦作市
新乡市
赣州市
衡阳市
驻马店市
安庆市
晋中市
商丘市
咸宁市
信阳市
南阳市
九江市
益阳市
十堰市
黄冈市
永州市
三门峡市
黄石市
亳州市
鹤壁市
吕梁市
宜昌市
朔州市
平顶山市
晋城市
邵阳市
漯河市
荆门市
阜阳市
鄂州市
娄底市
运城市
忻州市
大同市
襄阳市
抚州市
宿州市
安阳市
淮南市
长治市
萍乡市
上饶市
孝感市
临汾市
荆州市
阳泉市
0
0.1
0.2
0.3
0.4

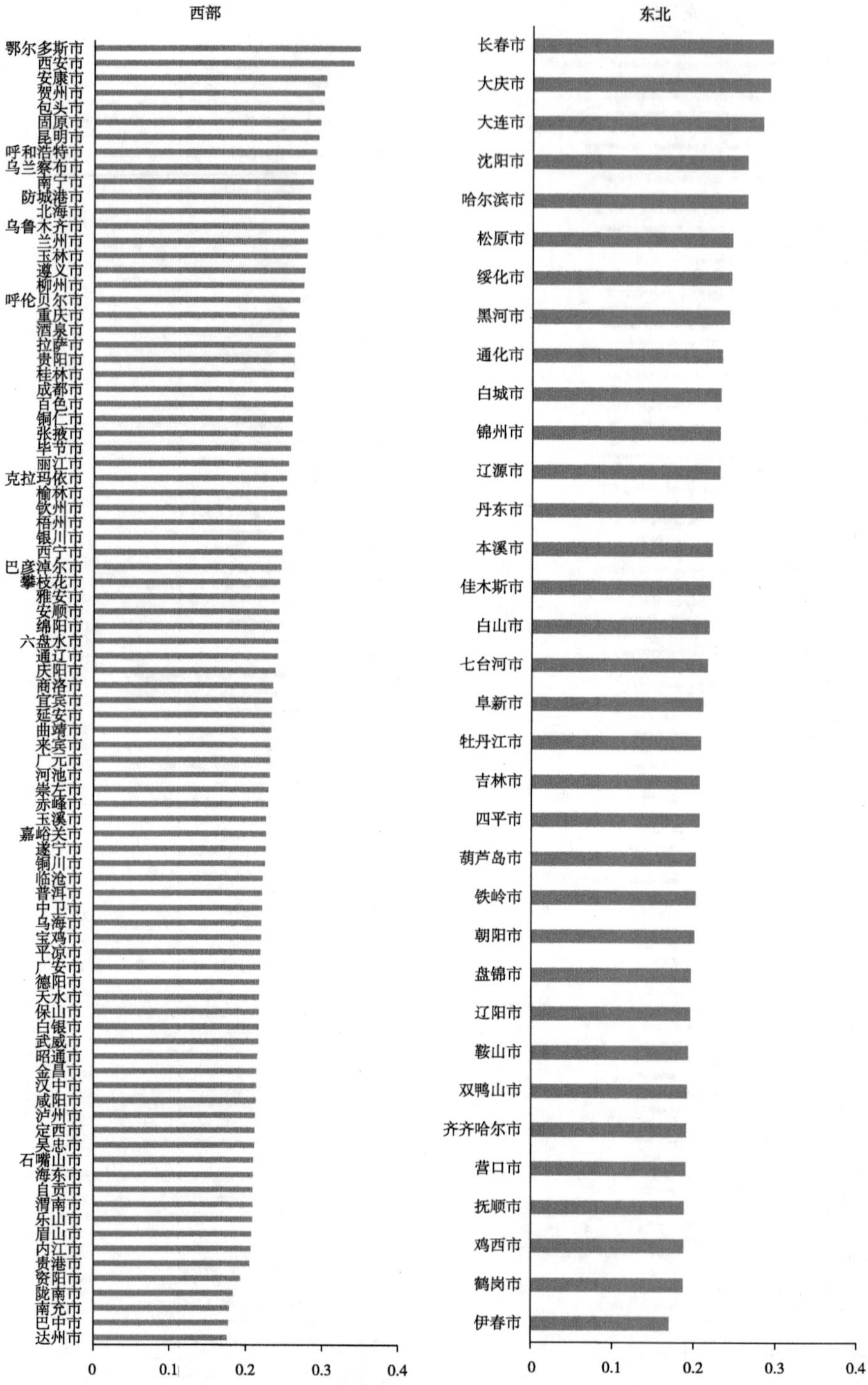

图 1–5　中国城市绿色竞争力指数区域对比

注：本图按照东部、中部、西部和东北地区划分，根据城市绿色竞争力指数大小自上至下排列。

在东部地区参评的88个城市中，有7个城市位居所有参评城市的前10位，分别是深圳、北京、广州、三亚、上海、青岛和东莞，占东部城市的7.95%。除去全国排名前10的7个城市外，杭州、珠海、厦门、河源、济宁等57个城市排在全国第11名到第119名不等的位置，以上64个东部城市的绿色竞争力指数高于全国平均水平，占东部城市的69.3%。而潮州、唐山、肇庆、菏泽等其余24个城市位于所有参评城市的第131位到第236位，这些城市的指数值均低于全国平均水平。总体来看，东部地区城市绿色竞争力优势明显，多数城市位于全国平均水平之上，少部分城市低于平均水平，区域内的城市差距较小。

在中部地区参评的80个城市中，仅有长沙1个城市位居所有参评城市的前10位，占中部城市的1.25%。除长沙外，武汉、合肥、郑州、湘潭、常德等22个城市排在全国第21名到第123名不等的位置，以上23个中部城市的绿色竞争力指数高于全国平均水平，占中部城市的28.75%。而怀化、吉安、景德镇上饶、孝感、阳泉等其余57个城市位于所有参评城市的第127位到第278位，这些城市的指数值均低于全国平均水平。总体来看，中部地区城市绿色竞争力较东部地区处于明显劣势，超2/3的城市位于全国平均水平之下，仅有不足1/3的城市高于平均水平，且差距较大。

在西部地区参评的88个城市中，仅有鄂尔多斯和西安2个城市位居所有参评城市的前10位，占西部城市的2.27%。安康、贺州、乌鲁木齐、钦州、梧州等31个城市排在全国第25名到第125名不等的位置，以上33个西部城市的绿色竞争力指数高于全国平均水平，占西部城市的37.5%。而银川、巴彦淖尔、白银、巴中、南充、达州等其余55个城市位于所有参评城市的第126位到第290位，这些城市的指数值均低于全国平均水平。总体来看，西部地区城市绿色竞争力尽管无法与东部地区城市相比，但是相比于中部城市而言，仍具有一定的优势，有超 1/3 的城市位于全国平均水平之上，其余的城市低于全国平均水平，差距相对较大。

在东北地区参评的 34 个城市中，没有一个参评城市位居前 10 位，排名最高的长春仅位列全国第 42 位。东北地区城市中，除长春外，大庆、大连、沈阳、哈尔滨 4 个城市排在全国第 44 名到第 87 名不等的位置，这 5 个东北地区城市的绿色竞争力指数高于全国平均水平，占东北地区城市的 14.71%。而松原、丹东、锦州、佳木斯、鹤岗、伊春等其余 29 个城市位于所有参评城市的第 135 位到第 290 位，这些城市的指数值均低于全国平均水平。总体来看，东北地区城市绿色竞争力劣势明显，仅有不足 1/5 的城市高于平均水平，其余的城市则全部位于全国平均水平之下，差距相对较小，但差距较小的原因是东北地区城市排名整体靠后所致，与东部地区区域内城市差距较小的原因截然相反。

2. 不同城市群城市绿色竞争力差异分析

从城市绿色竞争力指数综合排名来看，地理位置接近且经济联系密切的城市往往在城市绿色竞争力上具有较强的一致性，城市绿色竞争力的形成具有明显的城市群集聚特征。而且城市群是当前中国经济增长的引擎，同时也是中国经济实现绿色发展的主战场。因此，报告从城市群划分的角度，对中国城市绿色竞争力的表现进行分析。

截至 2018 年 3 月，国务院已经批复了 9 个国家级城市群，包括长江三角洲城市群、长江中游城市群、成渝城市群、中原城市群、哈长城市群、关中平原城市群、北部湾城市群、呼包鄂榆城市群和兰西城市群。此外，伴随着中国经济的快速增长，多地也形成了规模不一的区域性城市群，包括粤港澳大湾区、京津冀城市群、山东半岛城市群、海峡西岸城市群、辽中南城市群等等①。在中国众多城市群中，长江三角洲城市群、珠江三角洲城市群和京津冀城市群是目前最具代表性的三大城市群，其规模和经济实力都名列前茅。

从城市绿色竞争力指数综合排名来看，排名前100的城市中，有多达82个城市处在地理位置不同、规模大小不一、经济实力悬殊的城市群当中，城市群成为当前中国城市绿色竞争力形成的重要载体。具体分布情况如表1–4所示。

表1–4 中国城市绿色竞争力前100强城市群分布

城市群	城市绿色竞争力分布（排名）
长江三角洲城市群	上海（6）、杭州（11）、苏州（13）、南京（14）、无锡（16）、宁波（18）、合肥（24）、镇江（30）、台州（32）、嘉兴（34）、金华（37）、绍兴（38）、舟山（41）、常州（51）、泰州（65）、扬州（52）、湖州（59）、芜湖（60）、盐城（82）、南通（81）、宣城（84）、马鞍山（90）
珠江三角洲城市群	深圳（1）、广州（3）、东莞（10）、珠海（12）、中山（19）、江门（40）、佛山（50）、惠州（77）
京津冀城市群	北京（2）、天津（17）、沧州（70）、廊坊（73）、石家庄（74）
长江中游城市群	长沙（5）、黄山（21）、武汉（22）、合肥（24）、南昌（78）、铜陵（83）
成渝城市群	重庆（80）、成都（93）

① 中国当前形成的主要城市群有14个，分别为长江三角洲城市群（包括上海、无锡、杭州、苏州、常州、南京、镇江、合肥、宁波、绍兴、芜湖、台州、嘉兴、南通、铜陵、扬州、金华、舟山、湖州、盐城、泰州、宣城、池州、马鞍山、滁州和安庆）、珠江三角洲城市群（包括深圳、广州、东莞、珠海、佛山、惠州、中山、汕尾、江门、韶关、河源、肇庆、云浮和清远）、京津冀城市群（包括北京、天津、石家庄、唐山、沧州、秦皇岛、廊坊、张家口、邯郸、保定、安阳、邢台、承德和衡水）、长江中游城市群（长沙、武汉、合肥、芜湖、南昌、铜陵、新余、襄阳、郴州、池州、常德、株洲、黄山、马鞍山、鹰潭、岳阳、湘潭、黄冈、六安、景德镇、吉安、九江、安庆、黄石、上饶、宜春、萍乡、益阳、咸宁、抚州、娄底、衡阳、宜昌、荆门、孝感、鄂州、荆州、仙桃、天门和潜江）、成渝城市群（包括成都、绵阳、重庆、资阳、南充、德阳、雅安、广安、乐山、泸州、遂宁、宜宾、自贡、达州、内江和眉山）、山东半岛城市群（包括威海、青岛、东营、济南、淄博、烟台、潍坊和日照）、哈长城市群（包括长春、大庆、哈尔滨、松原、辽源、绥化、四平、吉林、牡丹江、齐齐哈尔和延边）、中原城市群（包括郑州、洛阳、许昌、蚌埠、焦作、南阳、信阳、聊城、邯郸、亳州、菏泽、开封、濮阳、商丘、安阳、平顶山、驻马店、晋城、淮北、阜阳、三门峡、邢台、鹤壁、宿州、长治、运城、漯河、周口和济源）、海峡西岸城市群（包括厦门、福州、温州、泉州、三明、丽水、汕头、龙岩、漳州、莆田、衢州、宁德、鹰潭、潮州、南平、梅州、上饶、揭阳、抚州和赣州）、辽中南城市群（包括沈阳、大连、鞍山、抚顺、本溪、丹东、营口、辽阳和盘锦）、关中平原城市群（包括西安、庆阳、天水、咸阳、铜川、宝鸡、商洛、渭南、平凉、临汾、运城和杨凌）、北部湾城市群（包括海口、南宁、北海、茂名、玉林、湛江、钦州、阳江、儋州、防城港和崇左）、呼包鄂榆城市群（呼和浩特、包头、鄂尔多斯和榆林）、兰西城市群（兰州、西宁和海东）。

续表

城市群	城市绿色竞争力分布（排名）
哈长城市群	长春（42）、大庆（44）、哈尔滨（87）
中原城市群	许昌（56）、郑州（62）、周口（94）、洛阳（96）
关中平原城市群	西安（9）
北部湾城市群	海口（26）、南宁（49）、防城港（54）、北海（58）、玉林（64）、儋州（71）、茂名（72）
山东半岛城市群	青岛（7）、威海（15）、东营（20）、济南（33）、烟台（35）、潍坊（66）、淄博（76）
海峡西岸城市群	福州（23）、温州（27）、厦门（28）、泉州（36）、三明（47）、丽水（53）、龙岩（57）、漳州（69）、南平（75）、衢州（85）、鹰潭（97）
辽中南城市群	大连（55）、沈阳（86）
呼包鄂榆城市群	鄂尔多斯（8）、包头（31）、呼和浩特（45）
兰西城市群	兰州（63）

（1）城市群间对比

按照中国城市绿色竞争力指标体系的测算方法，报告计算得到长三角、珠三角、京津冀三个主要城市群的绿色竞争力平均水平及排名，并绘制了这三个国家级城市群城市绿色竞争力指数比较图。珠江三角洲城市群城市绿色竞争力稍微领先，长江三角洲城市群城市绿色竞争力紧随其后，京津冀城市群城市绿色竞争力排名第三。珠江三角洲城市群、长江三角洲城市群和京津冀城市群的绿色竞争力分别为 0.2902、0.2882、0.2565，均高于全国平均水平的 0.2489。具体情况如图 1–6 所示。

从城市绿色竞争力排名来看，排名前 20 的城市中，长江三角洲城市群有 6 个，分别为上海、杭州、苏州、南京、无锡和宁波，珠江三角洲城市群有 5 个，分别为深圳、广州、东莞、珠海和中山，京津冀城市群有 2 个，分别为北京和天津，其余城市群分布状况为：长江中游城市群 1 个（长沙），山东半岛城市群 3 个（青岛、威海和东营），关中平原城市群 1 个（西安），呼包鄂榆城市群 1 个（鄂尔多斯），三亚未纳入报告计算的 14 个城市群中。此外，长江三角洲城市群有 23 个城市绿色竞争力指数高于全国平均水平，占长江三角洲城市群城市的 88.46%，珠江三角洲城市群城市有 10 个城市绿色竞争力指数高于全国平均水平，占珠江三角洲城市群城市的71.43%，京津冀城市群有7个城市绿色竞争力指数高于全国平均水平，占京津冀城市群中城市的50%。

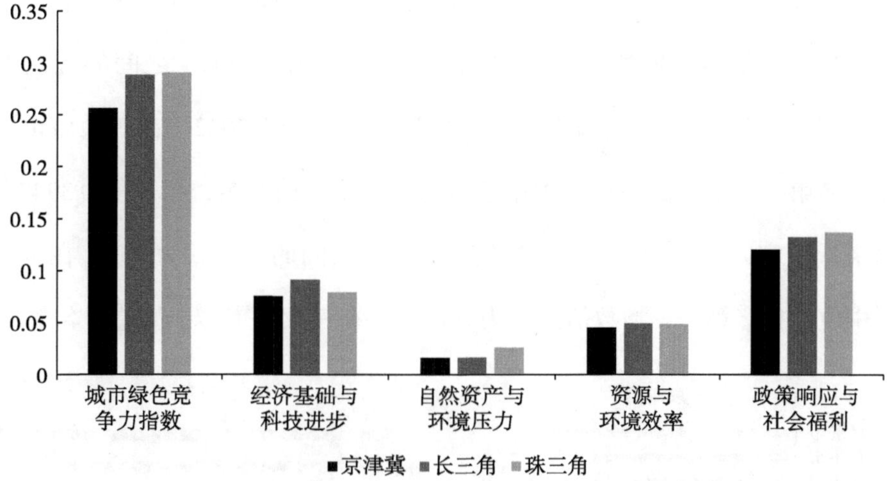

图 1-6 中国三大城市群城市绿色竞争力指数及一级指标对照图

注：本图数据为三大城市群中各城市绿色竞争力指数值及一级指标分数值的算术平均值。

从城市绿色竞争力的水平来看，城市群的集聚特征十分显著。长江三角洲城市群中，绝大多数城市排名靠前，平均位次为56，其中有23个城市排名前100，占比88.46%，剩余3个城市排名也位于200名之前；珠江三角洲城市群城市中，城市排名平均位次为81，其中有8个城市排名前100，占比47%，4个城市排名位于101—200之前，2个城市排名在200名之后，占比14.29%；在京津冀城市群城市中，城市排名平均位次为137，其中有5个城市排名前100，占比35.71%，6个城市排名位于101—200之间，3个城市排名在200名之后，占比21.42%。总体上，长江三角洲城市群和珠江三角洲城市群城市绿色竞争力优势较为明显，京津冀城市群尽管整体绿色竞争力要高于全国平均水平，但在三大城市群中相对落后。

（2）城市群组内对比

从城市群内城市绿色竞争力排名的位次差和指数值的差来看，各城市群内的城市排名差异表现不一。长江三角洲城市群中排名最高的上海（第6名，指数值 0.3525）与排名最低的安庆（第 165 名，指数值 0.2345）之间的位次差为 159，在三大城市群中位差排名第三，指数值的差为 0.1180，在三大城市群中值差排名第三；珠江三角洲城市群中排名最高的深圳（第 1 名，指数值 0.4232）与排名最低的肇庆（第 215 名，指数值 0.2200）之间的位次差为 214，在三大城市群中位差排名第二，指数值的差为 0.2032，在三大城市群中值差排名第一；京津冀城市群中排名最高的北京（第 2 名，指数值 0.3947）与排名最低的安阳（第 259 名，指数值 0.2077）之间的位次差为 257，在三大城市群中位差排名第一，指数值的差为 0.1870，在三大城市群中值差排名第二。

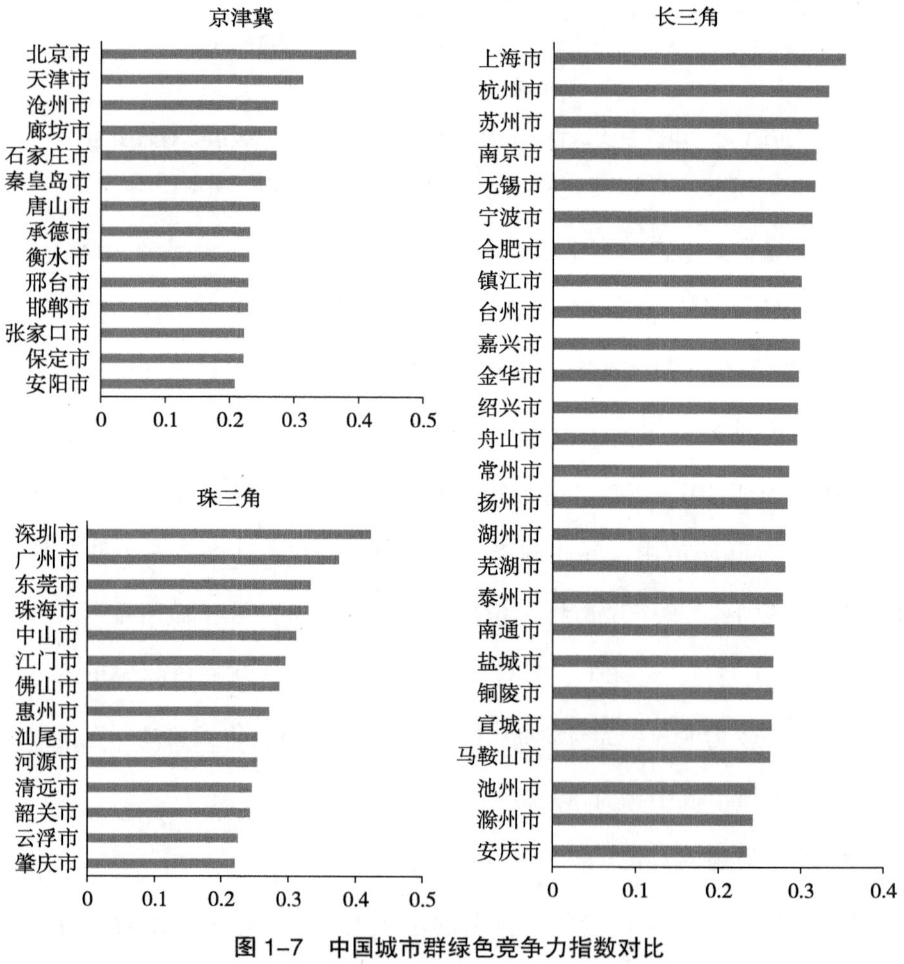

图 1–7　中国城市群绿色竞争力指数对比

注：本图按照三大城市群划分，根据城市绿色竞争力指数大小自上至下排列。

在长江三角洲城市群中参评的26个城市中，上海市位居所有参评城市的第6位。除此之外，杭州、苏州、南京、宣城、马鞍山等18个城市排在全国第11名到第90名不等的位置，以上23个长江三角洲城市群城市的绿色竞争力指数高于全国平均水平，占长江三角洲城市群城市的88.46%。有3个城市的竞争力指数值低于全国平均水平，位于所有参评城市的第138位到165位不等。总体来看，长江三角洲城市群城市绿色竞争力优势十分明显，绝大多数城市都位于全国平均水平之上，仅有极少部分城市低于平均水平，且城市群内城市绿色竞争力差距较小。

在珠江三角洲城市群参评的14个城市中，有3个城市位居所有参评城市的前10位，分别为深圳、广州和东莞，占珠江三角洲城市群城市的21.43%。除此之外，珠海、中山、江门、汕尾、河源等7个城市排在全国第12名到第120名不等的位置，以上10个珠江三角洲城市群城市的绿色竞争力指数高于全国平均水平，占珠江三角洲城市群城市的71.43%。而韶关、清远、云浮、肇庆4个城市位于所有参评城市的第136位到第215位，这些城市的指数值均低于全国平均水平。总体来看，珠江三角洲城市群中城市绿色竞争力尽管较长江三角洲城市群城市具有微弱优势，但相比于长江三角洲城市群，珠江三角洲城市群内城市绿色竞争力水平差距相对较大。

在京津冀城市群参评的14个城市中，仅有北京1个城市位居所有参评城市的前10位，占京津冀城市群中城市的7.14%。除此之外，天津、沧州、廊坊、石家庄、秦皇岛5个城市排在全国第17名到第113名不等的位置，以上6个京津冀城市群中城市的绿色竞争力指数高于全国平均水平，占京津冀城市群中城市的42.86%。而保定、唐山、衡水、邢台等其余8个城市位于所有参评城市的第183位到第259位，这些城市的指数值均低于全国平均水平。总体来看，京津冀城市群中城市绿色竞争力明显落后于珠江三角洲城市群和长江三角洲城市群城市，接近 2/3 的城市位于全国平均水平之下，仅有 1/3 稍强的城市高于全国平均水平，且城市群内城市绿色竞争力差距较大。

3. 不同人口规模城市表现

按照城市人口数量，可以将城市划分为不同规模。2014 年 11 月 20 日，国务院发布《关于调整城市规模划分标准的通知》（以下简称《通知》）对中国城市规模的划分标准做出了正式调整。《通知》将中国城市划分为五类七档：城区常住人口 50 万以下的城市为小城市，其中 20 万以上 50 万以下的城市为Ⅰ型小城市，20 万以下的城市为Ⅱ型小城市；城区常住人口 50 万以上 100 万以下的城市为中等城市；城区常住人口 100 万以上 500 万以下的城市为大城市，其中 300 万以上 500 万以下的城市为Ⅰ型大城市，100 万以上 300 万以下的城市为Ⅱ型大城市；城区常住人口 500 万以上 1000 万以下的城市为特大城市；城区常住人口 1000 万以上的城市为超大城市（以上包括本数，以下不包括本数）①。借鉴国务院的划分标准，报告对中国城市的规模进行了分组，并在此基础上对不同规模城市的绿色竞争力展开分析。

（1）不同规模城市组间对比

按照超大、特大、大、中、小城市的划分标准，报告绘制了 2017 年中国城市绿色竞争力指数规模城市比较图②。从城市绿色竞争力指数来看，城市规

① 《国务院关于调整城市规模划分标准的通知》对城区和常住人口概念进行了明确定义。城区是指在市辖区和不设区的市区、市政府驻地的实际建设连接到的居民委员会所辖区域和其他区域。常住人口包括：居住在本乡镇街道，且户口在本乡镇街道或户口待定的人；居住在本乡镇街道，且离开户口登记地所在的乡镇街道半年以上的人；户口在本乡镇街道，且外出不满半年或在境外工作学习的人。

② 关于超大城市的划分是逐渐变化的。政府层面上，2014 年发布的《国家新型城镇化规划（2014–2020 年）》按照 2010 年第六次全国人口普查数据，公布符合超大城市标准的共有 6 个，分别是北京、上海、广州、深圳、重庆和天津；2016 年，中共中央发布的《长江经济带发展规划纲要》中，进一步将武汉列为超大城市，强调要发挥上海、武汉、重庆等超大城市的引领作用，由此形成目前普遍熟知的 7 大超大城市。但是鉴于本报告是对 2017 年中国城市绿色竞争力进行评价且近年城市化进程加快，因此本报告并未采用 2010 年第六次人口普查数据对中国城市规模进行分组。为了保证报告数据的权威性和对未来城市新变化的适应性，本报告最终选定城市年末户籍人口数作为城市规模划分的标准。做出这一变化的原因在于，发改委 2018 年 3 月 9 日发布的《国家发展改革委关于实施 2018 年推进新型城镇化建设重点任务的通知》中指出，要探索租赁房屋的常住人口在城市公共户口落户，加快农业转移人口市民化。按照这一标准，并考虑到未来城市人口可能存在的新变化，故而本报告最终采用城市年末户籍人口数作为衡量城市规模的划分标准。

模的影响比较明显，超大城市的绿色竞争力平均水平遥遥领先，特大城市的绿色竞争力水平紧随其后，大城市和小城市水平相当，中等规模城市最为落后。其中，超大城市的平均水平达到 0.3321，远高于其他规模的城市。特大、大、中、小城市的平均水平分别为 0.3063、0.2518、0.2359、0.2447，均低于超大城市水平，其中中等城市和小城市绿色竞争力指数低于全国平均水平的 0.2489。具体情况如图 1–8 所示。

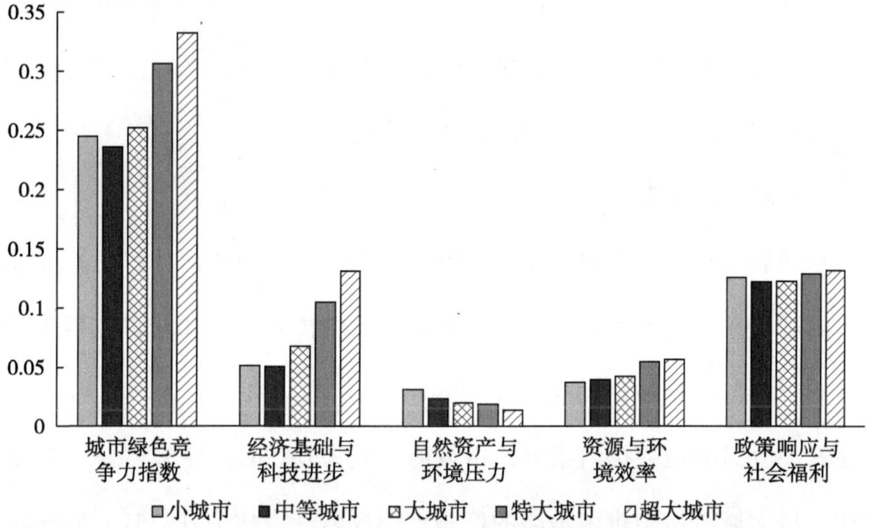

图 1–8　中国不同规模城市绿色竞争力指数及一级指标对照图

注：本图数据为按照人口规模划分的五类城市中各城市绿色竞争力指数值及一级指标分数值的算术平均值。

从城市绿色竞争力排名来看，城市绿色竞争力的规模差异明显。排名前 20 的城市中，超大城市有 3 个，分别为北京、上海和天津，特大城市有 5 个，分别为广州、青岛、西安、杭州和南京，大城市有 10 个，分别为深圳、长沙、东莞、珠海、苏州、威海、无锡、宁波、中山和东营市，中等城市有 1 个，为三亚市，小城市也有 1 个，为鄂尔多斯市；在全国 125 个城市绿色竞争力指数高于平均水平的城市中，4 个超大城市和 10 个特大城市均高于全国平均水平。另外，大城市有 68 个，占大城市的 46.27%，中等城市有 27 个，占中等城市的 30.34%，小城市有 16 个，占小城市的 40%。

具体来看，4 个超大城市和 10 个特大城市共有 14 个城市，除了汕头，其他城市绿色竞争力指数排名均在前 100，平均位次分别为 26 和 44；大城市中，城市排名平均位次为 138，其中有 57 个城市排名前 100，49 个城市排名位于 101—200 之间，41 个城市排名在 200 之后；中等城市中，城市排名平均位次为 171，其中有 18 个城市排名前 100，35 个城市排名位于 101—200 之间，36 个城市排名在 200 之后；小城市中，城市排名平均位次为 151，其中有 12 个城市排名前 100，14 个城市排名位于 101—200 之间，14 个城市排名在 200 之后。总体上，超大城市和特大城市在绿色竞争力上优势明显，大城市和小城市绿色竞争力水平次之，中等城市绿色竞争力水平最低。

（2）相同规模城市组内对比

从相同规模城市组内城市绿色竞争力排名的位次差和指数值的差来看，各区域内的城市排名差异比较明显。超大城市组中排名最高的北京（第 2 名，指数值 0.3947）与排名最低的重庆（第 80 名，指数值 0.2682）之间的位次差为 78，在五类分组中位差排名第五，指数值的差为 0.1265，在五类分组中位差排名第四；特大城市组中排名最高的广州（第 3 名，指数值 0.3751）与排名最低的汕头（第 107 名，指数值 0.2558）之间的位次差为 104，在五类分组中位差排名第四，指数值的差为 0.1193，在五类分组中位差排名第五；大城市组中排名最高的深圳（第 1 名，指数值 0.4232）与排名最低的达州（第 289 名，指数值 0.1757）之间的位次差为 288，在五类分组中位次差排名第一，指数值的差为 0.2475，在五类分组中位差排名第一；中等城市组中排名最高的三亚（第 4 名，指数值 0.3723）与排名最低的伊春（第 290 名，指数值 0.1704）之间的位次差为 286，在五类分组中位差排名第二，指数值的差为 0.2019，在五类分组中位次差排名第二；小城市组中排名最高的鄂尔多斯（第 8 名，指数值 0.3478）与排名最低的双鸭山（第 280 名，指数值 0.1918）之间的位次差为 272，在五类分组中位次差排名第三，指数值的差为 0.1560，在五类分组中位差排名第三。

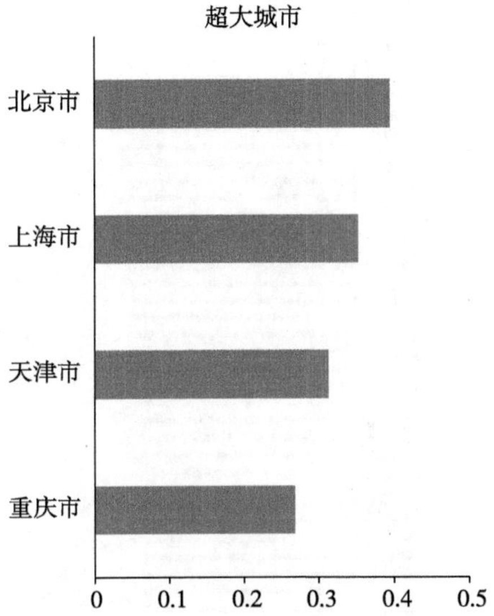

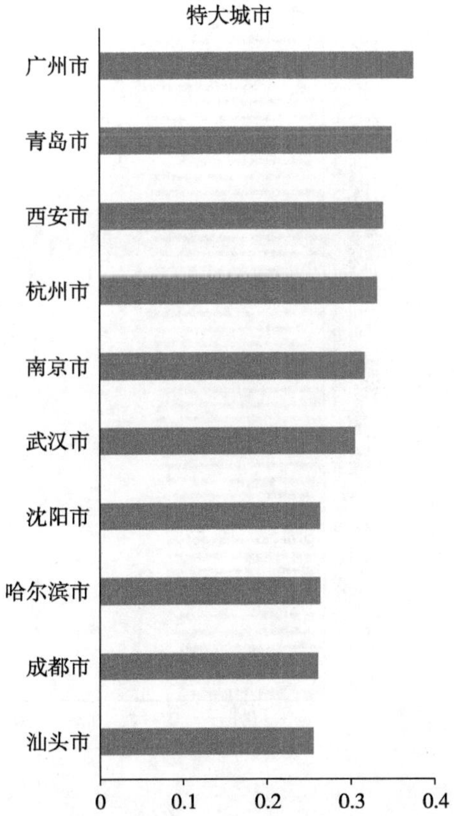

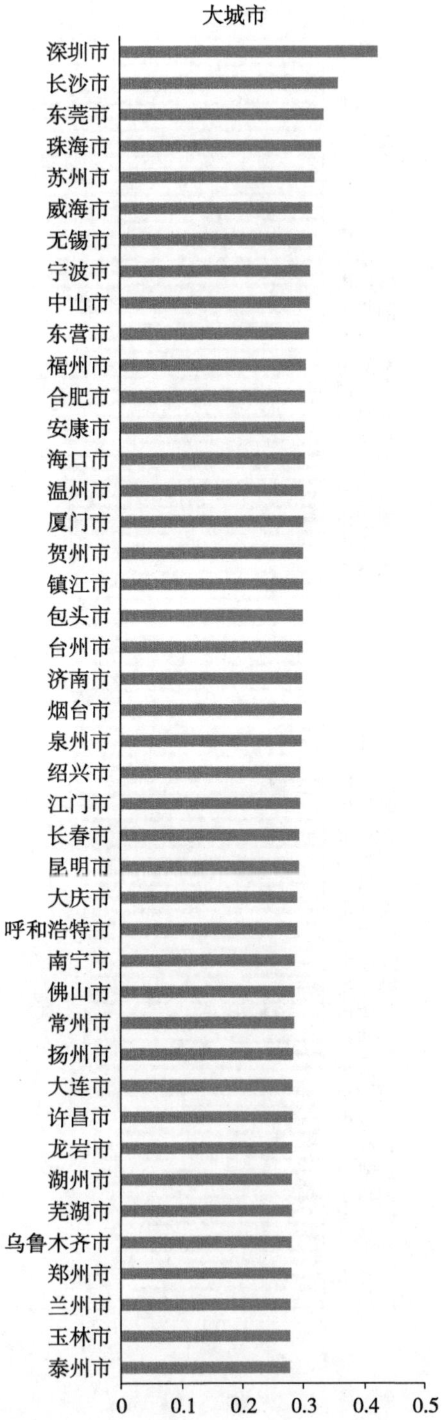

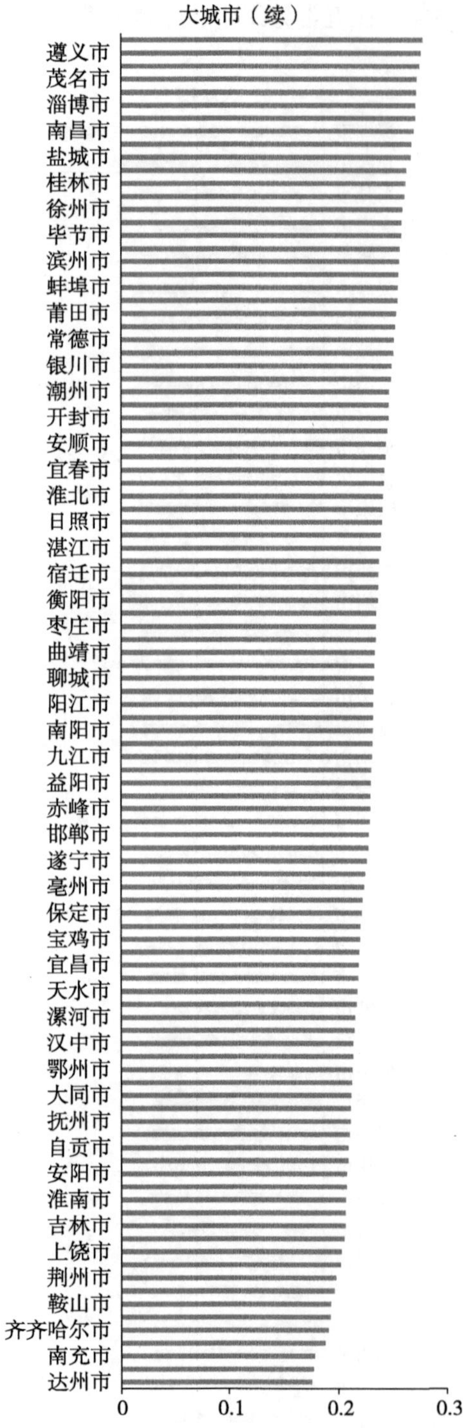
大城市（续）
遵义市
茂名市
淄博市
南昌市
盐城市
桂林市
徐州市
毕节市
滨州市
蚌埠市
莆田市
常德市
银川市
潮州市
开封市
安顺市
宜春市
淮北市
日照市
湛江市
宿迁市
衡阳市
枣庄市
曲靖市
聊城市
阳江市
南阳市
九江市
益阳市
赤峰市
邯郸市
遂宁市
亳州市
保定市
宝鸡市
宜昌市
天水市
漯河市
汉中市
鄂州市
大同市
抚州市
自贡市
安阳市
淮南市
吉林市
上饶市
荆州市
鞍山市
齐齐哈尔市
南充市
达州市
0
0.1
0.2
0.3

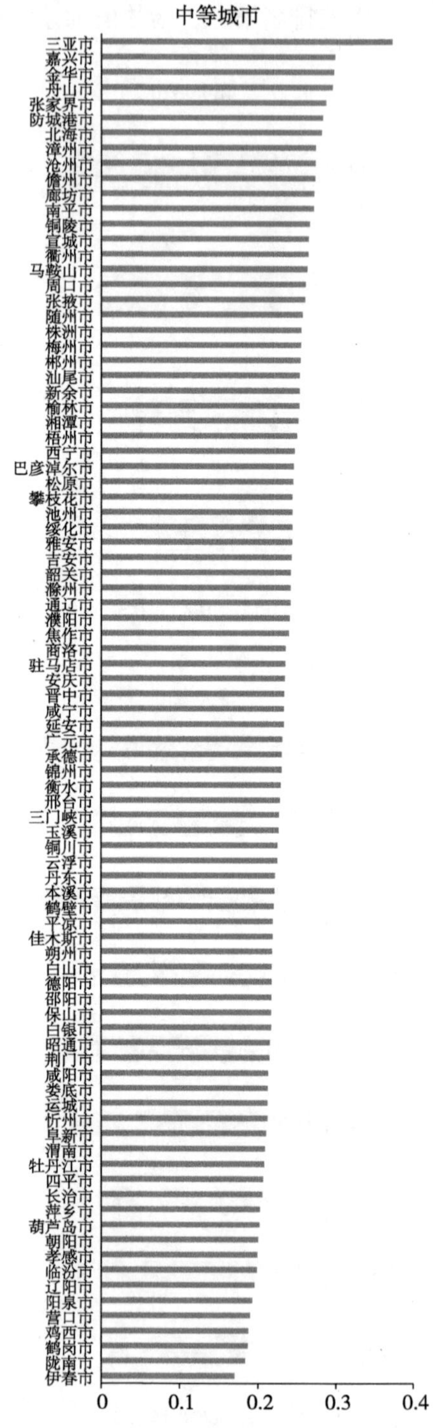
中等城市
三亚市
嘉兴市
金华市
舟山市
张家界市
防城港市
北海市
漳州市
沧州市
儋州市
廊坊市
南平市
铜陵市
宣城市
衢州市
马鞍山市
周口市
张掖市
随州市
株洲市
梅州市
郴州市
汕尾市
新余市
榆林市
湘潭市
梧州市
西宁市
巴彦淖尔市
松原市
攀枝花市
池州市
绥化市
雅安市
吉安市
韶关市
滁州市
通辽市
濮阳市
焦作市
商洛市
驻马店市
安庆市
晋中市
咸宁市
延安市
广元市
承德市
锦州市
衡水市
邢台市
三门峡市
玉溪市
铜川市
云浮市
丹东市
本溪市
鹤壁市
平凉市
佳木斯市
朔州市
白山市
德阳市
邵阳市
保山市
白银市
昭通市
荆门市
咸阳市
娄底市
运城市
忻州市
阜新市
渭南市
牡丹江市
四平市
长治市
萍乡市
葫芦岛市
朝阳市
孝感市
临汾市
辽阳市
阳泉市
营口市
鸡西市
鹤岗市
陇南市
伊春市
0
0.1
0.2
0.3
0.4

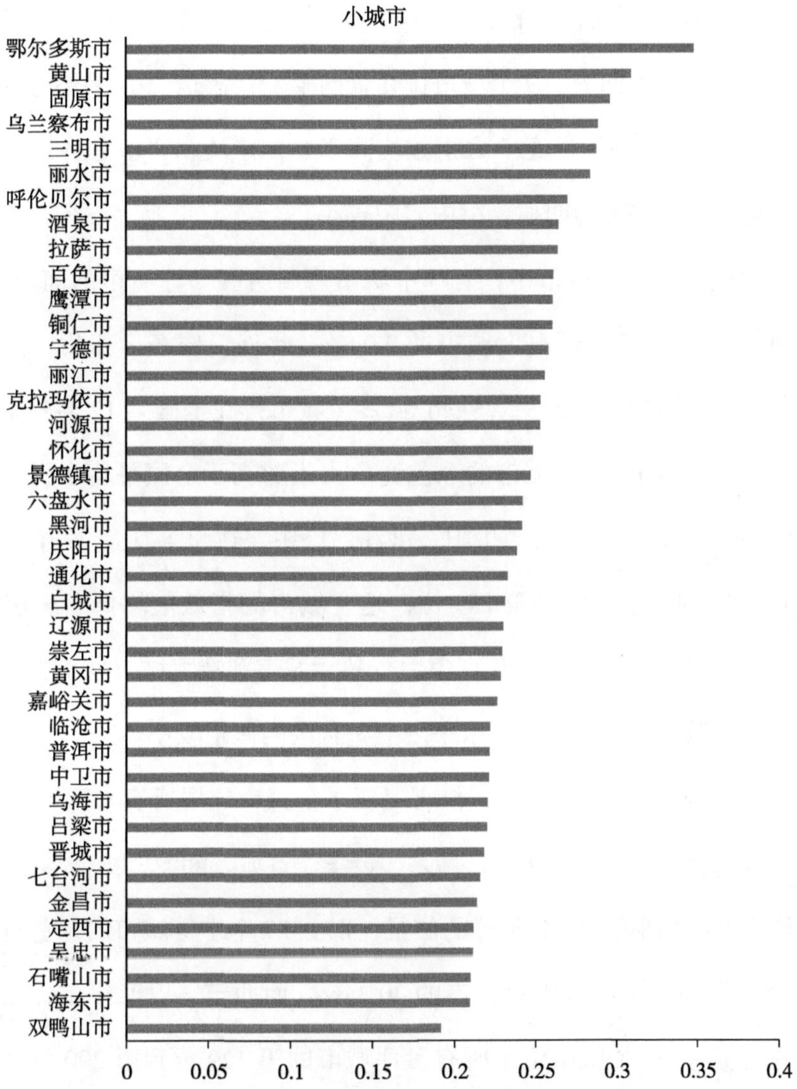

图 1–9 中国城市绿色竞争力指数城市群对比

注：本图按照超大、特大、大、中、小城市划分，根据城市绿色竞争力指数大小自上至下排列。

在参评的 4 个超大城市中，有 2 个城市位居所有参评城市的前 10 位，分别是北京和上海，占超大城市的 50%。此外，天津和重庆 2 个城市分别位于全国第 20 名和第 80 名。以上 4 个超大城市的绿色竞争力指数全部高于全国平均水平。总体来看，超大城市绿色竞争力优势明显，但组内差距较大。

在参评的 10 个特大城市中，有 3 个城市位居所有参评城市的前 10 位，分别是广州、青岛和西安，占特大城市的 30%。此外，杭州、南京、武汉、沈阳、哈尔滨、成都和汕头等 7 个城市排在全国第 11 名到第 107 名不等的位置，以上 10 个特大城市的绿色竞争力指数均高于全国平均水平。总体来看，特大城市绿色竞争力优势较为明显，组内差距较小。

在参评的 147 个大城市中，有 3 个城市位居所有参评城市的前 10 位，分别是深圳、长沙和东莞，占大城市的 2.04%。此外，珠海、苏州、济南、大连、乌鲁木齐、石家庄、常德、钦州等 65 个城市排在全国第 12 名到第 124 名不等的位置，以上 68 个大城市的绿色竞争力指数高于全国平均水平，占大城市的 49.64%。而银川、六安、岳阳、湛江、巴中、达州等其余 79 个城市位于所有参评城市的第 126 位到第 289 位，这些城市的指数值均低于全国平均水平。总体来看，尽管大城市绿色竞争力较超大城市和特大城市处于劣势，但仍有接近一半的城市位于全国平均水平之上，且组内差距较小。

在参评的 89 个中等城市中，仅有三亚 1 个城市位居所有参评城市的前 10 位，占中等城市的 1.12%。此外，嘉兴、金华、宣城、湘潭、梧州等 26 个城市排在全国第 34 名到第 125 名不等的位置，以上 27 个中等城市的绿色竞争力指数高于全国平均水平，占中等城市的 30.34%。而西宁、巴彦淖尔、辽阳、鹤岗、伊春等其余 62 个城市位于所有参评城市的第 129 位到第 290 位，这些城市的指数值均低于全国平均水平。总体来看，中等城市绿色竞争力无法与大城市相比，超 2/3 的城市低于全国平均水平，仅有不足 1/3 的城市高于平均水平，城市绿色竞争力劣势明显，组内差距相对较小。

在参评的 40 个小城市中，只有鄂尔多斯位居前 10 位，此外，黄山、固原、乌兰察布、克拉玛依、河源等其余 15 个城市位于所有参评城市的第 21 位到第 120 位，以上 16 个小城市的绿色竞争力指数高于全国平均水平，占小城市的 40%。而怀化、景德镇、黄冈、海东和双鸭山等其余 24 个城市位于所有参评城市的第127位到第280位，这些城市的指数值均低于全国平均水平。总体来看，小城市绿色竞争力劣势明显，仅有2/5的城市的绿色竞争力指数高于平均水平，且组内差距较小。

4. 不同经济发展水平城市表现

从城市绿色竞争力指数综合排名来看，经济发展水平的高低与城市绿色竞争力强弱的形成同样具有密切的关系。按照收入水平的高低，报告从高收入、中等偏上收入、中等偏下收入三个层次将中国城市分为三组[①]。

（1）不同收入水平城市组间对比

按照高收入、中等偏上和中等偏下收入的划分标准，报告绘制了2017年中国城市绿色竞争力指数收入水平比较图。从城市绿色竞争力指数来看，不同收入水平城市差异非常明显，高收入城市遥遥领先，中等偏上收入城市稍强，中等偏下收入城市最为落后。其中，所有测评的高收入城市的绿色竞争力平均水平达到0.3007，远高于其他经济发展水平的城市。中等偏上和中等偏下收入城市的平均水平分别为0.2409、0.2197，均低于高收入城市，同时也低于全国平均水平的0.2489。具体情况如图1–10所示。

---

① 世界银行2013年根据人均国民总收入将不同国家和地区按照收入水平划分为不同组别。借鉴世界银行的划分标准，并结合2017年人民币兑美元年平均汇率6.75，报告计算得出了中国城市按照人均国内生产总值划分的收入组别，包括低收入：1036美元以下（约6993元）；下中等收入：1036美元至4086美元（约6993元至27580元）；上中等收入：4086美元至12616美元（约27580元至85158元）；高收入：12616美元以上（约85185元）。中国目前已经步入中等收入国家，因此在城市分组中中国城市分组均落在中等收入及高收入组内。（注：国民总收入与国内生产总值之间存在一定区别。一般来说，国民总收入（亦称国民生产总值）是指一个国家或地区所有常住单位在一定时期内所获得的初次分配收入总额，其等于国内生产总值加上来自国外的净要素收入。中国2017年国内生产总值为827122亿元，国民总收入为825016亿元，两者差异较小。考虑到中国城市国内生产总值较国民总收入数据更为完备，因此本报告按照人均国内生产总值作为划分城市收入水平高低的标准。

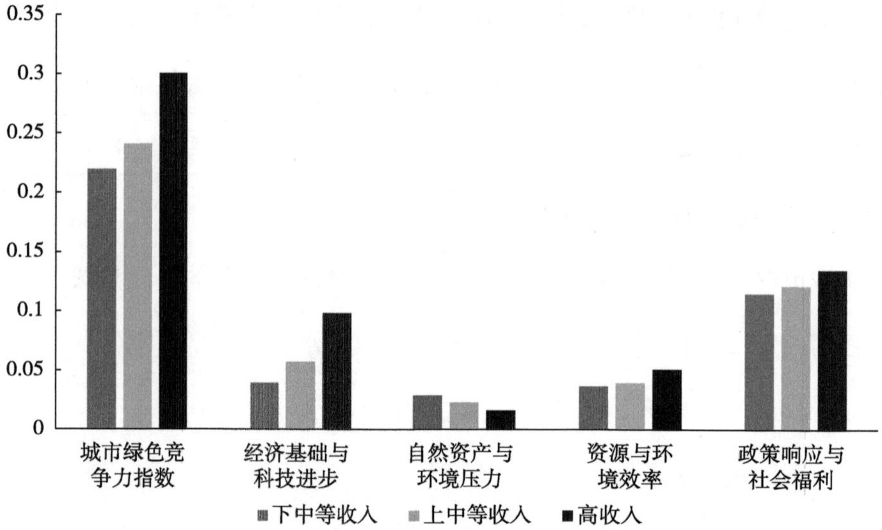

图 1-10　中国不同发展水平城市绿色竞争力指数及一级指标对照图

注：本图数据为不同收入组城市绿色竞争力指数值及一级指标分数值的算术平均值。

从城市绿色竞争力排名来看，发展水平的高低与城市绿色竞争力的强弱有着密切关系。排名前 20 的城市中，高收入城市有 18 个，分别为深圳、北京、广州、长沙、上海、青岛、鄂尔多斯、东莞、杭州、珠海、苏州、南京、威海、无锡、天津、宁波、中山、东营，中等偏上收入城市有 2 个，分别为三亚和西安，中等偏下收入城市排名未能进入前 20；在全国 125 个城市绿色竞争力指数高于平均水平的城市中，高收入城市有 46 个，占高收入城市的 92%，中等偏上收入城市有 75 个，占中等偏上收入城市的 36.06%，中等偏下收入城市有 4 个，占中等偏下收入城市的 12.5%。

具体来看，高收入城市中，几乎所有城市排名都十分靠前，平均位次高达 48，其中有 43 个城市排名前 100，占比 86%，5 个城市排名位于 101—200 之间，2 个城市排名在 200 之后；中等偏上收入城市中，城市排名平均位次为 158，其中有 54 个城市排名前 100，占比 25.96%，90 个城市排名位于 101—200 之间，64 个城市排名在 200 之后；中等偏下收入城市中，城市排名平均位次为 214，其中有 2 个城市排名前 100，占比 6.25%，6 个城市排名位于 101—

200之间，24个城市排名在200之后。总体上，相对于低收入城市，高收入城市在绿色竞争力上具有十分明显的优势。

（2）同等收入水平城市组内对比

从同等收入城市组内城市的绿色竞争力排名位次差和指数值的差来看，各组组内城市排名差异不尽相同。高收入城市中排名最高的深圳（第1名，指数值0.4232）与排名最低的宜昌（第221名，指数值0.2185）之间的位次差为220，在三组城市中位差排名第三；中等偏上收入城市中排名最高的三亚（第4名，指数值0.3723）与排名最低的达州（第289名，指数值0.1757）之间的位次差为285，在三组城市中位差排名第一；中等偏下收入城市中排名最高的贺州（第29名，指数值0.3004）与排名最低的伊春（第290名，指数值0.1704）之间的位次差为261，在三组城市中位差排名第二。

在参评的50个高收入城市中，有8个城市位居所有参评城市的前10位，分别是深圳、北京、广州、长沙、上海、青岛、鄂尔多斯和东莞市，占高收入城市的16%。此外，杭州、珠海、天津、绍兴、榆林等38个城市排在全国第11名到第119名不等的位置，以上46个高收入城市的绿色竞争力指数高于全国平均水平，占高收入城市的92%。而唐山、攀枝花、乌海、宜昌4个城市的指数值低于全国平均水平。总体来看，高收入城市绿色竞争力普遍具有优势，大部分高收入城市的绿色竞争力指数都位于全国平均水平之上，只有极少数城市低于平均水平。

在参评的208个中等偏上收入城市中，仅有三亚和西安2个城市位居所有参评城市的前10位，占中等偏上收入城市的0.96%。此外，黄山、安康、海口、常德、钦州、梧州等73个城市排在全国第21名到第125名不等的位置，以上75个中等偏上收入城市的绿色竞争力指数高于全国平均水平，占中等偏上收入城市的36.06%。而银川、怀化、西宁、鸡西、南充、达州等其余133个城市位于所有参评城市的第 126 位到第 289 位，这些城市的指数值均低于全国平均水平。总体来看，中等偏上收入城市绿色竞争力较高收入城市处于明显劣势，接近 2/3 的城市位于全国平均水平之下，仅有约 1/3 的城市高于平均水平。

在参评的 32 个中等偏下收入城市中，未有城市位居所有参评城市的前 10 位，且仅有贺州、固原、丽江、梅州等 4 个城市的绿色竞争力指数高于全国平均水平，仅占中等偏下收入城市的 12.5%。而六安、绥化、庆阳、陇南、巴中、伊春等其余 28 个城市位于所有参评城市的第 128 位到第 290 位，这些城市的指数值均低于全国平均水平。总体来看，中等偏下收入城市绿色竞争力最为落后，无法与其余两组城市相比，仅有 1/8 的城市位于全国平均水平之上，超过 80% 的城市低于全国平均水平。

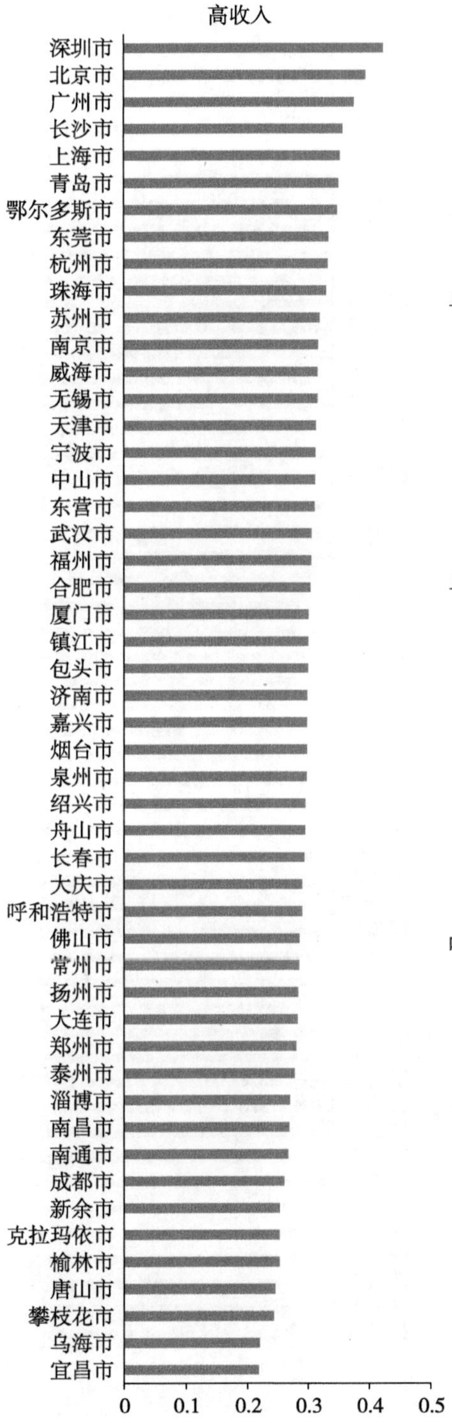
高收入
深圳市
北京市
广州市
长沙市
上海市
青岛市
鄂尔多斯市
东莞市
杭州市
珠海市
苏州市
南京市
威海市
无锡市
天津市
宁波市
中山市
东营市
武汉市
福州市
合肥市
厦门市
镇江市
包头市
济南市
嘉兴市
烟台市
泉州市
绍兴市
舟山市
长春市
大庆市
呼和浩特市
佛山市
常州市
扬州市
大连市
郑州市
泰州市
淄博市
南昌市
南通市
成都市
新余市
克拉玛依市
榆林市
唐山市
攀枝花市
乌海市
宜昌市
0
0.1
0.2
0.3
0.4
0.5

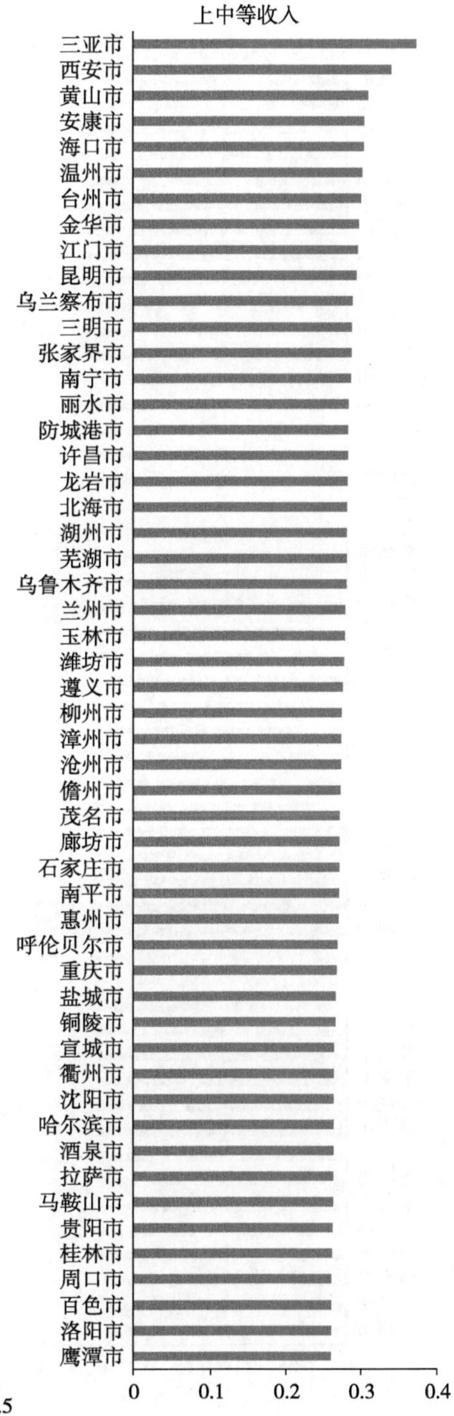
上中等收入
三亚市
西安市
黄山市
安康市
海口市
温州市
台州市
金华市
江门市
昆明市
乌兰察布市
三明市
张家界市
南宁市
丽水市
防城港市
许昌市
龙岩市
北海市
湖州市
芜湖市
乌鲁木齐市
兰州市
玉林市
潍坊市
遵义市
柳州市
漳州市
沧州市
儋州市
茂名市
廊坊市
石家庄市
南平市
惠州市
呼伦贝尔市
重庆市
盐城市
铜陵市
宣城市
衢州市
沈阳市
哈尔滨市
酒泉市
拉萨市
马鞍山市
贵阳市
桂林市
周口市
百色市
洛阳市
鹰潭市
0
0.1
0.2
0.3
0.4

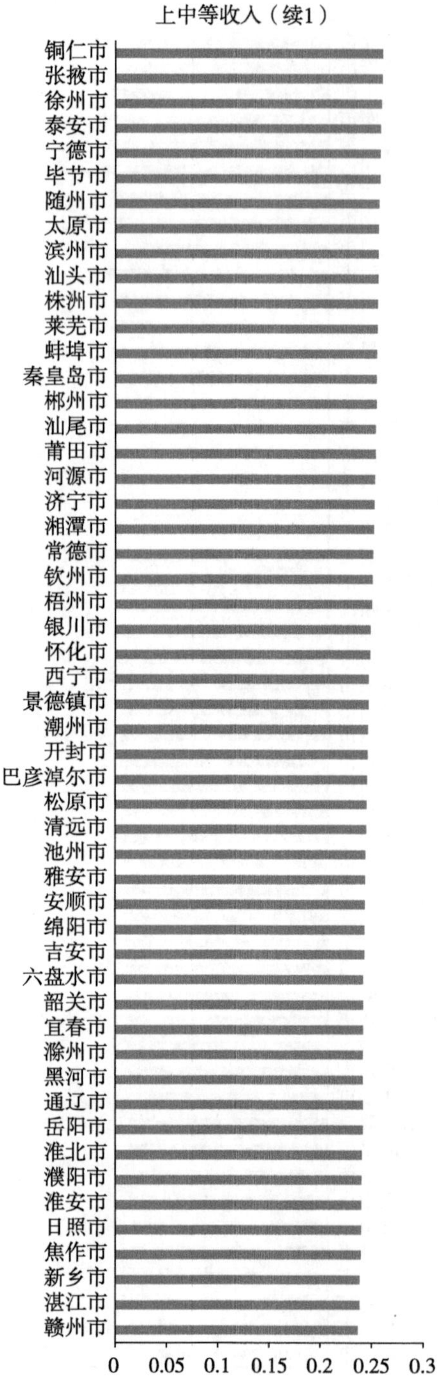
上中等收入（续1）
铜仁市
张掖市
徐州市
泰安市
宁德市
毕节市
随州市
太原市
滨州市
汕头市
株洲市
莱芜市
蚌埠市
秦皇岛市
郴州市
汕尾市
莆田市
河源市
济宁市
湘潭市
常德市
钦州市
梧州市
银川市
怀化市
西宁市
景德镇市
潮州市
开封市
巴彦淖尔市
松原市
清远市
池州市
雅安市
安顺市
绵阳市
吉安市
六盘水市
韶关市
宜春市
滁州市
黑河市
通辽市
岳阳市
淮北市
濮阳市
淮安市
日照市
焦作市
新乡市
湛江市
赣州市
0
0.05
0.1
0.15
0.2
0.25
0.3

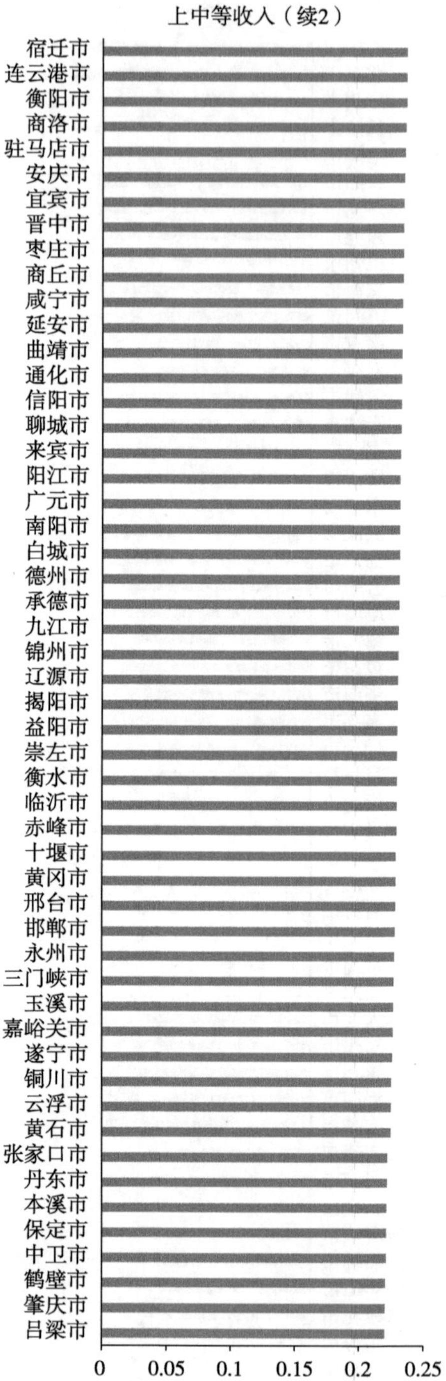
上中等收入（续2）
宿迁市
连云港市
衡阳市
商洛市
驻马店市
安庆市
宜宾市
晋中市
枣庄市
商丘市
咸宁市
延安市
曲靖市
通化市
信阳市
聊城市
来宾市
阳江市
广元市
南阳市
白城市
德州市
承德市
九江市
锦州市
辽源市
揭阳市
益阳市
崇左市
衡水市
临沂市
赤峰市
十堰市
黄冈市
邢台市
邯郸市
永州市
三门峡市
玉溪市
嘉峪关市
遂宁市
铜川市
云浮市
黄石市
张家口市
丹东市
本溪市
保定市
中卫市
鹤壁市
肇庆市
吕梁市
0
0.05
0.1
0.15
0.2
0.25

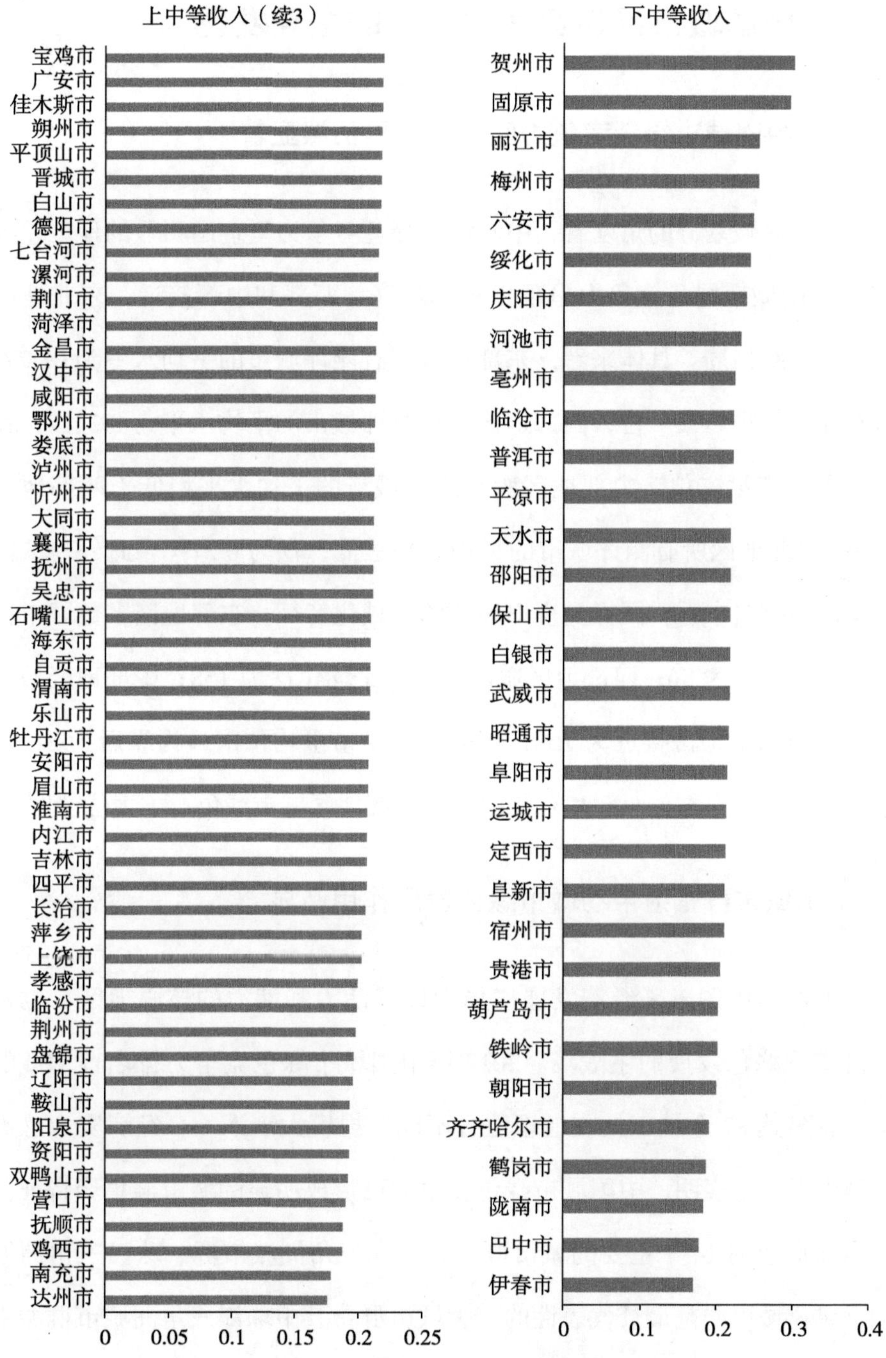

图 1-11　中国城市绿色竞争力指数不同收入水平对比

注：本图按照高收入、中等偏上和中等偏下收入划分，根据城市绿色竞争力指数大小自上至下排列。

六、中国城市绿色竞争力报告的主要发现

（一）中国城市绿色竞争力区域间差异仍然显著

从地理区域划分的角度看，中国城市绿色竞争力呈现出明显的地区差异。2017 年中国城市绿色竞争力呈现出东部最高，西部和中部接近，东北地区最低的空间分布格局。具体来看，东部地区所有测评城市的平均水平为 0.2771，在所有地区中排名第一位，西部地区所有测评城市的平均水平为 0.2417，在所有地区中排名第二位，中部地区所有测评城市的平均水平稍低于西部地区为 0.2381，东北地区所有测评城市的平均水平最低，仅为 0.2196。此外，从城市绿色竞争力排名来看，同样呈现出显著的区域化特征。东部地区多数城市排名靠前，平均位次为 86；西部地区城市次之，平均位次为 158；中部地区城市的平均位次与西部地区接近为 168，东北地区城市平均位次最为靠后为 212。总体来看，相对于中部、西部和东北地区，东部地区城市绿色竞争力优势明显。

（二）城市群辐射带动城市绿色发展作用凸显

城市群是中国未来经济发展格局中最具活力和潜力的核心地区，也是中国经济实现绿色发展的主战场。2017 年中国城市绿色竞争力排名前 100 的城市中，有多达 82 个城市处在地理位置不同、规模大小不一、经济实力悬殊的城市群当中。这表明，中国城市绿色竞争力已形成明显的城市群集聚特征。在中国当前形成的 14 个主要的城市群中，长江三角洲城市群、珠江三角洲城市群和京津冀城市群是最具代表性的三大城市群，其中珠江三角洲城市群城市绿色竞争力最高，长江三角洲城市群城市绿色竞争力紧随其后，京津冀城市群城市绿色竞争力排名第三，三大城市群的绿色竞争力分别为 0.2902、0.2882、0.2565，均高于全国平均水平（0.2489）。随着区域一体化进程的加快，绿色竞

争必将从单个的城市之间扩展到以城市为组成部分的城市群之间，而城市群的巨大带动和辐射作用必将成为引领城市绿色发展的重要动力。

（三）人口规模仍是城市绿色竞争力的重要影响因素

按照城市人口数量，可将城市划分为超大城市、特大城市、大城市、中等城市和小城市。2017 年中国超大城市的绿色竞争力水平达到 0.3321，远高于其他规模的城市；特大城市的绿色竞争力水平较高为 0.3063；大城市和小城市的绿色竞争力水平相当，其中大城市以 0.2518 稍高于小城市的 0.2447；而中等规模城市的绿色竞争力最为落后，仅有 0.2359；此外，全部的超大城市、特大城市以及 46% 的大城市的绿色竞争力水平高于全国平均水平（0.2489），但仅有 40% 的小城市和 30% 的中等城市的绿色竞争力水平高于全国平均水平（0.2489）。这表明，人口规模仍是促进城市绿色发展的重要力量。

（四）人均国民收入与城市绿色竞争力关系密切

从 2017 年中国城市绿色竞争力指数综合排名来看，人均国民收入的高低与城市绿色竞争力同样具有密切的关系。以各城市人均国内生产总值为基础，将城市划分为高收入、中等偏上和中等偏下收入三种类型，其中，所有高收入城市的绿色竞争力平均水平达到 0.3007，远高于其他经济发展水平的城市，中等偏上和中等偏下收入城市的绿色竞争力平均水平分别为 0.2409、0.2197，全部低于全国城市绿色竞争力平均水平（0.2489），从城市绿色竞争力排名来看，高收入城市平均位次为 48，中等偏上收入城市平均位次为 158，中等偏下城市平均位次为 214。总体来看不同收入水平城市差异非常明显，高收入城市遥遥领先，中等偏上收入城市稍强，中等偏下收入城市最为落后。

七、本报告的框架结构及分析重点

《2020 中国城市绿色竞争力指数报告》由总论、城市经济基础与科技进步测算与分析、城市自然资产与环境压力测算与分析、城市资源与环境效率测算与分析、城市政策响应与社会福利测算与分析以及新时代中国城市绿色竞争力提升战略和附录组成。各部分围绕城市绿色竞争力这一主题，从不同角度对全国 290 个城市的绿色竞争力进行了测度、分析和专题研究。本报告框架如下：

“总论”探讨了城市绿色竞争力的内涵，建立了中国城市绿色竞争力评价指标体系，测度了全国 290 个城市绿色竞争力指数，并对报告的整体框架进行了介绍。

报告的主体内容为五章。

城市经济基础与科技进步测算与分析。该章与城市绿色竞争力指数的第一个一级指标相对应，对城市经济基础与科技进步指标进行测度及结果分析。

城市自然资产与环境压力测算与分析。该章与城市绿色竞争力指数的第二个一级指标相对应，对城市自然资产与环境压力指标进行测度及结果分析。

城市资源与环境效率测算与分析。该章与城市绿色竞争力指数的第三个一级指标相对应，对城市资源与环境效率指标进行测度及结果分析。

城市政策响应与社会福利测算与分析。该章与城市绿色竞争力指数的第四个一级指标相对应，对城市政策响应与社会福利指标进行测度及结果分析。

新时代中国城市绿色竞争力提升战略。该章对中国城市绿色竞争力的现状进行综合性评价，探讨中国城市绿色竞争力提升的桎梏，指出中国城市绿色竞争力提升的重点方向。

本报告的最后部分为附录。对城市绿色竞争力指数测算指标和数据来源等进行解释。

第二章

经济基础与科技进步测算及分析

经济基础与科技进步是城市绿色竞争力的重要组成部分，是推动城市绿色发展的不竭动力。本章根据“中国城市绿色竞争力评价指标体系”中经济基础与科技进步的测度标准，利用 2017 年度数据，从经济基础和科技教育两个方面对中国 290 个地级以上城市的经济基础与科技进步指数进行了测度分析。

一、城市经济基础与科技进步的测算结果

根据“中国城市绿色竞争力评价指标体系”中经济基础与科技进步的测度体系和权重标准，对 2017 年中国 290 个城市的经济基础与科技进步指数测算结果如表 2–1 所示。

表 2–1　中国 290 个城市经济基础与科技进步指数及排名

城市	一级指标		二级指标			
	经济基础与科技进步		经济基础指标		科技教育指标	
	指数值	排名	指数值	排名	指数值	排名
北京	0.1482	1	0.0755	3	0.0727	5
上海	0.1442	2	0.0787	1	0.0655	11
广州	0.1422	3	0.0683	7	0.0740	3
天津	0.1348	4	0.0616	10	0.0731	4
长沙	0.1325	5	0.0585	13	0.0741	2
苏州	0.1300	6	0.0711	5	0.0588	18
武汉	0.1289	7	0.0541	18	0.0748	1
无锡	0.1262	8	0.0728	4	0.0534	33
深圳	0.1250	9	0.0694	6	0.0557	24

续表

城市	一级指标		二级指标			
	经济基础与科技进步		经济基础指标		科技教育指标	
	指数值	排名	指数值	排名	指数值	排名
南京	0.1195	10	0.0574	14	0.0621	13
包头	0.1175	11	0.0681	8	0.0495	41
西安	0.1118	12	0.0400	61	0.0718	6
杭州	0.1113	13	0.0552	17	0.0562	22
芜湖	0.1105	14	0.0388	68	0.0717	7
青岛	0.1100	15	0.0598	11	0.0502	38
珠海	0.1093	16	0.0413	49	0.0680	10
镇江	0.1091	17	0.0573	15	0.0519	36
济南	0.1079	18	0.0485	23	0.0593	17
呼和浩特	0.1079	19	0.0590	12	0.0489	42
兰州	0.1076	20	0.0372	76	0.0704	8
合肥	0.1071	21	0.0380	72	0.0691	9
乌鲁木齐	0.1064	22	0.0429	41	0.0635	12
常州	0.1023	23	0.0674	9	0.0349	81
中山	0.1021	24	0.0443	36	0.0579	19
佛山	0.1021	25	0.0477	28	0.0544	30
东莞	0.0997	26	0.0452	33	0.0546	29
宁波	0.0996	27	0.0534	19	0.0461	49
长春	0.0996	28	0.0376	74	0.0619	14
郑州	0.0986	29	0.0421	44	0.0565	21
鄂尔多斯	0.0978	30	0.0775	2	0.0202	219
威海	0.0968	31	0.0489	21	0.0480	45
绍兴	0.0968	32	0.0485	24	0.0483	43
石家庄	0.0958	33	0.0411	52	0.0547	26
重庆	0.0958	34	0.0415	48	0.0543	31
昆明	0.0956	35	0.0361	87	0.0595	16
大连	0.0949	36	0.0488	22	0.0461	51
哈尔滨	0.0946	37	0.0400	60	0.0546	27
贵阳	0.0946	38	0.0348	94	0.0599	15
海口	0.0942	39	0.0402	58	0.0540	32

续表

城市	一级指标		二级指标			
	经济基础与科技进步		经济基础指标		科技教育指标	
	指数值	排名	指数值	排名	指数值	排名
太原	0.0922	40	0.0368	81	0.0554	25
厦门	0.0919	41	0.0419	47	0.0499	40
嘉兴	0.0911	42	0.0410	53	0.0502	39
东营	0.0911	43	0.0566	16	0.0345	84
潍坊	0.0894	44	0.0413	50	0.0482	44
银川	0.0894	45	0.0362	86	0.0531	34
烟台	0.0889	46	0.0479	27	0.0410	61
西宁	0.0879	47	0.0306	130	0.0573	20
沈阳	0.0872	48	0.0398	62	0.0474	46
福州	0.0865	49	0.0401	59	0.0464	48
三亚	0.0864	50	0.0466	30	0.0398	64
淄博	0.0859	51	0.0434	37	0.0425	57
成都	0.0858	52	0.0349	93	0.0509	37
大庆	0.0857	53	0.0328	106	0.0529	35
温州	0.0850	54	0.0412	51	0.0437	54
南昌	0.0849	55	0.0303	133	0.0546	28
扬州	0.0833	56	0.0482	25	0.0351	80
拉萨	0.0831	57	0.0272	160	0.0559	23
马鞍山	0.0827	58	0.0393	65	0.0434	56
许昌	0.0819	59	0.0491	20	0.0328	93
南通	0.0819	60	0.0472	29	0.0347	83
金华	0.0816	61	0.0403	57	0.0414	58
湖州	0.0804	62	0.0394	64	0.0410	62
滨州	0.0801	63	0.0430	39	0.0371	72
徐州	0.0794	64	0.0424	43	0.0370	73
铜陵	0.0783	65	0.0317	121	0.0467	47
淮北	0.0775	66	0.0479	26	0.0296	114
台州	0.0770	67	0.0393	66	0.0377	71
秦皇岛	0.0769	68	0.0368	80	0.0400	63
丽水	0.0767	69	0.0457	32	0.0311	104

续表

城市	一级指标		二级指标			
	经济基础与科技进步		经济基础指标		科技教育指标	
	指数值	排名	指数值	排名	指数值	排名
新余	0.0765	70	0.0450	34	0.0315	101
洛阳	0.0765	71	0.0372	75	0.0393	66
泉州	0.0765	72	0.0397	63	0.0368	76
南宁	0.0759	73	0.0317	122	0.0443	53
毕节	0.0758	74	0.0321	109	0.0437	55
唐山	0.0746	75	0.0409	54	0.0337	87
盐城	0.0745	76	0.0380	71	0.0365	77
柳州	0.0740	77	0.0281	152	0.0458	52
泰州	0.0737	78	0.0443	35	0.0295	116
遵义	0.0726	79	0.0340	99	0.0386	68
江门	0.0722	80	0.0312	125	0.0411	60
沧州	0.0722	81	0.0421	45	0.0301	110
蚌埠	0.0721	82	0.0310	128	0.0411	59
三明	0.0717	83	0.0430	40	0.0288	126
绵阳	0.0713	84	0.0252	192	0.0461	50
宣城	0.0713	85	0.0344	97	0.0369	74
湘潭	0.0710	86	0.0319	112	0.0390	67
衢州	0.0705	87	0.0392	67	0.0312	102
泰安	0.0700	88	0.0345	96	0.0355	79
龙岩	0.0696	89	0.0367	82	0.0329	90
日照	0.0694	90	0.0369	79	0.0324	95
莱芜	0.0691	91	0.0311	127	0.0380	69
济宁	0.0676	92	0.0337	102	0.0339	86
株洲	0.0674	93	0.0349	91	0.0324	96
德阳	0.0673	94	0.0330	104	0.0343	85
漳州	0.0669	95	0.0349	92	0.0319	99
廊坊	0.0666	96	0.0384	69	0.0282	131
北海	0.0665	97	0.0371	77	0.0294	118
六盘水	0.0646	98	0.0318	118	0.0328	94
铜仁	0.0642	99	0.0321	108	0.0321	98

续表

城市	一级指标		二级指标			
	经济基础与科技进步		经济基础指标		科技教育指标	
	指数值	排名	指数值	排名	指数值	排名
茂名	0.0641	100	0.0309	129	0.0332	89
克拉玛依	0.0638	101	0.0317	119	0.0321	97
海东	0.0638	102	0.0358	88	0.0280	133
临沂	0.0637	103	0.0305	131	0.0333	88
黄山	0.0637	104	0.0366	83	0.0270	138
榆林	0.0634	105	0.0409	55	0.0225	198
聊城	0.0632	106	0.0332	103	0.0300	111
保定	0.0627	107	0.0230	217	0.0397	65
惠州	0.0620	108	0.0320	110	0.0300	112
岳阳	0.0620	109	0.0381	70	0.0239	179
舟山	0.0619	110	0.0366	84	0.0253	161
新乡	0.0618	111	0.0238	204	0.0380	70
常德	0.0616	112	0.0408	56	0.0208	212
滁州	0.0614	113	0.0285	150	0.0329	91
桂林	0.0614	114	0.0254	191	0.0360	78
吉林	0.0611	115	0.0343	98	0.0268	143
德州	0.0606	116	0.0318	116	0.0288	123
防城港	0.0605	117	0.0457	31	0.0147	272
淮安	0.0604	118	0.0364	85	0.0240	176
枣庄	0.0597	119	0.0311	126	0.0286	127
潮州	0.0596	120	0.0286	149	0.0310	105
崇左	0.0593	121	0.0350	90	0.0243	171
咸宁	0.0590	122	0.0262	179	0.0329	92
连云港	0.0586	123	0.0318	114	0.0268	142
郴州	0.0582	124	0.0339	101	0.0243	172
宿迁	0.0576	125	0.0318	117	0.0258	155
曲靖	0.0571	126	0.0224	223	0.0348	82
鹰潭	0.0570	127	0.0264	175	0.0306	107
衡水	0.0570	128	0.0319	111	0.0250	166
张家界	0.0569	129	0.0433	38	0.0136	278

续表

城市	一级指标		二级指标			
	经济基础与科技进步		经济基础指标		科技教育指标	
	指数值	排名	指数值	排名	指数值	排名
宜昌	0.0568	130	0.0271	164	0.0297	113
自贡	0.0565	131	0.0313	123	0.0252	163
乌兰察布	0.0563	132	0.0425	42	0.0138	276
三门峡	0.0563	133	0.0293	143	0.0270	139
衡阳	0.0562	134	0.0318	115	0.0244	170
乌海	0.0559	135	0.0420	46	0.0139	275
固原	0.0559	136	0.0319	113	0.0240	175
九江	0.0557	137	0.0295	140	0.0262	150
汕头	0.0557	138	0.0266	174	0.0291	120
邢台	0.0557	139	0.0262	178	0.0294	117
莆田	0.0556	140	0.0266	172	0.0290	121
黄石	0.0555	141	0.0248	195	0.0308	106
南平	0.0555	142	0.0303	134	0.0252	162
焦作	0.0551	143	0.0240	203	0.0311	103
安阳	0.0550	144	0.0257	185	0.0294	119
肇庆	0.0549	145	0.0268	170	0.0281	132
襄阳	0.0546	146	0.0243	201	0.0303	108
安庆	0.0545	147	0.0258	184	0.0288	124
怀化	0.0542	148	0.0340	100	0.0202	220
景德镇	0.0541	149	0.0270	167	0.0270	137
贺州	0.0541	150	0.0317	120	0.0224	200
朔州	0.0538	151	0.0369	78	0.0168	261
益阳	0.0538	152	0.0300	137	0.0238	182
清远	0.0537	153	0.0278	153	0.0260	154
晋中	0.0536	154	0.0235	210	0.0301	109
玉溪	0.0536	155	0.0271	166	0.0265	148
石嘴山	0.0534	156	0.0295	139	0.0239	178
贵港	0.0533	157	0.0288	147	0.0245	169
中卫	0.0531	158	0.0348	95	0.0183	243
鄂州	0.0528	159	0.0274	157	0.0254	159

续表

城市	一级指标		二级指标			
	经济基础与科技进步		经济基础指标		科技教育指标	
	指数值	排名	指数值	排名	指数值	排名
湛江	0.0527	160	0.0262	180	0.0266	146
牡丹江	0.0527	161	0.0380	73	0.0147	273
宜春	0.0526	162	0.0208	243	0.0318	100
阳泉	0.0522	163	0.0254	190	0.0269	141
邯郸	0.0522	164	0.0261	181	0.0260	153
雅安	0.0521	165	0.0275	154	0.0246	168
宁德	0.0520	166	0.0259	182	0.0261	152
玉林	0.0519	167	0.0250	194	0.0269	140
池州	0.0518	168	0.0312	124	0.0206	213
韶关	0.0518	169	0.0272	161	0.0246	167
萍乡	0.0518	170	0.0294	142	0.0224	201
菏泽	0.0515	171	0.0275	155	0.0240	177
宝鸡	0.0510	172	0.0215	236	0.0295	115
乐山	0.0509	173	0.0305	132	0.0205	215
赣州	0.0509	174	0.0220	230	0.0289	122
承德	0.0508	175	0.0272	162	0.0236	186
大同	0.0507	176	0.0266	173	0.0240	174
巴彦淖尔	0.0504	177	0.0354	89	0.0151	268
平顶山	0.0504	178	0.0220	232	0.0284	128
宜宾	0.0502	179	0.0241	202	0.0262	151
钦州	0.0502	180	0.0246	196	0.0256	158
运城	0.0497	181	0.0232	215	0.0265	147
梧州	0.0496	182	0.0270	168	0.0226	197
攀枝花	0.0494	183	0.0243	200	0.0251	165
安康	0.0494	184	0.0273	159	0.0222	205
安顺	0.0494	185	0.0256	186	0.0238	184
酒泉	0.0494	186	0.0302	135	0.0192	231
百色	0.0493	187	0.0290	145	0.0203	216
儋州	0.0491	188	0.0123	286	0.0368	75
吉安	0.0489	189	0.0201	250	0.0288	125

续表

城市	一级指标		二级指标			
	经济基础与科技进步		经济基础指标		科技教育指标	
	指数值	排名	指数值	排名	指数值	排名
晋城	0.0488	190	0.0226	219	0.0263	149
通辽	0.0488	191	0.0300	136	0.0188	238
眉山	0.0486	192	0.0271	165	0.0215	209
荆门	0.0485	193	0.0217	234	0.0267	144
南阳	0.0484	194	0.0201	248	0.0282	130
揭阳	0.0482	195	0.0228	218	0.0254	160
锦州	0.0480	196	0.0246	197	0.0233	188
亳州	0.0477	197	0.0262	177	0.0215	211
天水	0.0477	198	0.0211	240	0.0267	145
开封	0.0475	199	0.0236	209	0.0238	181
丽江	0.0467	200	0.0252	193	0.0215	210
鞍山	0.0466	201	0.0296	138	0.0170	258
淮南	0.0463	202	0.0187	261	0.0276	134
阳江	0.0463	203	0.0286	148	0.0177	249
张家口	0.0461	204	0.0272	163	0.0190	233
长治	0.0459	205	0.0221	229	0.0239	180
赤峰	0.0459	206	0.0270	169	0.0190	234
濮阳	0.0459	207	0.0221	227	0.0238	183
呼伦贝尔	0.0458	208	0.0295	141	0.0164	263
营口	0.0457	209	0.0323	107	0.0134	280
永州	0.0456	210	0.0267	171	0.0189	235
随州	0.0455	211	0.0274	156	0.0181	245
汉中	0.0455	212	0.0222	226	0.0233	189
本溪	0.0454	213	0.0255	188	0.0199	223
泸州	0.0454	214	0.0213	237	0.0241	173
昭通	0.0454	215	0.0180	267	0.0274	135
荆州	0.0453	216	0.0196	256	0.0257	157
梅州	0.0452	217	0.0225	222	0.0227	194
通化	0.0451	218	0.0254	189	0.0197	226
来宾	0.0443	219	0.0243	199	0.0199	224

续表

城市	一级指标		二级指标			
	经济基础与科技进步		经济基础指标		科技教育指标	
	指数值	排名	指数值	排名	指数值	排名
河源	0.0442	220	0.0223	224	0.0219	207
阜阳	0.0440	221	0.0218	233	0.0221	206
嘉峪关	0.0439	222	0.0283	151	0.0157	265
咸阳	0.0438	223	0.0181	266	0.0258	156
上饶	0.0437	224	0.0210	241	0.0227	195
丹东	0.0434	225	0.0255	187	0.0179	247
松原	0.0433	226	0.0329	105	0.0104	284
普洱	0.0429	227	0.0159	279	0.0271	136
广安	0.0426	228	0.0232	213	0.0194	230
信阳	0.0425	229	0.0194	258	0.0231	192
云浮	0.0422	230	0.0193	259	0.0229	193
忻州	0.0422	231	0.0238	205	0.0184	242
汕尾	0.0420	232	0.0197	255	0.0224	202
资阳	0.0415	233	0.0245	198	0.0171	257
渭南	0.0415	234	0.0183	265	0.0233	190
张掖	0.0412	235	0.0225	220	0.0186	239
娄底	0.0409	236	0.0238	206	0.0172	256
邵阳	0.0409	237	0.0225	221	0.0185	240
十堰	0.0409	238	0.0177	269	0.0232	191
辽阳	0.0409	239	0.0258	183	0.0151	269
佳木斯	0.0408	240	0.0292	144	0.0116	281
辽源	0.0407	241	0.0273	158	0.0134	279
漯河	0.0407	242	0.0222	225	0.0185	241
白城	0.0406	243	0.0207	244	0.0200	222
庆阳	0.0406	244	0.0200	252	0.0206	214
定西	0.0406	245	0.0205	246	0.0201	221
河池	0.0406	246	0.0233	212	0.0173	255
商洛	0.0404	247	0.0167	276	0.0237	185
吕梁	0.0404	248	0.0208	242	0.0196	228
黄冈	0.0403	249	0.0151	282	0.0251	164

续表

城市	一级指标		二级指标			
	经济基础与科技进步		经济基础指标		科技教育指标	
	指数值	排名	指数值	排名	指数值	排名
临汾	0.0402	250	0.0237	207	0.0165	262
延安	0.0402	251	0.0212	239	0.0190	232
抚州	0.0401	252	0.0174	271	0.0226	196
广元	0.0399	253	0.0230	216	0.0169	259
达州	0.0399	254	0.0201	249	0.0198	225
孝感	0.0399	255	0.0115	287	0.0284	129
盘锦	0.0399	256	0.0288	146	0.0111	282
吴忠	0.0398	257	0.0221	228	0.0177	250
陇南	0.0397	258	0.0220	231	0.0177	248
商丘	0.0395	259	0.0171	272	0.0224	199
铜川	0.0392	260	0.0198	253	0.0195	229
铁岭	0.0391	261	0.0169	275	0.0223	204
齐齐哈尔	0.0389	262	0.0233	211	0.0155	266
四平	0.0388	263	0.0237	208	0.0151	270
内江	0.0386	264	0.0206	245	0.0180	246
宿州	0.0385	265	0.0150	283	0.0236	187
抚顺	0.0385	266	0.0232	214	0.0153	267
平凉	0.0376	267	0.0154	280	0.0223	203
遂宁	0.0375	268	0.0201	251	0.0174	253
白银	0.0375	269	0.0186	262	0.0188	237
白山	0.0373	270	0.0264	176	0.0109	283
鹤壁	0.0372	271	0.0170	273	0.0203	217
武威	0.0372	272	0.0184	264	0.0188	236
驻马店	0.0371	273	0.0169	274	0.0203	218
阜新	0.0371	274	0.0197	254	0.0174	254
葫芦岛	0.0371	275	0.0212	238	0.0159	264
南充	0.0371	276	0.0194	257	0.0177	251
金昌	0.0359	277	0.0184	263	0.0175	252
朝阳	0.0353	278	0.0217	235	0.0136	277
周口	0.0350	279	0.0153	281	0.0197	227

续表

城市	一级指标		二级指标			
	经济基础与科技进步		经济基础指标		科技教育指标	
	指数值	排名	指数值	排名	指数值	排名
临沧	0.0348	280	0.0179	268	0.0169	260
保山	0.0345	281	0.0162	277	0.0183	244
绥化	0.0336	282	0.0192	260	0.0144	274
六安	0.0327	283	0.0111	288	0.0216	208
七台河	0.0268	284	0.0202	247	0.0066	288
双鸭山	0.0253	285	0.0161	278	0.0092	285
黑河	0.0241	286	0.0175	270	0.0066	289
巴中	0.0239	287	0.0090	290	0.0149	271
鸡西	0.0210	288	0.0139	284	0.0071	287
鹤岗	0.0179	289	0.0095	289	0.0083	286
伊春	0.0134	290	0.0128	285	0.0006	290

注：1. 本表根据“中国城市绿色竞争力评价指标体系”中的经济基础与科技进步指标体系，依据各指标2017年数据测算而得。2. 本表各测评城市按照经济基础与科技进步的指数值从大到小排序。3. 本表一级指标“经济基础与科技进步”指数值等于“经济基础”“科技教育”两个二级指标指数值之和。4. 本表测度结果保留4位小数，如果指数相同排名相同说明两市测算的指数完全一样，如果指数相同但排名不同则是小数点四舍五入的结果，说明指数值在小数点4位之后有差异，本章节此后所有测度结果均采用该方法保留4位小数。5. 以上数据及排名根据《中国城市统计年鉴2018》《国泰安数据库——经济研究系列区域经济库》及各城市2018年统计年报等测算。6. 为了便于后文进行比较分析，基于算数平均方法，我们测算出全国所有参评城市经济基础与科技进步指数平均值为0.0622，所有参评城市经济基础指数平均值为0.0315，所有参评城市科技教育指数平均值为0.0307。

从表2–1可以看到，2017年中国290个城市经济基础与科技进步中，指数值最高的是北京，达到了0.1482；最低的是伊春，为0.0134。排在前20位的城市依次是：北京、上海、广州、天津、长沙、苏州、武汉、无锡、深圳、南京、包头、西安、杭州、芜湖、青岛、珠海、镇江、济南、呼和浩特、兰州。其中，二级指标中，经济基础指标排名前20位的城市依次为：上海、鄂尔多斯、北京、无锡、苏州、深圳、广州、包头、常州、天津、青岛、呼和浩特、长沙、南京、镇江、东营、杭州、武汉、宁波、许昌；科技教育指标排名前20的城市依次为：武汉、长沙、广州、天津、北京、西安、芜湖、兰州、合肥、珠海、上海、乌鲁木齐、南京、长春、贵阳、昆明、济南、苏州、中山、西宁。2017 年中国 290 个城市经济基础与科技进步排名前 20 位和后 20 位的具体情况见图 2–1。

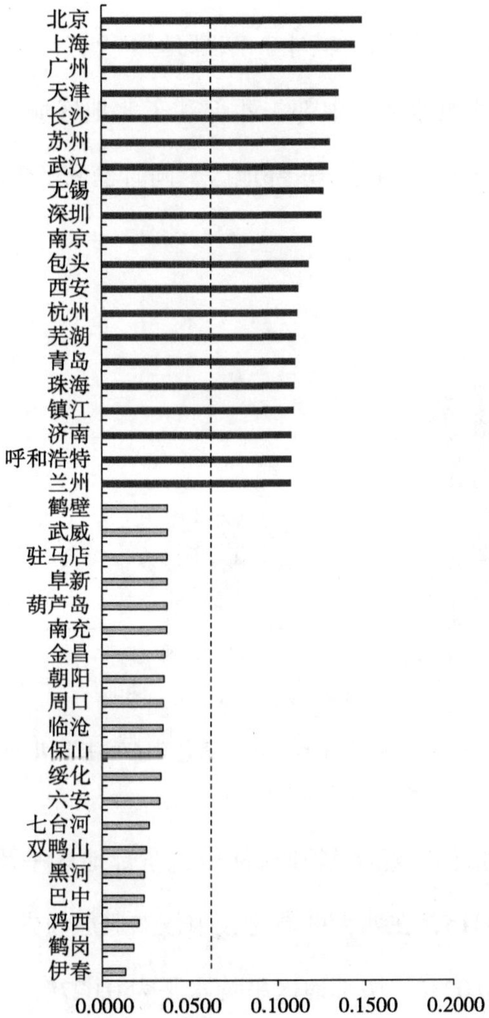

图 2–1　中国城市经济基础与科技进步排名前 20 位和后 20 位的城市

注：本图根据表 2–1 制作。指数值由高到低排列，虚线表示所有参评城市经济基础与科技进步的平均值 0.0622。

根据表 2–1 和图 2–1，下面进一步从城市经济基础与科技进步区域之间差异、区域内部差异以及 2017 年中国城市绿色竞争力指数与城市经济基础与科技进步的相关关系进行分析。

（一）城市经济基础与科技进步区域间差异分析

总体来看，城市经济基础与科技进步的区域差异非常明显，其中东部地区城市遥遥领先；其他三个地区中，中部地区稍强，西部地区次之，东北地区最弱。具体如图 2–2 所示。其中，东部地区所有测评城市的平均水平达到 0.0782，远高于其他地区。中部、西部和东北地区城市的平均水平分别为 0.0576、0.0569 和 0.0459，均低于东部地区，同时也低于全国平均水平 0.0622。

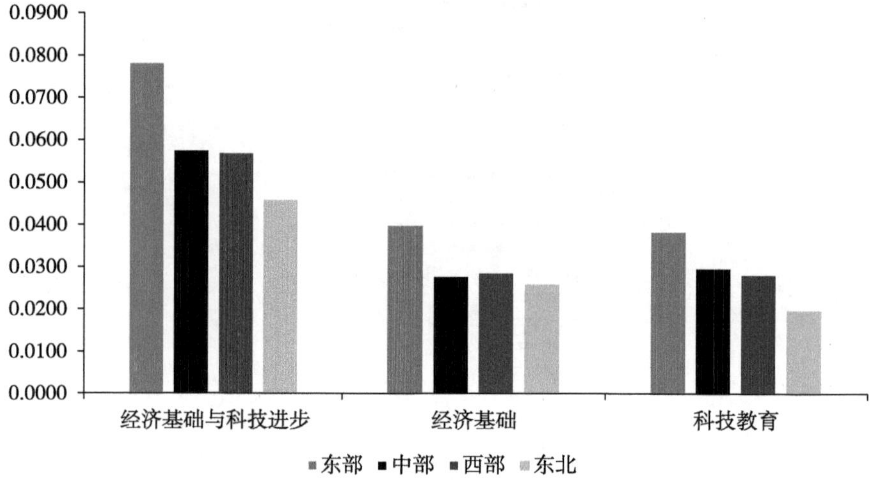

图 2–2　中国四大区域城市经济基础与科技进步对照图

注：本图数据为四大区域中各城市指数值的算数平均值。

具体到各二级指标，经济基础指标中，东部地区平均水平为 0.0399，高于全国平均水平 0.0315，在四大区域比较中依然遥遥领先；西部地区平均水平稍高于中部地区为 0.0286，中部地区平均水平为 0.0278，东北地区平均水平为 0.0260，均低于全国平均水平。

科技教育指标中，东部地区平均水平为 0.0383，高于全国平均水平 0.0307；中部地区、西部地区和东北地区的科技教育平均水平，分别为 0.0298、0.0283 和 0.0199，均低于东部地区，同时也低于全国平均水平 0.0307。

（二）城市经济基础与科技进步区域内差异分析

从城市经济基础与科技进步测算结果来看，城市排名呈现出区域化特征，东部地区多数城市排名相对靠前，平均位次为 87；中部、西部及东北部地区多数城市总体排名比较接近，平均位次分别为 158、165、216。各区域内部的城市排名差异十分接近，从区域内部最高位次与最低位次的位差数来看：东部地区差距为 231 位，中部地区、西部地区和东北地区差距分别为 278 位、276 位和 262 位。从各区域的城市经济基础与科技进步指数极差来看，东部地区指数极差为 0.1062，中部地区、西部地区和东北地区的极差分别为 0.0998、0.0936、0.0862。

1. 东部地区城市经济基础与科技进步指数及排名

2017 年中国东部地区城市经济基础与科技进步指数及排名如表 2–2 所示。

表 2–2　中国东部地区城市经济基础与科技进步指数及排名

城市	指数值	整体排名	区域内排名	城市	指数值	整体排名	区域内排名
北京	0.1482	1	1	江门	0.0722	80	45
上海	0.1442	2	2	沧州	0.0722	81	46
广州	0.1422	3	3	三明	0.0717	83	47
天津	0.1348	4	4	衢州	0.0705	87	48
苏州	0.1300	6	5	泰安	0.0700	88	49
无锡	0.1262	8	6	龙岩	0.0696	89	50
深圳	0.1250	9	7	日照	0.0694	90	51
南京	0.1195	10	8	莱芜	0.0691	91	52
杭州	0.1113	13	9	济宁	0.0676	92	53
青岛	0.1100	15	10	漳州	0.0669	95	54
珠海	0.1093	16	11	廊坊	0.0666	96	55
镇江	0.1091	17	12	茂名	0.0641	100	56
济南	0.1079	18	13	临沂	0.0637	103	57
常州	0.1023	23	14	聊城	0.0632	106	58
中山	0.1021	24	15	保定	0.0627	107	59

续表

城市	指数值	整体排名	区域内排名	城市	指数值	整体排名	区域内排名
佛山	0.1021	25	16	惠州	0.0620	108	60
东莞	0.0997	26	17	舟山	0.0619	110	61
宁波	0.0996	27	18	德州	0.0606	116	62
威海	0.0968	31	19	淮安	0.0604	118	63
绍兴	0.0968	32	20	枣庄	0.0597	119	64
石家庄	0.0958	33	21	潮州	0.0596	120	65
海口	0.0942	39	22	连云港	0.0586	123	66
厦门	0.0919	41	23	宿迁	0.0576	125	67
嘉兴	0.0911	42	24	衡水	0.0570	128	68
东营	0.0911	43	25	汕头	0.0557	138	69
潍坊	0.0894	44	26	邢台	0.0557	139	70
烟台	0.0889	46	27	莆田	0.0556	140	71
福州	0.0865	49	28	南平	0.0555	142	72
三亚	0.0864	50	29	肇庆	0.0549	145	73
淄博	0.0859	51	30	清远	0.0537	153	74
温州	0.0850	54	31	湛江	0.0527	160	75
扬州	0.0833	56	32	邯郸	0.0522	164	76
南通	0.0819	60	33	宁德	0.0520	166	77
金华	0.0816	61	34	韶关	0.0518	169	78
湖州	0.0804	62	35	菏泽	0.0515	171	79
滨州	0.0801	63	36	承德	0.0508	175	80
徐州	0.0794	64	37	儋州	0.0491	188	81
台州	0.0770	67	38	揭阳	0.0482	195	82
秦皇岛	0.0769	68	39	阳江	0.0463	203	83
丽水	0.0767	69	40	张家口	0.0461	204	84
泉州	0.0765	72	41	梅州	0.0452	217	85
唐山	0.0746	75	42	河源	0.0442	220	86
盐城	0.0745	76	43	云浮	0.0422	230	87
泰州	0.0737	78	44	汕尾	0.0420	232	88

注：根据表 2–1 整理。

东部地区参评的 88 个城市中，有 8 个城市位居所有测评城市的前 10 位，分别是北京、上海、广州、天津、苏州、无锡、深圳、南京，占东部城市的比重为9.09%。其中北京以0.1482高分位居所有测评城市之首，除去全国排名前10的8个城市外，杭州、青岛、珠海等51个城市排在全国第11名到107名不等的位置。这59个东部城市的经济基础与科技进步指数高于全国平均水平，占东部城市的67.05%，优势非常明显。而惠州、舟山、德州等其余的29个城市位于所有参评城市的第108位到232位，它们的指数值均低于全国平均水平。总体来看，东部地区城市的经济基础与科技进步指数处于领先地位。

从区域内部差异来看，东部地区排名最高的北京（第1名，指数值0.1482）与排名最低的汕尾（第232名，指数值0.0420）之间的位差为231位，在四大区域中位差最小，但极差最大。可见东部地区区域整体较强，经济基础与科技进步指数值普遍较高，但仍存在内部城市区分明显的现实问题。

2. 中部地区城市经济基础与科技进步指数及排名

2017年中国中部地区城市经济基础与科技进步指数及排名如表2-3所示。

表2-3　中国中部地区城市经济基础与科技进步指数及排名

城市	指数值	整体排名	区域内排名	城市	指数值	整体排名	区域内排名
长沙	0.1325	5	1	鄂州	0.0528	159	41
武汉	0.1289	7	2	宜春	0.0526	162	42
芜湖	0.1105	14	3	阳泉	0.0522	163	43
合肥	0.1071	21	4	池州	0.0518	168	44
郑州	0.0986	29	5	萍乡	0.0518	170	45
太原	0.0922	40	6	赣州	0.0509	174	46
南昌	0.0849	55	7	大同	0.0507	176	47
马鞍山	0.0827	58	8	平顶山	0.0504	178	48
许昌	0.0819	59	9	运城	0.0497	181	49
铜陵	0.0783	65	10	吉安	0.0489	189	50
淮北	0.0775	66	11	晋城	0.0488	190	51
新余	0.0765	70	12	荆门	0.0485	193	52

续表

城市	指数值	整体排名	区域内排名	城市	指数值	整体排名	区域内排名
洛阳	0.0765	71	13	南阳	0.0484	194	53
蚌埠	0.0721	82	14	亳州	0.0477	197	54
宣城	0.0713	85	15	开封	0.0475	199	55
湘潭	0.0710	86	16	淮南	0.0463	202	56
株洲	0.0674	93	17	长治	0.0459	205	57
黄山	0.0637	104	18	濮阳	0.0459	207	58
岳阳	0.0620	109	19	永州	0.0456	210	59
新乡	0.0618	111	20	随州	0.0455	211	60
常德	0.0616	112	21	荆州	0.0453	216	61
滁州	0.0614	113	22	阜阳	0.0440	221	62
咸宁	0.0590	122	23	上饶	0.0437	224	63
郴州	0.0582	124	24	信阳	0.0425	229	64
鹰潭	0.0570	127	25	忻州	0.0422	231	65
张家界	0.0569	129	26	娄底	0.0409	236	66
宜昌	0.0568	130	27	邵阳	0.0409	237	67
三门峡	0.0563	133	28	十堰	0.0409	238	68
衡阳	0.0562	134	29	漯河	0.0407	242	69
九江	0.0557	137	30	吕梁	0.0404	248	70
黄石	0.0555	141	31	黄冈	0.0403	249	71
焦作	0.0551	143	32	临汾	0.0402	250	72
安阳	0.0550	144	33	抚州	0.0401	252	73
襄阳	0.0546	146	34	孝感	0.0399	255	74
安庆	0.0545	147	35	商丘	0.0395	259	75
怀化	0.0542	148	36	宿州	0.0385	265	76
景德镇	0.0541	149	37	鹤壁	0.0372	271	77
朔州	0.0538	151	38	驻马店	0.0371	273	78
益阳	0.0538	152	39	周口	0.0350	279	79
晋中	0.0536	154	40	六安	0.0327	283	80

注：根据表 2-1 整理。

中部地区参与测评的 80 个城市中，仅长沙和武汉位于所有参评城市排名前 10 位；除此之外中部还有芜湖、合肥、郑州、太原等 16 个城市的经济基础与科技进步指数值高于全国所有参评城市的平均水平 0.0622。而中部城市的指数值从全国排名第 109 位的岳阳开始，余下的 62 个城市指标值均小于 0.0622，即低于全国平均水平，排名分布在第 109 位至 283 位之间。因此，绝大部分中部城市经济基础与科技进步指数值在全国排名较低。

从区域内部差异来看，中部地区排名最高的长沙（第 5 名，指数值 0.1325）与排名最低的六安（第 283 名，指数值 0.0327）之间的位差为 278 位，在四大区域中位差最大，极差位于四个区域的第二位，可见中部地区区域内部差距较大。

3. 西部地区城市经济基础与科技进步指数及排名

2017 年中国西部地区城市经济基础与科技进步指数及排名如表 2–4 所示。

表 2–4 中国西部地区城市经济基础与科技进步指数及排名

城市	指数值	整体排名	区域内排名	城市	指数值	整体排名	区域内排名
包头	0.1175	11	1	钦州	0.0502	180	45
西安	0.1118	12	2	梧州	0.0496	182	46
呼和浩特	0.1079	19	3	攀枝花	0.0494	183	47
兰州	0.1076	20	4	安康	0.0494	184	48
乌鲁木齐	0.1064	22	5	安顺	0.0494	185	49
鄂尔多斯	0.0978	30	6	酒泉	0.0494	186	50
重庆	0.0958	34	7	百色	0.0493	187	51
昆明	0.0956	35	8	通辽	0.0488	191	52
贵阳	0.0946	38	9	眉山	0.0486	192	53
银川	0.0894	45	10	天水	0.0477	198	54
西宁	0.0879	47	11	丽江	0.0467	200	55
成都	0.0858	52	12	赤峰	0.0459	206	56
拉萨	0.0831	57	13	呼伦贝尔	0.0458	208	57
南宁	0.0759	73	14	汉中	0.0455	212	58
毕节	0.0758	74	15	泸州	0.0454	214	59
柳州	0.0740	77	16	昭通	0.0454	215	60
遵义	0.0726	79	17	来宾	0.0443	219	61

续表

城市	指数值	整体排名	区域内排名	城市	指数值	整体排名	区域内排名
绵阳	0.0713	84	18	嘉峪关	0.0439	222	62
德阳	0.0673	94	19	咸阳	0.0438	223	63
北海	0.0665	97	20	普洱	0.0429	227	64
六盘水	0.0646	98	21	广安	0.0426	228	65
铜仁	0.0642	99	22	资阳	0.0415	233	66
克拉玛依	0.0638	101	23	渭南	0.0415	234	67
海东	0.0638	102	24	张掖	0.0412	235	68
榆林	0.0634	105	25	庆阳	0.0406	244	69
桂林	0.0614	114	26	定西	0.0406	245	70
防城港	0.0605	117	27	河池	0.0406	246	71
崇左	0.0593	121	28	商洛	0.0404	247	72
曲靖	0.0571	126	29	延安	0.0402	251	73
自贡	0.0565	131	30	广元	0.0399	253	74
乌兰察布	0.0563	132	31	达州	0.0399	254	75
乌海	0.0559	135	32	吴忠	0.0398	257	76
固原	0.0559	136	33	陇南	0.0397	258	77
贺州	0.0541	150	34	铜川	0.0392	260	78
玉溪	0.0536	155	35	内江	0.0386	264	79
石嘴山	0.0534	156	36	平凉	0.0376	267	80
贵港	0.0533	157	37	遂宁	0.0375	268	81
中卫	0.0531	158	38	白银	0.0375	269	82
雅安	0.0521	165	39	武威	0.0372	272	83
玉林	0.0519	167	40	南充	0.0371	276	84
宝鸡	0.0510	172	41	金昌	0.0359	277	85
乐山	0.0509	173	42	临沧	0.0348	280	86
巴彦淖尔	0.0504	177	43	保山	0.0345	281	87
宜宾	0.0502	179	44	巴中	0.0239	287	88

注：根据表 2-1 整理。

西部地区参与测评的 88 个城市中，没有城市进入所有参评城市前 10 位；包头、西安、呼和浩特、兰州等 25 个城市指数值大于 0.0622，即其经济基础与科技进步高于全国平均水平，均位于全国所有参评城市前 105 位。桂林、防城港、崇左、曲靖等63个城市经济基础与科技进步指数值小于0.0622，低于全国平均水平。总的来说，绝大多数的西部城市的经济基础与科技进步指数值均处于全国中下游水平。

从区域内部差异来看，西部地区排名最高的包头（第11名，指数值0.1175）与排名最低的巴中（第287名，指数值0.0239）之间的位差为276位，在四大区域中位差位于第二位，极差位于第三位。可见西部地区城市经济基础与科技进步水平总体较差的同时，也存在区域内部差距大的问题。

4. 东北地区城市经济基础与科技进步指数及排名

2017年中国东北地区城市经济基础与科技进步指数及排名如表2–5所示。

表2–5　中国东北地区城市经济基础与科技进步指数及排名

城市	指数值	整体排名	区域内排名	城市	指数值	整体排名	区域内排名
长春	0.0996	28	1	白城	0.0406	243	18
大连	0.0949	36	2	盘锦	0.0399	256	19
哈尔滨	0.0946	37	3	铁岭	0.0391	261	20
沈阳	0.0872	48	4	齐齐哈尔	0.0389	262	21
大庆	0.0857	53	5	四平	0.0388	263	22
吉林	0.0611	115	6	抚顺	0.0385	266	23
牡丹江	0.0527	161	7	白山	0.0373	270	24
锦州	0.0480	196	8	阜新	0.0371	274	25
鞍山	0.0466	201	9	葫芦岛	0.0371	275	26
营口	0.0457	209	10	朝阳	0.0353	278	27
本溪	0.0454	213	11	绥化	0.0336	282	28
通化	0.0451	218	12	七台河	0.0268	284	29
丹东	0.0434	225	13	双鸭山	0.0253	285	30
松原	0.0433	226	14	黑河	0.0241	286	31
辽阳	0.0409	239	15	鸡西	0.0210	288	32
佳木斯	0.0408	240	16	鹤岗	0.0179	289	33
辽源	0.0407	241	17	伊春	0.0134	290	34

注：根据表2–1整理。

东北地区参与测评的 34 个城市中，无城市进入参评城市前 10 位的行列。长春、大连、哈尔滨、沈阳、大庆 5 个城市指数值大于 0.0622，高于全国平均水平。吉林、牡丹江、锦州、鞍山、营口等其余 29 个城市的指数值都小于 0.0622，即低于全国平均水平，位居全国所有参评城市的中下游。总体来讲，东北地区绝大多数城市的经济基础与科技进步在全国排名偏于较低水平。

从区域内部差异来看，东北地区排名最高的长春（第 28 名，指数值 0.0996）与排名最低的伊春（第 290 名，指数值 0.0134）之间的位差为 262 位，在四大区域中排第三位；指数值的差为 0.0862，在四大区域中最小。可见东北地区城市经济基础与科技进步较为接近，区域内部差距相对较小，但由于样本量也较小所以这种接近也有一定的相对性。

（三）城市经济基础与科技进步对中国城市绿色竞争力的影响分析

对比 2017 年中国城市绿色竞争力指数与经济基础与科技进步指数，可以看出 290 个参评城市中，有 143 个城市绿色竞争力指数排名高于经济基础与科技进步指数排名，比重为 49.31%，这些城市包括宁波、杭州、青岛、大庆、东莞等。同时，有 144 个城市绿色竞争力指数排名低于经济基础与科技进步指数排名，如北京、南京、合肥、上海等。伊春、长沙和广州 3 座城市绿色竞争力指数排名与经济基础与科技进步指数排名相同。

从影响程度分析，城市绿色竞争力指数排名与经济基础与科技进步指数排名差异较大（超过 50 位）的城市有 89 个，占所有城市的 30.69%；其中为正差的城市有 43 个，如贵阳、太原、唐山、吉林、大同等，这些城市的经济基础与科技进步对城市绿色竞争力的贡献较大；为负差的城市有 46 个，如七台河、辽源、黄冈、张家界、呼伦贝尔等，这些城市的经济基础与科技进步对城市绿色竞争力的贡献较小。其中，周口的排名差异变化最大，其城市绿色竞争力指数位居所有测评城市第 94 位，但经济基础与科技进步指数仅为第 279 位，变化幅度达到了 183 位。同时，名次变动差异较小（50 名以内，含 50 名，不含 0）的城市共有 198 个，占所有城市的 68.28%，如巴中、张家口、宣城、铜仁、杭州等，说明经济基础与科技进步对城市绿色竞争力的促进效果不明显。而伊春、长沙、广州这 3 座城市的经济基础与科技进步指数与城市绿色竞争力指数排位相同，保持了一致性。2017 中国城市绿色竞争力指数排名与经济基础与科技进步指数排名差异超过 50 位的城市如表 2–6 所示。

表 2–6　中国城市绿色竞争力指数排名同经济基础与科技进步指数排名差异超过 50 位的城市

城市	绿色竞争力排名	经济基础与科技进步排名	位次变化	城市	绿色竞争力排名	经济基础与科技进步排名	位次变化
贵阳	91	38	53	七台河	232	284	–52
中卫	212	158	54	保山	229	281	–52
邢台	195	139	56	辽源	186	241	–55
唐山	132	75	57	濮阳	152	207	–55
荆州	274	216	58	信阳	174	229	–55
绵阳	142	84	58	黄冈	194	249	–55
淮南	261	202	59	钦州	124	180	–56
长治	265	205	60	梧州	125	182	–57
衡水	190	128	62	鹤壁	213	271	–58
运城	243	181	62	铜川	202	260	–58
黄石	204	141	63	白城	181	243	–62
日照	154	90	64	防城港	54	117	–63
太原	105	40	65	宁德	102	166	–64
菏泽	236	171	65	开封	133	199	–66
三门峡	198	133	65	南平	75	142	–67
德州	182	116	66	河池	179	246	–67
崇左	189	121	68	遂宁	201	268	–67
眉山	260	192	68	舟山	41	110	–69
聊城	175	106	69	临沧	208	280	–72

续表

城市	绿色竞争力排名	经济基础与科技进步排名	位次变化	城市	绿色竞争力排名	经济基础与科技进步排名	位次变化
大同	246	176	70	广元	178	253	-75
肇庆	215	145	70	延安	171	251	-80
朔州	222	151	71	张家界	48	129	-81
营口	282	209	73	黄山	21	104	-83
鞍山	277	201	76	商洛	163	247	-84
乌海	214	135	79	乌兰察布	46	132	-86
银川	126	45	81	庆阳	158	244	-86
鄂州	241	159	82	商丘	169	259	-90
西宁	129	47	82	松原	135	226	-91
乐山	257	173	84	百色	95	187	-92
淮北	151	66	85	丽江	108	200	-92
临沂	191	103	88	固原	39	136	-97
宜昌	221	130	91	酒泉	88	186	-98
牡丹江	258	161	97	河源	120	220	-100
萍乡	267	170	97	玉林	64	167	-103
石嘴山	253	156	97	梅州	111	217	-106
襄阳	248	146	102	随州	104	211	-107
保定	211	107	104	驻马店	164	273	-109
贵港	266	157	109	汕尾	115	232	-117
阳泉	278	163	115	儋州	71	188	-117
安阳	259	144	115	贺州	29	150	-121
自贡	255	131	124	呼伦贝尔	79	208	-129
德阳	226	94	132	张掖	99	235	-136
吉林	263	115	148	黑河	148	286	-138
海东	254	102	152	绥化	139	282	-143
				六安	128	283	-155
				安康	25	184	-159
				周口	94	279	-185

注：1. 本表根据表 1-3 和表 2-1 整理。2. 表中排名差异为城市绿色竞争力指数排名与经济基础与科技进步指数排名之差，正值表示经济基础与科技进步指数较之于城市绿色竞争力指数进步的名次，负值表示经济基础与科技进步指数较之于城市绿色竞争力指数退后的名次。

二、城市经济基础与科技进步比较分析

2017 年的经济基础与科技进步指数占该年城市绿色竞争力指数总权重的 30%，由经济基础、科技教育 2 个二级指标及 11 个三级指标构成。11 个三级指标全部为正向指标，且每个三级指标占城市绿色竞争力指数总权重的 2.73%。本部分将以 2 个二级指标为例进行详细的分析与比较。

（一）城市经济基础指标比较

在经济基础与科技进步测度体系中，经济基础指标占经济基础与科技进步指数总权重的 54.55%，占城市绿色竞争力指数总权重的 16.38%，是经济基础与科技进步中权重最大的二级指标，因此对经济基础与科技进步指数的贡献较大。表 2-7 列出了经济基础指标下的 6 个三级指标。

表 2-7　经济基础三级指标、权重及指标属性

指标序号	指标	权重	指标属性
1	人均地区生产总值	2.73%	正
2	地区财政收入	2.73%	正
3	第一产业劳动生产率	2.73%	正
4	第二产业劳动生产率	2.73%	正
5	第三产业劳动生产率	2.73%	正
6	第三产业增加值比重	2.73%	正

注：本表内容由本报告课题组召开的多次研讨会确定。

根据表 2-7 所列的指标和权重，经过标准化处理综合测算，得出 2017 年中国城市经济基础指标指数值及其排名情况，具体如表 2-8 所示。

表 2-8　中国 290 个城市经济基础指数及排名

城市	经济基础指标		城市	经济基础指标		城市	经济基础指标	
	指数值	排名		指数值	排名		指数值	排名
上海	0.0787	1	吉林	0.0343	98	黄石	0.0248	195
鄂尔多斯	0.0775	2	遵义	0.0340	99	钦州	0.0246	196
北京	0.0755	3	怀化	0.0340	100	锦州	0.0246	197
无锡	0.0728	4	郴州	0.0339	101	资阳	0.0245	198
苏州	0.0711	5	济宁	0.0337	102	来宾	0.0243	199
深圳	0.0694	6	聊城	0.0332	103	攀枝花	0.0243	200
广州	0.0683	7	德阳	0.0330	104	襄阳	0.0243	201
包头	0.0681	8	松原	0.0329	105	宜宾	0.0241	202
常州	0.0674	9	大庆	0.0328	106	焦作	0.0240	203
天津	0.0616	10	营口	0.0323	107	新乡	0.0238	204
青岛	0.0598	11	铜仁	0.0321	108	忻州	0.0238	205
呼和浩特	0.0590	12	毕节	0.0321	109	娄底	0.0238	206
长沙	0.0585	13	惠州	0.0320	110	临汾	0.0237	207
南京	0.0574	14	衡水	0.0319	111	四平	0.0237	208
镇江	0.0573	15	湘潭	0.0319	112	开封	0.0236	209
东营	0.0566	16	固原	0.0319	113	晋中	0.0235	210
杭州	0.0552	17	连云港	0.0318	114	齐齐哈尔	0.0233	211
武汉	0.0541	18	衡阳	0.0318	115	河池	0.0233	212
宁波	0.0534	19	德州	0.0318	116	广安	0.0232	213
许昌	0.0491	20	宿迁	0.0318	117	抚顺	0.0232	214
威海	0.0489	21	六盘水	0.0318	118	运城	0.0232	215
大连	0.0488	22	克拉玛依	0.0317	119	广元	0.0230	216
济南	0.0485	23	贺州	0.0317	120	保定	0.0230	217
绍兴	0.0485	24	铜陵	0.0317	121	揭阳	0.0228	218
扬州	0.0482	25	南宁	0.0317	122	晋城	0.0226	219
淮北	0.0479	26	自贡	0.0313	123	张掖	0.0225	220
烟台	0.0479	27	池州	0.0312	124	邵阳	0.0225	221
佛山	0.0477	28	江门	0.0312	125	梅州	0.0225	222
南通	0.0472	29	枣庄	0.0311	126	曲靖	0.0224	223
三亚	0.0466	30	莱芜	0.0311	127	河源	0.0223	224
防城港	0.0457	31	蚌埠	0.0310	128	漯河	0.0222	225

续表

城市	经济基础指标		城市	经济基础指标		城市	经济基础指标	
	指数值	排名		指数值	排名		指数值	排名
丽水	0.0457	32	茂名	0.0309	129	汉中	0.0222	226
东莞	0.0452	33	西宁	0.0306	130	濮阳	0.0221	227
新余	0.0450	34	临沂	0.0305	131	吴忠	0.0221	228
泰州	0.0443	35	乐山	0.0305	132	长治	0.0221	229
中山	0.0443	36	南昌	0.0303	133	赣州	0.0220	230
淄博	0.0434	37	南平	0.0303	134	陇南	0.0220	231
张家界	0.0433	38	酒泉	0.0302	135	平顶山	0.0220	232
滨州	0.0430	39	通辽	0.0300	136	阜阳	0.0218	233
三明	0.0430	40	益阳	0.0300	137	荆门	0.0217	234
乌鲁木齐	0.0429	41	鞍山	0.0296	138	朝阳	0.0217	235
乌兰察布	0.0425	42	石嘴山	0.0295	139	宝鸡	0.0215	236
徐州	0.0424	43	九江	0.0295	140	泸州	0.0213	237
郑州	0.0421	44	呼伦贝尔	0.0295	141	葫芦岛	0.0212	238
沧州	0.0421	45	萍乡	0.0294	142	延安	0.0212	239
乌海	0.0420	46	三门峡	0.0293	143	天水	0.0211	240
厦门	0.0419	47	佳木斯	0.0292	144	上饶	0.0210	241
重庆	0.0415	48	百色	0.0290	145	吕梁	0.0208	242
珠海	0.0413	49	盘锦	0.0288	146	宜春	0.0208	243
潍坊	0.0413	50	贵港	0.0288	147	白城	0.0207	244
温州	0.0412	51	阳江	0.0286	148	内江	0.0206	245
石家庄	0.0411	52	潮州	0.0286	149	定西	0.0205	246
嘉兴	0.0410	53	滁州	0.0285	150	七台河	0.0202	247
唐山	0.0409	54	嘉峪关	0.0283	151	南阳	0.0201	248
榆林	0.0409	55	柳州	0.0281	152	达州	0.0201	249
常德	0.0408	56	清远	0.0278	153	吉安	0.0201	250
金华	0.0403	57	雅安	0.0275	154	遂宁	0.0201	251
海口	0.0402	58	菏泽	0.0275	155	庆阳	0.0200	252
福州	0.0401	59	随州	0.0274	156	铜川	0.0198	253
哈尔滨	0.0400	60	鄂州	0.0274	157	阜新	0.0197	254
西安	0.0400	61	辽源	0.0273	158	汕尾	0.0197	255
沈阳	0.0398	62	安康	0.0273	159	荆州	0.0196	256

续表

城市	经济基础指标		城市	经济基础指标		城市	经济基础指标	
	指数值	排名		指数值	排名		指数值	排名
泉州	0.0397	63	拉萨	0.0272	160	南充	0.0194	257
湖州	0.0394	64	韶关	0.0272	161	信阳	0.0194	258
马鞍山	0.0393	65	承德	0.0272	162	云浮	0.0193	259
台州	0.0393	66	张家口	0.0272	163	绥化	0.0192	260
衢州	0.0392	67	宜昌	0.0271	164	淮南	0.0187	261
芜湖	0.0388	68	眉山	0.0271	165	白银	0.0186	262
廊坊	0.0384	69	玉溪	0.0271	166	金昌	0.0184	263
岳阳	0.0381	70	景德镇	0.0270	167	武威	0.0184	264
盐城	0.0380	71	梧州	0.0270	168	渭南	0.0183	265
合肥	0.0380	72	赤峰	0.0270	169	咸阳	0.0181	266
牡丹江	0.0380	73	肇庆	0.0268	170	昭通	0.0180	267
长春	0.0376	74	永州	0.0267	171	临沧	0.0179	268
洛阳	0.0372	75	莆田	0.0266	172	十堰	0.0177	269
兰州	0.0372	76	大同	0.0266	173	黑河	0.0175	270
北海	0.0371	77	汕头	0.0266	174	抚州	0.0174	271
朔州	0.0369	78	鹰潭	0.0264	175	商丘	0.0171	272
日照	0.0369	79	白山	0.0264	176	鹤壁	0.0170	273
秦皇岛	0.0368	80	亳州	0.0262	177	驻马店	0.0169	274
太原	0.0368	81	邢台	0.0262	178	铁岭	0.0169	275
龙岩	0.0367	82	咸宁	0.0262	179	商洛	0.0167	276
黄山	0.0366	83	湛江	0.0262	180	保山	0.0162	277
舟山	0.0366	84	邯郸	0.0261	181	双鸭山	0.0161	278
淮安	0.0364	85	宁德	0.0259	182	普洱	0.0159	279
银川	0.0362	86	辽阳	0.0258	183	平凉	0.0154	280
昆明	0.0361	87	安庆	0.0258	184	周口	0.0153	281
海东	0.0358	88	安阳	0.0257	185	黄冈	0.0151	282
巴彦淖尔	0.0354	89	安顺	0.0256	186	宿州	0.0150	283
崇左	0.0350	90	丹东	0.0255	187	鸡西	0.0139	284
株洲	0.0349	91	本溪	0.0255	188	伊春	0.0128	285
漳州	0.0349	92	通化	0.0254	189	儋州	0.0123	286
成都	0.0349	93	阳泉	0.0254	190	孝感	0.0115	287

续表

城市	经济基础指标		城市	经济基础指标		城市	经济基础指标	
	指数值	排名		指数值	排名		指数值	排名
贵阳	0.0348	94	桂林	0.0254	191	六安	0.0111	288
中卫	0.0348	95	绵阳	0.0252	192	鹤岗	0.0095	289
泰安	0.0345	96	丽江	0.0252	193	巴中	0.0090	290
宣城	0.0344	97	玉林	0.0250	194			

注：本表数据及排名根据《中国城市统计年鉴 2018》《国泰安数据库——经济研究系列区域经济库》及各城市 2018 年统计年报等测算。

从表 2-8 可以看出，2017 年 290 个测评城市经济基础指标测算结果介于 0.0090 ~ 0.0787 之间，极差为 0.0697。其中，有 122 个城市经济基础水平高于全国平均水平 0.0315，占全部参评城市的 42.07%，如上海、鄂尔多斯、北京、无锡、苏州等。其中，上海、鄂尔多斯、北京位居所有参评城市前三位，指数值分别为 0.0787、0.0775 和 0.0755；但有 168 个城市经济基础指数低于全国平均水平，占全部参评城市百分比的 57.93%，这些城市有自贡、池州、江门、六安、鹤岗、巴中。其中，六安、鹤岗和巴中位居所有参评城市的最后三位，指数值分别为 0.0111、0.0095 和 0.0090。

从图 2-3 可以看出，分区域来看，东部地区经济基础总体指数值较高，中部、西部和东北三个地区总体水平相当。按照算术平均方法具体计算，东部地区经济基础指标平均指数值为 0.0399，中部地区为 0.0278，西部地区为 0.0286，东北地区最小，为 0.0260。东部地区经济基础优势明显，其他三个地区差异不大，东北部地区稍弱。

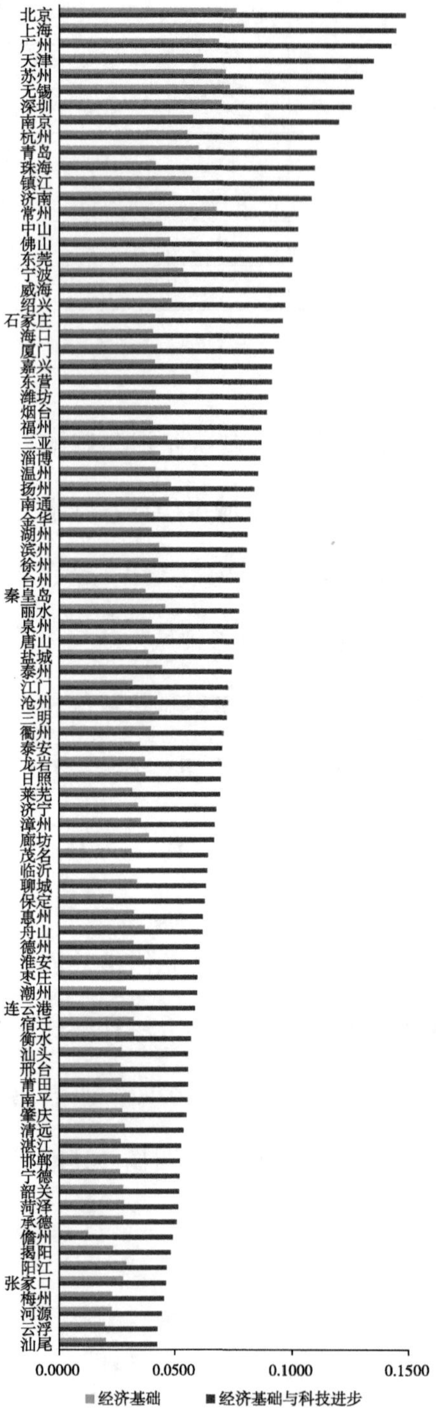
北京
上海
广州
天津
苏州
无锡
深圳
南京
杭州
青岛
珠海
镇江
济南
常州
中山
佛山
东莞
宁波
威海
绍兴
石家庄
海口
厦门
嘉兴
东营
潍坊
烟台
福州
三亚
淄博
温州
扬州
南通
金华
湖州
滨州
徐州
台州
秦皇岛
丽水
泉州
唐山
盐城
泰州
江门
沧州
三明
衢州
泰安
龙岩
日照
莱芜
济宁
漳州
廊坊
茂名
临沂
聊城
保定
惠州
舟山
德州
淮安
枣庄
潮州
连云港
宿迁
衡水
汕头
邢台
莆田
南平
肇庆
清远
湛江
邯郸
宁德
韶关
菏泽
承德
儋州
揭阳
阳江
张家口
梅州
河源
云浮
汕尾
0.0000
0.0500
0.1000
0.1500
经济基础
经济基础与科技进步

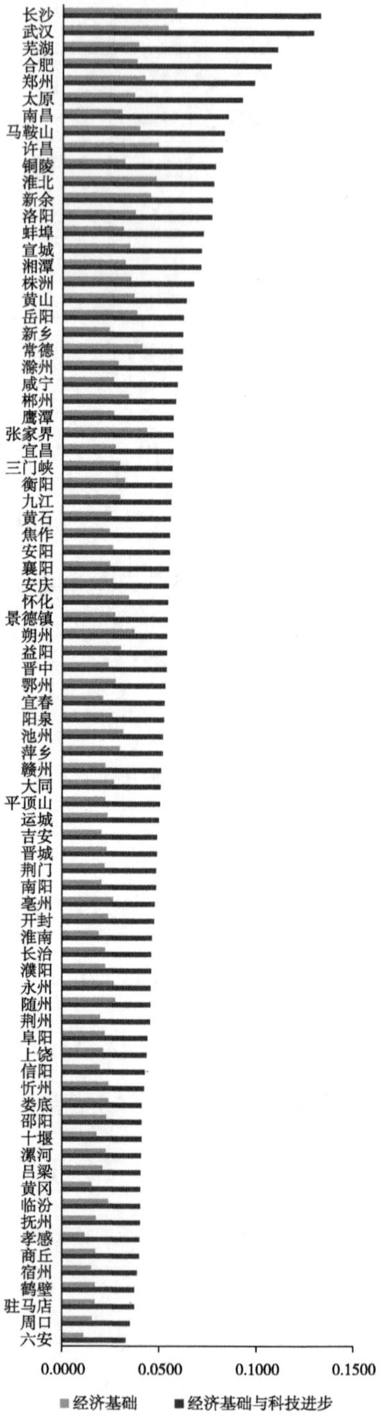
长沙
武汉
芜湖
合肥
郑州
太原
南昌
马鞍山
许昌
铜陵
淮北
新余
洛阳
蚌埠
宣城
湘潭
株洲
黄山
岳阳
新乡
常德
滁州
咸宁
郴州
鹰潭
张家界
宜昌
三门峡
衡阳
九江
黄石
焦作
安阳
襄阳
安庆
怀化
景德镇
朔州
益阳
晋中
鄂州
宜春
阳泉
池州
萍乡
赣州
大同
平顶山
运城
吉安
晋城
荆门
南阳
亳州
开封
淮南
长治
濮阳
永州
随州
荆州
阜阳
上饶
信阳
忻州
娄底
邵阳
十堰
漯河
吕梁
黄冈
临汾
抚州
孝感
商丘
宿州
鹤壁
驻马店
周口
六安
0.0000
0.0500
0.1000
0.1500
经济基础
经济基础与科技进步

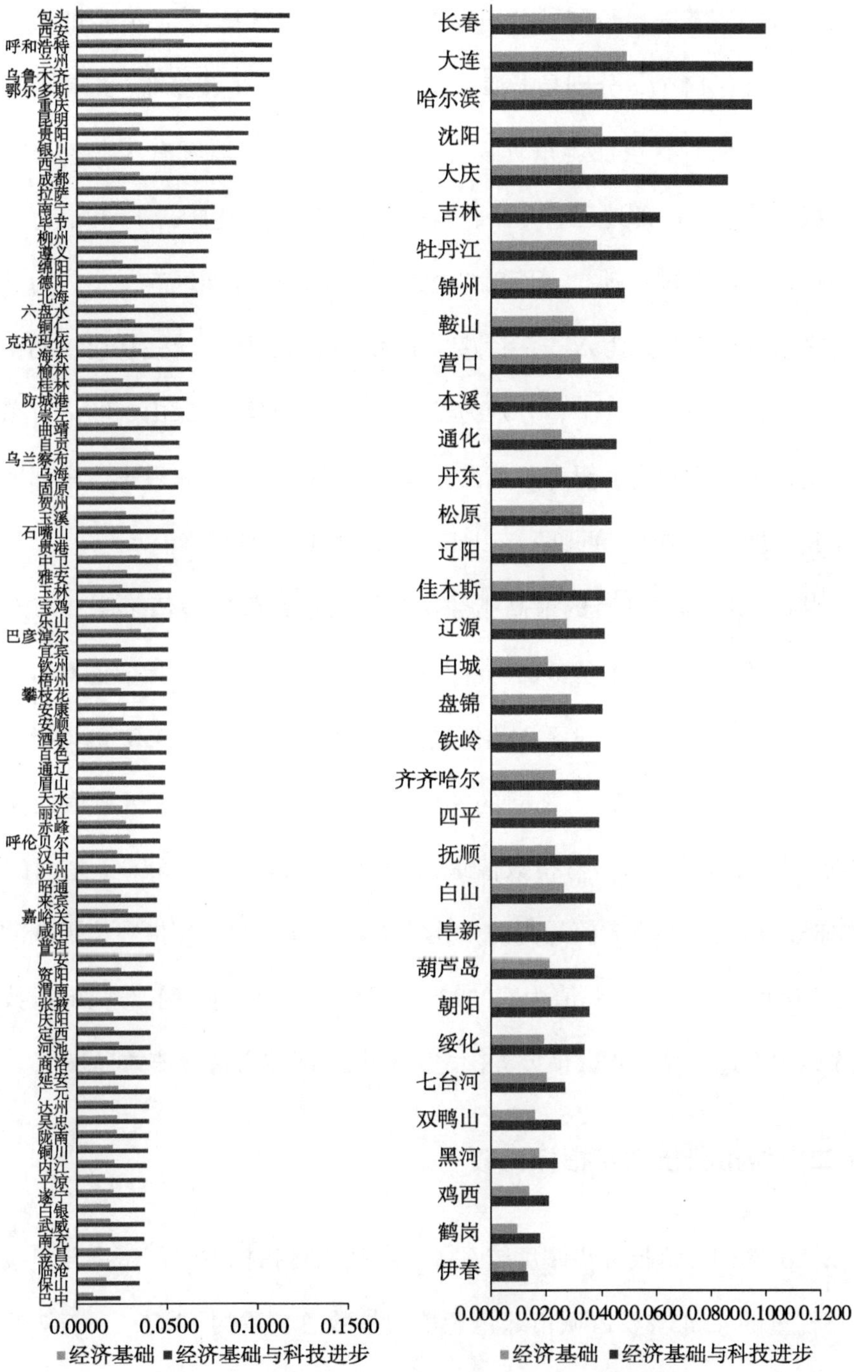

图 2-3　经济基础与科技进步和经济基础指标对比

注：图 2-3 按东部、中部、西部和东北地区划分，根据经济基础与科技进步指数大小自上至下排列。

从城市经济基础指数值排名结果看，在经济基础排名前 20 位的城市中，东部地区城市有 14 个，分别是上海、北京、无锡、苏州、深圳、广州、常州、天津、青岛、南京、镇江、东营、杭州、宁波；中部地区有 3 个，分别是长沙、武汉和许昌；西部地区有 3 个，分别是鄂尔多斯、包头、呼和浩特；东北地区城市位次均超过 20 位。而后 20 位的城市中，东部地区有 1 个，为儋州；中部地区有 9 个，分别为六安、孝感、宿州、黄冈、周口、驻马店、鹤壁、商丘、抚州；西部地区有 5 个，分别为巴中、平凉、普洱、保山、商洛；东北地区有 5 个，分别为鹤岗、伊春、鸡西、双鸭山、铁岭。总体看来，东部地区明显好于其他地区，中部、西部和东北三个地区总体水平相当。

按照区域内部中城市的最高指数值与最低指数值的差值来看，东部地区指数值最高的上海（指数值 0.0787）与指数值最低的儋州（指数值 0.0123）之间的差值为 0.0664；中部地区指数值最高的长沙（指数值 0.0585）与指数值最低的六安（指数值 0.0111）之间的差值为 0.0474；西部地区指数值最高的鄂尔多斯（指数值 0.0775）与指数值最低的巴中（指数值 0.0090）之间的差值为 0.0685；东北地区指数值最高的大连（指数值 0.0488）与指数值最低的鹤岗（指数值 0.0095）之间的差值为 0.0393。可以看出，西部和东部城市指数值差异较大，中部地区城市指数值差异次之，东北地区城市指数值差异最小。

（二）城市科技教育指标比较

在经济基础与科技进步测度体系中，科技教育指标占经济基础与科技进步指数总权重的 45.45%，占城市绿色竞争力指数总权重的 13.65%。表 2–9 列出了科技教育指标下的 5 个三级指标。

表 2-9　科技教育三级指标、权重及指标属性

指标序号	指标	权重	指标属性
7	科技投入占公共财政支出比例	2.73%	正
8	万名从业人口中科学技术人员数	2.73%	正
9	全市科技从业人员数占全省的比重	2.73%	正
10	教育投入占公共财政支出比例	2.73%	正
11	每万人在校大学生人数	2.73%	正

注：本表内容由本报告课题组召开的多次研讨会确定。

根据表 2-9 所列的指标和权重，经过标准化处理综合测算，得出 2017 年中国城市科技教育指标指数及其排名情况，具体如表 2-10 所示。

表 2-10　中国 290 个城市科技教育指数及排名

城市	科技教育指标		城市	科技教育指标		城市	科技教育指标	
	指数值	排名		指数值	排名		指数值	排名
武汉	0.0748	1	铜仁	0.0321	98	上饶	0.0227	195
长沙	0.0741	2	漳州	0.0319	99	抚州	0.0226	196
广州	0.0740	3	宜春	0.0318	100	梧州	0.0226	197
天津	0.0731	4	新余	0.0315	101	榆林	0.0225	198
北京	0.0727	5	衢州	0.0312	102	商丘	0.0224	199
西安	0.0718	6	焦作	0.0311	103	贺州	0.0224	200
芜湖	0.0717	7	丽水	0.0311	104	萍乡	0.0224	201
兰州	0.0704	8	潮州	0.0310	105	汕尾	0.0224	202
合肥	0.0691	9	黄石	0.0308	106	平凉	0.0223	203
珠海	0.0680	10	鹰潭	0.0306	107	铁岭	0.0223	204
上海	0.0655	11	襄阳	0.0303	108	安康	0.0222	205
乌鲁木齐	0.0635	12	晋中	0.0301	109	阜阳	0.0221	206
南京	0.0621	13	沧州	0.0301	110	河源	0.0219	207
长春	0.0619	14	聊城	0.0300	111	六安	0.0216	208
贵阳	0.0599	15	惠州	0.0300	112	眉山	0.0215	209
昆明	0.0595	16	宜昌	0.0297	113	丽江	0.0215	210
济南	0.0593	17	淮北	0.0296	114	亳州	0.0215	211
苏州	0.0588	18	宝鸡	0.0295	115	常德	0.0208	212
中山	0.0579	19	泰州	0.0295	116	池州	0.0206	213

续表

城市	科技教育指标		城市	科技教育指标		城市	科技教育指标	
	指数值	排名		指数值	排名		指数值	排名
西宁	0.0573	20	邢台	0.0294	117	庆阳	0.0206	214
郑州	0.0565	21	北海	0.0294	118	乐山	0.0205	215
杭州	0.0562	22	安阳	0.0294	119	百色	0.0203	216
拉萨	0.0559	23	汕头	0.0291	120	鹤壁	0.0203	217
深圳	0.0557	24	莆田	0.0290	121	驻马店	0.0203	218
太原	0.0554	25	赣州	0.0289	122	鄂尔多斯	0.0202	219
石家庄	0.0547	26	德州	0.0288	123	怀化	0.0202	220
哈尔滨	0.0546	27	安庆	0.0288	124	定西	0.0201	221
南昌	0.0546	28	吉安	0.0288	125	白城	0.0200	222
东莞	0.0546	29	三明	0.0288	126	本溪	0.0199	223
佛山	0.0544	30	枣庄	0.0286	127	来宾	0.0199	224
重庆	0.0543	31	平顶山	0.0284	128	达州	0.0198	225
海口	0.0540	32	孝感	0.0284	129	通化	0.0197	226
无锡	0.0534	33	南阳	0.0282	130	周口	0.0197	227
银川	0.0531	34	廊坊	0.0282	131	吕梁	0.0196	228
大庆	0.0529	35	肇庆	0.0281	132	铜川	0.0195	229
镇江	0.0519	36	海东	0.0280	133	广安	0.0194	230
成都	0.0509	37	淮南	0.0276	134	酒泉	0.0192	231
青岛	0.0502	38	昭通	0.0274	135	延安	0.0190	232
嘉兴	0.0502	39	普洱	0.0271	136	张家口	0.0190	233
厦门	0.0499	40	景德镇	0.0270	137	赤峰	0.0190	234
包头	0.0495	41	黄山	0.0270	138	永州	0.0189	235
呼和浩特	0.0489	42	三门峡	0.0270	139	武威	0.0188	236
绍兴	0.0483	43	玉林	0.0269	140	白银	0.0188	237
潍坊	0.0482	44	阳泉	0.0269	141	通辽	0.0188	238
威海	0.0480	45	连云港	0.0268	142	张掖	0.0186	239
沈阳	0.0474	46	吉林	0.0268	143	邵阳	0.0185	240
铜陵	0.0467	47	荆门	0.0267	144	漯河	0.0185	241
福州	0.0464	48	天水	0.0267	145	忻州	0.0184	242
宁波	0.0461	49	湛江	0.0266	146	中卫	0.0183	243
绵阳	0.0461	50	运城	0.0265	147	保山	0.0183	244

续表

城市	科技教育指标		城市	科技教育指标		城市	科技教育指标	
	指数值	排名		指数值	排名		指数值	排名
大连	0.0461	51	玉溪	0.0265	148	随州	0.0181	245
柳州	0.0458	52	晋城	0.0263	149	内江	0.0180	246
南宁	0.0443	53	九江	0.0262	150	丹东	0.0179	247
温州	0.0437	54	宜宾	0.0262	151	陇南	0.0177	248
毕节	0.0437	55	宁德	0.0261	152	阳江	0.0177	249
马鞍山	0.0434	56	邯郸	0.0260	153	吴忠	0.0177	250
淄博	0.0425	57	清远	0.0260	154	南充	0.0177	251
金华	0.0414	58	宿迁	0.0258	155	金昌	0.0175	252
蚌埠	0.0411	59	咸阳	0.0258	156	遂宁	0.0174	253
江门	0.0411	60	荆州	0.0257	157	阜新	0.0174	254
烟台	0.0410	61	钦州	0.0256	158	河池	0.0173	255
湖州	0.0410	62	鄂州	0.0254	159	娄底	0.0172	256
秦皇岛	0.0400	63	揭阳	0.0254	160	资阳	0.0171	257
三亚	0.0398	64	舟山	0.0253	161	鞍山	0.0170	258
保定	0.0397	65	南平	0.0252	162	广元	0.0169	259
洛阳	0.0393	66	自贡	0.0252	163	临沧	0.0169	260
湘潭	0.0390	67	黄冈	0.0251	164	朔州	0.0168	261
遵义	0.0386	68	攀枝花	0.0251	165	临汾	0.0165	262
莱芜	0.0380	69	衡水	0.0250	166	呼伦贝尔	0.0164	263
新乡	0.0380	70	韶关	0.0246	167	葫芦岛	0.0159	264
台州	0.0377	71	雅安	0.0246	168	嘉峪关	0.0157	265
滨州	0.0371	72	贵港	0.0245	169	齐齐哈尔	0.0155	266
徐州	0.0370	73	衡阳	0.0244	170	抚顺	0.0153	267
宣城	0.0369	74	崇左	0.0243	171	巴彦淖尔	0.0151	268
儋州	0.0368	75	郴州	0.0243	172	辽阳	0.0151	269
泉州	0.0368	76	泸州	0.0241	173	四平	0.0151	270
盐城	0.0365	77	大同	0.0240	174	巴中	0.0149	271
桂林	0.0360	78	固原	0.0240	175	防城港	0.0147	272
泰安	0.0355	79	淮安	0.0240	176	牡丹江	0.0147	273
扬州	0.0351	80	菏泽	0.0240	177	绥化	0.0144	274
常州	0.0349	81	石嘴山	0.0239	178	乌海	0.0139	275

续表

城市	科技教育指标		城市	科技教育指标		城市	科技教育指标	
	指数值	排名		指数值	排名		指数值	排名
曲靖	0.0348	82	岳阳	0.0239	179	乌兰察布	0.0138	276
南通	0.0347	83	长治	0.0239	180	朝阳	0.0136	277
东营	0.0345	84	开封	0.0238	181	张家界	0.0136	278
德阳	0.0343	85	益阳	0.0238	182	辽源	0.0134	279
济宁	0.0339	86	濮阳	0.0238	183	营口	0.0134	280
唐山	0.0337	87	安顺	0.0238	184	佳木斯	0.0116	281
临沂	0.0333	88	商洛	0.0237	185	盘锦	0.0111	282
茂名	0.0332	89	承德	0.0236	186	白山	0.0109	283
龙岩	0.0329	90	宿州	0.0236	187	松原	0.0104	284
滁州	0.0329	91	锦州	0.0233	188	双鸭山	0.0092	285
咸宁	0.0329	92	汉中	0.0233	189	鹤岗	0.0083	286
许昌	0.0328	93	渭南	0.0233	190	鸡西	0.0071	287
六盘水	0.0328	94	十堰	0.0232	191	七台河	0.0066	288
日照	0.0324	95	信阳	0.0231	192	黑河	0.0066	289
株洲	0.0324	96	云浮	0.0229	193	伊春	0.0006	290
克拉玛依	0.0321	97	梅州	0.0227	194			

注：本表数据及排名根据《中国城市统计年鉴 2018》《国泰安数据库——经济研究系列区域经济库》及各城市 2018 年统计年报等测算。

从表 2–10 可以看出，2017 年 290 个测评城市科技教育指标测算结果介于 0.0006 ~ 0.0748 之间，极差为 0.0742。其中，有 106 个城市经济基础水平高于全国平均水平 0.0307，占全部参评城市的 36.55%，如武汉、长沙、广州、天津、北京、西安等；其中，武汉、长沙、广州位居所有参评城市前三位，指数值分别为 0.0748、0.0741 和 0.0740；但有 184 个城市经济基础指数低于全国平均水平，占全部参评城市百分比的 63.45%，这些城市有鹰潭、襄阳、晋中、七台河、黑河、伊春等。其中，七台河、黑河和伊春位居所有参评城市的最后三位，指数值分别为 0.0066、0.0066 和 0.0006。

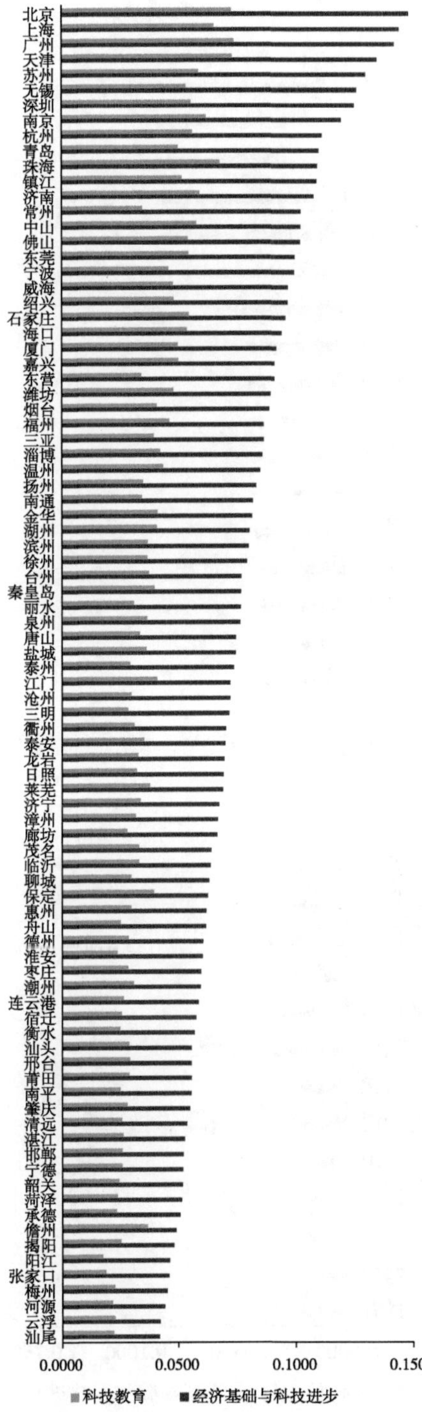
北京
上海
广州
天津
苏州
无锡
深圳
南京
杭州
青岛
珠海
镇江
济南
常州
中山
佛山
东莞
宁波
威海
绍兴
石家庄
海口
厦门
嘉兴
东营
潍坊
烟台
福州
三亚
淄博
温州
扬州
南通
金华
湖州
滨州
徐州
台州
秦皇岛
丽水
泉州
唐山
盐城
泰州
江门
沧州
三明
衢州
泰安
龙岩
日照
莱芜
济宁
漳州
廊坊
茂名
临沂
聊城
保定
惠州
舟山
德州
淮安
枣庄
潮州
连云港
宿迁
衡水
汕头
邢台
莆田
南平
肇庆
清远
湛江
邯郸
宁德
韶关
菏泽
承德
儋州
揭阳
阳江
张家口
梅州
河源
云浮
汕尾
0.0000
0.0500
0.1000
0.1500
科技教育
经济基础与科技进步

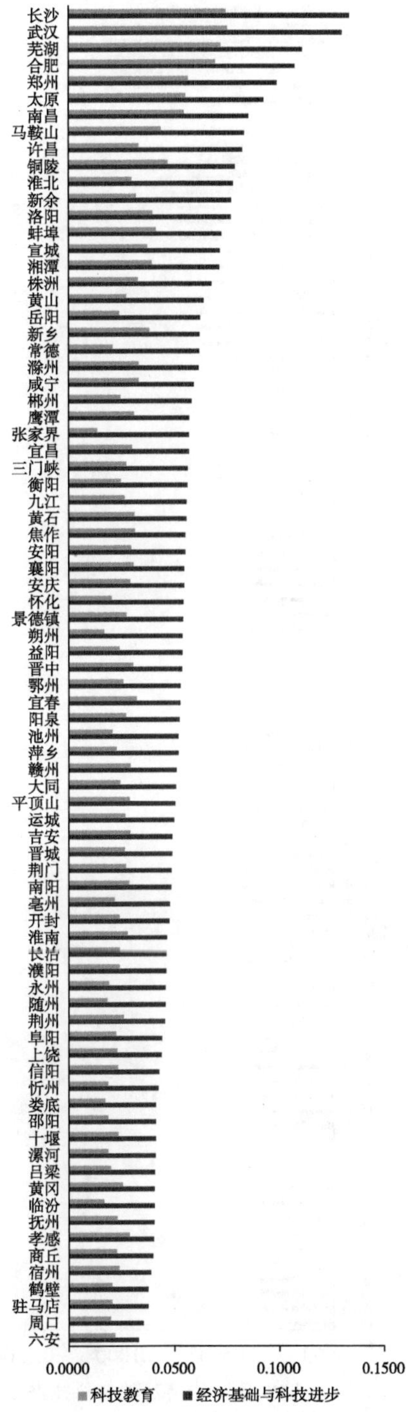
长沙
武汉
芜湖
合肥
郑州
太原
南昌
马鞍山
许昌
铜陵
淮北
新余
洛阳
蚌埠
宣城
湘潭
株洲
黄山
岳阳
新乡
常德
滁州
咸宁
郴州
鹰潭
张家界
宜昌
三门峡
衡阳
九江
黄石
焦作
安阳
襄阳
安庆
怀化
景德镇
朔州
益阳
晋中
鄂州
宜春
阳泉
池州
萍乡
赣州
大同
平顶山
运城
吉安
晋城
荆门
南阳
亳州
开封
淮南
长治
濮阳
永州
随州
荆州
阜阳
上饶
信阳
忻州
娄底
邵阳
十堰
漯河
吕梁
黄冈
临汾
抚州
孝感
商丘
宿州
鹤壁
驻马店
周口
六安
0.0000
0.0500
0.1000
0.1500
科技教育
经济基础与科技进步

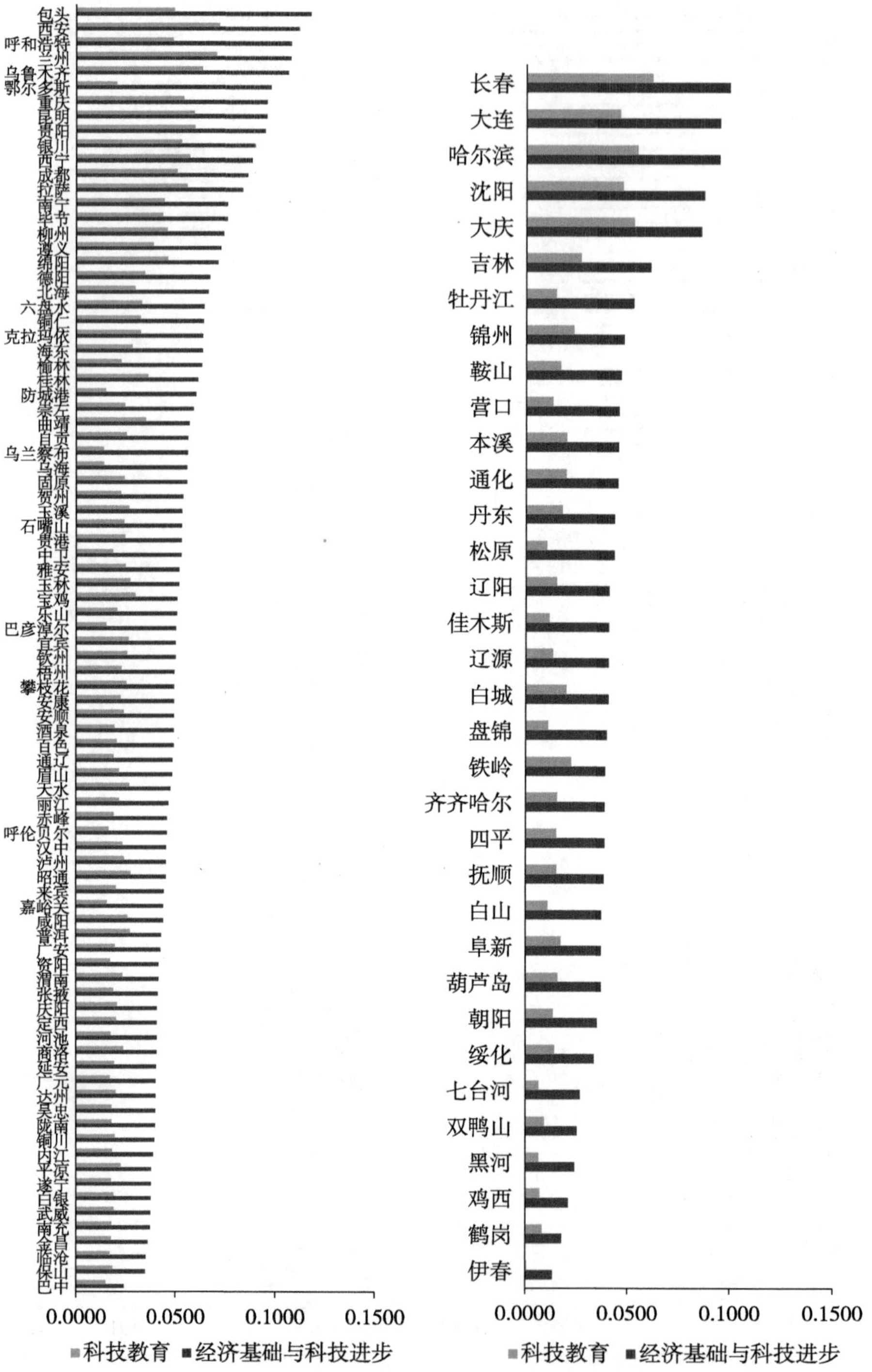

图 2–4 经济基础与科技进步和科技教育指标对比

注：图 2–4 按东部、中部、西部和东北地区划分，根据经济基础与科技进步指数大小自上至下排列。

从图 2–4 可以看出，分区域来看，东部地区科技教育总体指数值较高，中部地区次之，西部地区排列第三位，东北地区稍弱。按照算术平均方法具体计算，东部地区科技教育指标平均指数值为 0.0383，中部地区与西部地区分别为 0.0298、0.0283，东北地区最小，为 0.0199。东部地区科技教育优势明显，其次为中部地区，紧接着西部地区，东北地区稍弱。

从城市科技教育指数值排名结果看，在科技教育排名前 20 位的城市中，东部地区城市有 9 个，分别是广州、天津、北京、珠海、上海、南京、济南、苏州和中山；中部地区有 4 个，分别是武汉、长沙、芜湖和合肥；西部地区有 6 个，分别是西安、兰州、乌鲁木齐、贵阳、昆明和西宁；东北地区有 1 个，为长春。而后 20 位的城市中，无东部地区城市；中部地区有 1 个，为张家界；西部地区有 4 个，分别为乌兰察布、乌海、防城港和巴中；东北地区有 15 个，分别为伊春、黑河、七台河、鸡西、鹤岗、双鸭山、松原、白山、盘锦、佳木斯、营口、辽源、朝阳、绥化和牡丹江。总体看来，东部地区明显好于其他地区，中部和西部地区总体水平接近，东北地区稍弱。

按照区域内部的城市中最高指数值与最低指数值的差值来看，东部地区指数值最高的广州（指数值 0.0740）与指数值最低的阳江（指数值 0.0177）之间的差值为 0.0563；中部地区指数值最高的武汉（指数值 0.0748）与指数值最低的张家界（指数值 0.0136）之间的差值为 0.0612；西部地区指数值最高的西安（指数值 0.0718）与指数值最低的乌兰察布（指数值 0.0138）之间的差值为 0.0638；东北地区指数值的最高长春（指数值 0.0619）与指数值最低的伊春（指数值 0.0006）之间的差值为 0.0613。从中可以看出，西部城市指数值差异最大，东北地区城市指数值差异次之，中部地区城市指数值差异位列第三位，东北地区城市指数值差异最小。

第三章

城市自然资产与环境压力测算及分析

城市自然资产与环境压力衡量的是城市资源储量丰裕程度以及人们生产生活排放对环境带来的压力大小。城市自然资产是一个城市自然资源禀赋的体现，也是绿色竞争力形成的基础条件，环境压力则直接反映了城市发展对环境系统造成的影响。本章根据“中国城市绿色竞争力评价指标体系”中对自然资产与环境压力的测度标准，利用 2017 年的年度数据，从资源储量和环境压力两个方面对中国 290 个城市的自然资产与环境压力进行了测度与分析。

一、城市自然资产与环境压力的测算结果

根据“中国城市绿色竞争力体系”中自然资产与环境压力的测度体系和权重标准，中国 290 个城市的自然资产与环境压力测算结果如表 3-1 所示。

表 3-1　中国 290 个城市自然资产与环境压力指数及排名

城 市	一级指标		二级指标			
	自然资产与环境压力		资源储量指标		环境压力指标	
	指数值	排 名	指数值	排名	指数值	排 名
酒泉	0.0706	1	0.0075	254	0.0631	1
黑河	0.0655	2	0.0307	3	0.0348	10
呼伦贝尔	0.0627	3	0.0367	1	0.0259	19
河池	0.0610	4	0.0230	13	0.0380	7
安康	0.0607	5	0.0165	73	0.0442	5
固原	0.0574	6	0.0126	131	0.0448	3
贺州	0.0563	7	0.0190	40	0.0373	9
随州	0.0548	8	0.0163	76	0.0385	6

续表

城市	一级指标		二级指标			
	自然资产与环境压力		资源储量指标		环境压力指标	
	指数值	排 名	指数值	排名	指数值	排 名
张掖	0.0540	9	0.0098	194	0.0442	4
丽江	0.0524	10	0.0226	16	0.0298	14
周口	0.0511	11	0.0055	282	0.0456	2
张家界	0.0510	12	0.0204	31	0.0306	13
百色	0.0491	13	0.0227	15	0.0264	18
玉林	0.0487	14	0.0150	95	0.0337	11
乌兰察布	0.0487	15	0.0190	41	0.0297	15
黄山	0.0484	16	0.0338	2	0.0147	44
绥化	0.0476	17	0.0101	188	0.0375	8
江门	0.0470	18	0.0153	89	0.0317	12
清远	0.0453	19	0.0199	33	0.0253	20
崇左	0.0447	20	0.0196	37	0.0251	21
伊春	0.0432	21	0.0290	4	0.0143	47
普洱	0.0427	22	0.0260	7	0.0167	33
梧州	0.0412	23	0.0197	35	0.0215	23
防城港	0.0403	24	0.0214	25	0.0189	31
六安	0.0393	25	0.0119	148	0.0273	17
南平	0.0378	26	0.0235	12	0.0143	45
拉萨	0.0375	27	0.0252	8	0.0124	62
佳木斯	0.0373	28	0.0223	18	0.0150	42
临沧	0.0370	29	0.0207	30	0.0163	35
白城	0.0368	30	0.0217	22	0.0151	41
丽水	0.0363	31	0.0235	11	0.0128	60
雅安	0.0359	32	0.0220	19	0.0140	51
牡丹江	0.0359	33	0.0230	14	0.0129	58
商洛	0.0358	34	0.0152	92	0.0207	25
松原	0.0351	35	0.0210	28	0.0140	50
桂林	0.0348	36	0.0218	20	0.0130	57
河源	0.0345	37	0.0189	42	0.0156	39
开封	0.0343	38	0.0069	267	0.0274	16

续表

城市	一级指标		二级指标			
	自然资产与环境压力		资源储量指标		环境压力指标	
	指数值	排 名	指数值	排名	指数值	排 名
西安	0.0342	39	0.0112	162	0.0230	22
鄂尔多斯	0.0341	40	0.0266	5	0.0074	121
钦州	0.0336	41	0.0171	63	0.0165	34
汕尾	0.0333	42	0.0129	126	0.0204	26
怀化	0.0332	43	0.0212	27	0.0120	65
白山	0.0329	44	0.0225	17	0.0104	78
广元	0.0316	45	0.0159	82	0.0157	38
来宾	0.0315	46	0.0173	61	0.0142	48
十堰	0.0313	47	0.0180	48	0.0133	54
赤峰	0.0313	48	0.0150	94	0.0163	37
宜宾	0.0306	49	0.0116	156	0.0190	30
柳州	0.0305	50	0.0215	24	0.0090	93
永州	0.0302	51	0.0166	69	0.0136	53
三明	0.0298	52	0.0241	10	0.0057	165
承德	0.0298	53	0.0162	77	0.0136	52
本溪	0.0298	54	0.0264	6	0.0033	240
龙岩	0.0293	55	0.0217	21	0.0076	117
庆阳	0.0290	56	0.0094	208	0.0196	28
延安	0.0286	57	0.0123	144	0.0163	36
鸡西	0.0285	58	0.0133	118	0.0152	40
舟山	0.0284	59	0.0215	23	0.0069	131
吉安	0.0282	60	0.0196	38	0.0087	101
濮阳	0.0278	61	0.0078	247	0.0200	27
铜仁	0.0277	62	0.0147	98	0.0130	56
武威	0.0276	63	0.0068	269	0.0208	24
三亚	0.0271	64	0.0176	54	0.0095	87
邵阳	0.0271	65	0.0174	59	0.0097	84
陇南	0.0270	66	0.0097	198	0.0174	32
巴彦淖尔	0.0270	67	0.0160	79	0.0111	73
商丘	0.0265	68	0.0075	252	0.0190	29

续表

城市	一级指标		二级指标			
	自然资产与环境压力		资源储量指标		环境压力指标	
	指数值	排 名	指数值	排名	指数值	排 名
郴州	0.0264	69	0.0182	46	0.0083	106
通化	0.0264	70	0.0177	52	0.0087	100
赣州	0.0264	71	0.0197	34	0.0067	138
抚州	0.0262	72	0.0207	29	0.0055	171
通辽	0.0261	73	0.0155	87	0.0106	77
温州	0.0261	74	0.0148	97	0.0112	72
池州	0.0260	75	0.0185	45	0.0075	120
肇庆	0.0257	76	0.0203	32	0.0054	174
长沙	0.0256	77	0.0142	106	0.0115	69
茂名	0.0256	78	0.0133	117	0.0123	63
宁德	0.0254	79	0.0178	51	0.0077	115
南阳	0.0254	80	0.0111	163	0.0143	46
漳州	0.0253	81	0.0173	60	0.0080	111
韶关	0.0253	82	0.0213	26	0.0040	217
双鸭山	0.0250	83	0.0170	65	0.0080	112
东莞	0.0249	84	0.0245	9	0.0004	289
鹤岗	0.0249	85	0.0188	43	0.0062	149
景德镇	0.0249	86	0.0192	39	0.0057	167
保山	0.0248	87	0.0187	44	0.0062	148
宣城	0.0247	88	0.0174	58	0.0073	124
深圳	0.0246	89	0.0170	66	0.0077	116
丹东	0.0241	90	0.0166	71	0.0075	118
莆田	0.0238	91	0.0132	121	0.0107	75
大庆	0.0238	92	0.0124	138	0.0114	70
杭州	0.0237	93	0.0177	53	0.0060	156
汉中	0.0237	94	0.0145	102	0.0092	91
衢州	0.0237	95	0.0196	36	0.0041	212
七台河	0.0236	96	0.0175	56	0.0061	155
上饶	0.0235	97	0.0165	72	0.0070	129
揭阳	0.0235	98	0.0117	151	0.0117	67

续表

城市	一级指标		二级指标			
	自然资产与环境压力		资源储量指标		环境压力指标	
	指数值	排 名	指数值	排名	指数值	排 名
台州	0.0234	99	0.0149	96	0.0085	103
黄冈	0.0234	100	0.0124	134	0.0109	74
攀枝花	0.0233	101	0.0172	62	0.0061	151
鹰潭	0.0233	102	0.0175	55	0.0058	164
梅州	0.0230	103	0.0179	49	0.0050	185
咸宁	0.0229	104	0.0165	74	0.0065	147
齐齐哈尔	0.0228	105	0.0132	120	0.0096	86
金华	0.0228	106	0.0154	88	0.0074	122
信阳	0.0226	107	0.0105	177	0.0120	64
天水	0.0224	108	0.0095	202	0.0129	59
绵阳	0.0222	109	0.0145	101	0.0077	114
遵义	0.0221	110	0.0166	70	0.0055	170
铁岭	0.0221	111	0.0123	146	0.0098	81
云浮	0.0221	112	0.0167	68	0.0054	175
定西	0.0219	113	0.0094	205	0.0125	61
广州	0.0219	114	0.0152	91	0.0067	135
长春	0.0219	115	0.0129	125	0.0090	95
惠州	0.0218	116	0.0178	50	0.0040	218
毕节	0.0218	117	0.0135	115	0.0083	107
张家口	0.0216	118	0.0122	147	0.0094	89
三门峡	0.0216	119	0.0128	127	0.0088	96
阳江	0.0214	120	0.0160	80	0.0055	173
青岛	0.0214	121	0.0101	189	0.0114	71
株洲	0.0213	122	0.0174	57	0.0038	225
洛阳	0.0212	123	0.0114	160	0.0098	82
昆明	0.0211	124	0.0128	128	0.0084	105
儋州	0.0210	125	0.0143	105	0.0067	136
九江	0.0210	126	0.0170	64	0.0040	220
安顺	0.0210	127	0.0123	145	0.0087	98
南宁	0.0209	128	0.0168	67	0.0042	210

续表

城市	一级指标		二级指标			
	自然资产与环境压力		资源储量指标		环境压力指标	
	指数值	排 名	指数值	排名	指数值	排 名
遂宁	0.0208	129	0.0089	218	0.0119	66
宝鸡	0.0208	130	0.0141	109	0.0067	137
驻马店	0.0207	131	0.0067	272	0.0140	49
福州	0.0207	132	0.0142	107	0.0065	142
衡水	0.0207	133	0.0100	190	0.0107	76
亳州	0.0207	134	0.0060	279	0.0147	43
常德	0.0205	135	0.0137	113	0.0068	134
平凉	0.0205	136	0.0107	168	0.0097	83
潮州	0.0204	137	0.0139	111	0.0066	139
铜川	0.0203	138	0.0116	154	0.0087	99
哈尔滨	0.0202	139	0.0153	90	0.0050	190
吉林	0.0201	140	0.0151	93	0.0050	187
岳阳	0.0199	141	0.0134	116	0.0065	145
朝阳	0.0199	142	0.0129	124	0.0070	130
六盘水	0.0199	143	0.0181	47	0.0018	278
宜春	0.0199	144	0.0155	86	0.0043	205
北京	0.0198	145	0.0107	169	0.0090	94
安庆	0.0198	146	0.0107	170	0.0090	92
益阳	0.0197	147	0.0145	103	0.0052	178
南充	0.0197	148	0.0103	182	0.0093	90
宜昌	0.0194	149	0.0159	84	0.0035	235
抚顺	0.0192	150	0.0160	81	0.0032	241
呼和浩特	0.0192	151	0.0141	108	0.0050	183
萍乡	0.0189	152	0.0163	75	0.0025	263
泉州	0.0186	153	0.0157	85	0.0030	247
新乡	0.0186	154	0.0069	266	0.0117	68
阜阳	0.0186	155	0.0055	283	0.0131	55
阜新	0.0185	156	0.0104	178	0.0081	110
绍兴	0.0185	157	0.0139	110	0.0046	203
襄阳	0.0183	158	0.0131	122	0.0052	179

续表

城市	一级指标		二级指标			
	自然资产与环境压力		资源储量指标		环境压力指标	
	指数值	排 名	指数值	排名	指数值	排 名
合肥	0.0182	159	0.0094	206	0.0088	97
金昌	0.0180	160	0.0107	174	0.0073	123
保定	0.0179	161	0.0078	245	0.0101	79
烟台	0.0178	162	0.0109	165	0.0069	133
辽源	0.0176	163	0.0117	152	0.0059	160
咸阳	0.0175	164	0.0096	199	0.0079	113
泸州	0.0175	165	0.0136	114	0.0038	224
乐山	0.0173	166	0.0159	83	0.0014	281
白银	0.0173	167	0.0077	248	0.0096	85
滁州	0.0173	168	0.0104	179	0.0069	132
荆门	0.0172	169	0.0123	142	0.0049	194
玉溪	0.0172	170	0.0146	99	0.0026	256
吴忠	0.0172	171	0.0107	173	0.0065	144
衡阳	0.0171	172	0.0138	112	0.0034	239
四平	0.0170	173	0.0106	176	0.0065	146
贵港	0.0169	174	0.0116	157	0.0053	177
昭通	0.0169	175	0.0097	196	0.0072	125
宿州	0.0169	176	0.0083	238	0.0086	102
许昌	0.0168	177	0.0083	237	0.0085	104
锦州	0.0167	178	0.0072	259	0.0095	88
沧州	0.0166	179	0.0091	213	0.0075	119
重庆	0.0166	180	0.0124	140	0.0042	207
宁波	0.0165	181	0.0123	143	0.0042	208
珠海	0.0164	182	0.0125	133	0.0040	219
成都	0.0164	183	0.0099	192	0.0065	143
榆林	0.0164	184	0.0126	130	0.0038	226
克拉玛依	0.0163	185	0.0161	78	0.0003	290
盐城	0.0163	186	0.0081	241	0.0082	109
湖州	0.0163	187	0.0133	119	0.0030	246
曲靖	0.0162	188	0.0116	155	0.0046	202

续表

城市	一级指标		二级指标			
	自然资产与环境压力		资源储量指标		环境压力指标	
	指数值	排名	指数值	排名	指数值	排名
威海	0.0162	189	0.0124	136	0.0038	227
葫芦岛	0.0161	190	0.0096	201	0.0066	140
贵阳	0.0160	191	0.0145	100	0.0015	280
宿迁	0.0160	192	0.0088	225	0.0071	127
巴中	0.0159	193	0.0124	137	0.0035	233
娄底	0.0157	194	0.0131	123	0.0027	254
荆州	0.0157	195	0.0075	253	0.0082	108
秦皇岛	0.0156	196	0.0126	129	0.0030	245
辽阳	0.0156	197	0.0109	166	0.0047	198
焦作	0.0155	198	0.0090	216	0.0066	141
新余	0.0154	199	0.0144	104	0.0010	287
泰安	0.0153	200	0.0103	185	0.0050	184
朔州	0.0153	201	0.0103	184	0.0050	192
湛江	0.0151	202	0.0081	242	0.0070	128
湘潭	0.0150	203	0.0124	139	0.0026	255
厦门	0.0150	204	0.0124	135	0.0026	261
菏泽	0.0150	205	0.0089	222	0.0061	154
东营	0.0150	206	0.0093	210	0.0056	169
鞍山	0.0149	207	0.0123	141	0.0026	259
营口	0.0148	208	0.0118	150	0.0030	244
达州	0.0148	209	0.0113	161	0.0035	234
南昌	0.0147	210	0.0103	183	0.0044	204
聊城	0.0146	211	0.0087	228	0.0059	158
邢台	0.0146	212	0.0092	212	0.0054	176
济南	0.0146	213	0.0089	219	0.0056	168
德州	0.0145	214	0.0104	181	0.0042	209
海口	0.0145	215	0.0097	195	0.0048	197
铜陵	0.0145	216	0.0115	159	0.0030	248
马鞍山	0.0144	217	0.0119	149	0.0025	264
吕梁	0.0144	218	0.0107	172	0.0037	230

续表

城市	一级指标		二级指标			
	自然资产与环境压力		资源储量指标		环境压力指标	
	指数值	排 名	指数值	排名	指数值	排 名
长治	0.0144	219	0.0094	207	0.0050	188
盘锦	0.0143	220	0.0106	175	0.0037	229
南京	0.0143	221	0.0116	158	0.0027	253
眉山	0.0143	222	0.0125	132	0.0018	277
北海	0.0142	223	0.0101	186	0.0041	211
大连	0.0139	224	0.0110	164	0.0029	249
郑州	0.0138	225	0.0089	221	0.0050	191
徐州	0.0137	226	0.0086	230	0.0051	181
大同	0.0136	227	0.0078	246	0.0058	163
忻州	0.0136	228	0.0087	227	0.0049	193
济宁	0.0135	229	0.0089	220	0.0046	200
晋城	0.0135	230	0.0116	153	0.0018	276
淮安	0.0135	231	0.0073	256	0.0062	150
连云港	0.0134	232	0.0094	209	0.0040	214
邯郸	0.0134	233	0.0076	250	0.0058	162
运城	0.0134	234	0.0084	236	0.0050	186
石嘴山	0.0133	235	0.0107	171	0.0026	262
资阳	0.0132	236	0.0108	167	0.0024	267
阳泉	0.0131	237	0.0077	249	0.0055	172
平顶山	0.0131	238	0.0081	240	0.0050	189
沈阳	0.0131	239	0.0091	214	0.0040	215
廊坊	0.0131	240	0.0091	215	0.0041	213
石家庄	0.0130	241	0.0101	187	0.0029	250
鹤壁	0.0130	242	0.0087	226	0.0043	206
晋中	0.0130	243	0.0069	268	0.0061	152
淄博	0.0130	244	0.0104	180	0.0026	257
自贡	0.0130	245	0.0090	217	0.0040	216
广安	0.0129	246	0.0095	203	0.0034	238
漯河	0.0128	247	0.0028	290	0.0100	80
临汾	0.0127	248	0.0089	223	0.0039	221

续表

城市	一级指标		二级指标			
	自然资产与环境压力		资源储量指标		环境压力指标	
	指数值	排 名	指数值	排名	指数值	排 名
汕头	0.0127	249	0.0070	263	0.0057	166
泰州	0.0126	250	0.0067	273	0.0059	161
潍坊	0.0126	251	0.0067	275	0.0059	159
嘉峪关	0.0125	252	0.0086	229	0.0039	222
中山	0.0123	253	0.0062	278	0.0061	153
莱芜	0.0122	254	0.0100	191	0.0022	270
包头	0.0121	255	0.0086	231	0.0036	231
中卫	0.0121	256	0.0097	197	0.0024	265
海东	0.0120	257	0.0098	193	0.0022	271
渭南	0.0120	258	0.0073	255	0.0046	199
扬州	0.0119	259	0.0068	271	0.0052	180
唐山	0.0118	260	0.0096	200	0.0022	269
内江	0.0118	261	0.0084	235	0.0034	237
临沂	0.0117	262	0.0070	264	0.0048	196
滨州	0.0116	263	0.0093	211	0.0023	268
安阳	0.0114	264	0.0063	276	0.0051	182
镇江	0.0114	265	0.0095	204	0.0019	273
枣庄	0.0112	266	0.0067	274	0.0046	201
上海	0.0112	267	0.0052	284	0.0060	157
兰州	0.0112	268	0.0040	287	0.0072	126
芜湖	0.0110	269	0.0082	239	0.0028	252
乌鲁木齐	0.0109	270	0.0072	258	0.0037	228
银川	0.0109	271	0.0085	233	0.0024	266
孝感	0.0107	272	0.0059	280	0.0048	195
蚌埠	0.0107	273	0.0071	261	0.0036	232
嘉兴	0.0105	274	0.0073	257	0.0032	242
南通	0.0104	275	0.0076	251	0.0029	251
日照	0.0104	276	0.0069	265	0.0035	236
西宁	0.0103	277	0.0089	224	0.0014	282
太原	0.0101	278	0.0062	277	0.0038	223

续表

城市	一级指标		二级指标			
	自然资产与环境压力		资源储量指标		环境压力指标	
	指数值	排 名	指数值	排名	指数值	排 名
黄石	0.0098	279	0.0084	234	0.0014	283
无锡	0.0098	280	0.0085	232	0.0013	284
淮北	0.0097	281	0.0079	244	0.0017	279
德阳	0.0096	282	0.0071	262	0.0026	260
常州	0.0090	283	0.0072	260	0.0018	275
佛山	0.0089	284	0.0081	243	0.0009	288
淮南	0.0081	285	0.0055	281	0.0026	258
苏州	0.0078	286	0.0068	270	0.0010	286
天津	0.0066	287	0.0036	289	0.0031	243
武汉	0.0063	288	0.0042	286	0.0020	272
乌海	0.0059	289	0.0049	285	0.0010	285
鄂州	0.0055	290	0.0036	288	0.0019	274

注：1. 本表根据“中国城市绿色竞争力评价指标体系”中自然资产与环境压力的指数指标体系，依据各指标 2017 年数据测算而得。2. 本表各参评城市按照自然资产与环境压力指数从大到小排序；3. 本表一级指标“自然资产与环境压力”指数值为测算结果标准化处理后进行打分，得分越高，城市综合自然资产与环境压力越小；两个二级指标“资源储量”和“环境压力”指数值为标准化后进行逆处理，并且每个城市进行打分，分数越高，资源储量越大，环境压力越小。4. 本表测度结果保留 4 位小数，如果指数相同排名相同说明两市测算的指数完全一样，如果指数相同但排名不同则是小数点四舍五入的结果，说明指数值在小数点后 4 位之后有差异。5. 以上数据及排名根据《中国统计年鉴 2018》《2015 中国环境统计年报》《中国环境统计年鉴 2018》《中国城市统计年鉴 2018》《中国区域经济统计年鉴 2018》等测算。6. 为了便于后文进行比较分析，基于算数平均方法，我们测算出全国所有参评城市自然资产与环境压力指数的平均值为 0.0223。

从表 3–1 中可以看出，2017 年中国 290 个城市自然资产与环境压力测算中，指数值最高的是酒泉市，达到 0.0706，资源储量指数值为 0.0075，在所有城市中排名第 254，但环境压力指数值为 0.0631，在所有城市中排名第一，说明环境压力最小，生产生活中对环境破坏程度小；指数值最低的是鄂州市，仅为 0.0055，在资源储备以及环境治理保护上压力较大。在 290 个城市中，有 108 个城市自然资产与环境压力指数值高出或等于全国平均水平。排在前 20 位的城市依次是：酒泉、黑河、呼伦贝尔、河池、安康、固原、贺州、随州、张掖、丽江、周口、张家界、百色、玉林、乌兰察布、黄山、绥化、江门、清远、崇左。其中，资源储量指标排名前20位的城市依次是：呼伦贝尔、黄山、黑河、伊春、鄂尔多斯、本溪、普洱、拉萨、东莞、三明、丽水、南平、河池、牡丹江、百色、丽江、白山、佳木斯、雅安、桂林；环境压力指标排名前20位的城市依次是：酒泉、周口、固原、张掖、安康、随州、河池、绥化、贺州、黑河、玉林、江门、张家界、丽江、乌兰察布、开封、六安、百色、呼伦贝尔、清远。2017年中国290个城市自然资产与环境压力排名前20位和后20位的具体情况如图3–1所示。

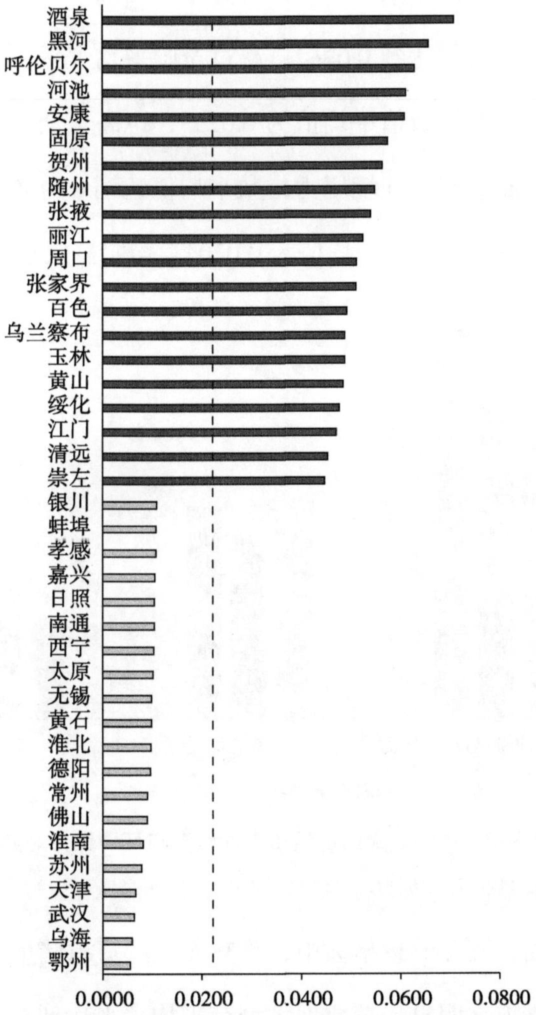

图3–1　中国城市自然资产与环境压力排名前20位和后20位的城市

注：本图根据表3–1制作。指数值由高到低排列，虚线表示所有参评城市自然资产与环境压力的平均值0.0223。

根据表 3–1 和图 3–1，下面进一步从城市自然资产与环境压力区域间差异、区域内差异以及 2017 年中国城市绿色竞争力指数与城市自然资产与环境压力的相关关系三个方面进行分析。

（一）城市自然资产与环境压力区域间差异分析

自然资产与环境压力具有西部、东北地区城市明显好于东部地区和中部城市的地域分化格局。具体如图 3–2 所示。其中，西部地区参评城市的自然资产与环境压力指数值平均值达到 0.0262，超过全国平均水平；东北地区参评城市的自然资产与环境压力指数值平均值为 0.0253，也高于全国平均水平；而东部地区参评城市的自然资产与环境压力指数平均值达到 0.0189，中部地区参评城市的自然资产与环境压力指数平均值为 0.0204，均明显低于全国平均水平。

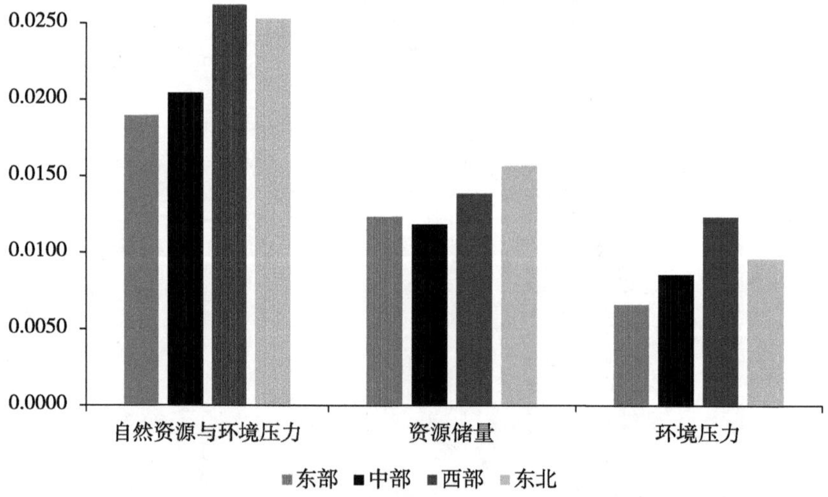

图 3–2　中国四大区域城市自然资产与环境压力对照图

注：本图数据为四大区域中各城市指数值的算数平均值。

二级指标方面，资源储量指标中，除东北地区资源储量比较高外，其他三个区域的差别并不那么明显，东北地区城市平均水平达到 0.0133，位居首位，高于全国平均水平（0.0109）；西部城市平均水平略高于全国平均水平，达到

0.0112；东部地区城市与全国平均水平一致，中部地区城市平均水平低于全国平均水平，为0.0094。

环境压力指标中，西部城市平均水平为0.0111，高于其他区域，环境压力最小。东北地区城市平均水平达到0.0069，中部城市平均水平为0.0073，而东部城市平均水平为0.0065，环境压力最大，且低于全国平均水平。

（二）城市自然资产与环境压力区域内差异分析

城市自然资产与环境压力在区域间呈现西部城市较好，东北地区城市次之，东部、中部城市较弱的局面，区域内部各城市之间的差异较为明显，存在地区间的不平衡。

1. 东部地区自然资产与环境压力指数及排名

2017年中国东部地区城市自然资产与环境压力指数及排名如表3–2所示。

表3–2　中国东部地区城市自然资产与环境压力指数及排名

城市	指数值	整体排名	区域内排名	城市	指数值	整体排名	区域内排名
江门	0.0470	18	1	盐城	0.0163	186	45
清远	0.0453	19	2	湖州	0.0163	187	46
南平	0.0378	26	3	威海	0.0162	189	47
丽水	0.0363	31	4	宿迁	0.0160	192	48
河源	0.0345	37	5	秦皇岛	0.0156	196	49
汕尾	0.0333	42	6	泰安	0.0153	200	50
三明	0.0298	52	7	湛江	0.0151	202	51
承德	0.0298	53	8	厦门	0.0150	204	52
龙岩	0.0293	55	9	菏泽	0.0150	205	53
舟山	0.0284	59	10	东营	0.0150	206	54
三亚	0.0271	64	11	聊城	0.0146	211	55
温州	0.0261	74	12	邢台	0.0146	212	56
肇庆	0.0257	76	13	济南	0.0146	213	57
茂名	0.0256	78	14	德州	0.0145	214	58

续表

城市	指数值	整体排名	区域内排名	城市	指数值	整体排名	区域内排名
宁德	0.0254	79	15	海口	0.0145	215	59
漳州	0.0253	81	16	南京	0.0143	221	60
韶关	0.0253	82	17	徐州	0.0137	226	61
东莞	0.0249	84	18	济宁	0.0135	229	62
深圳	0.0246	89	19	淮安	0.0135	231	63
莆田	0.0238	91	20	连云港	0.0134	232	64
杭州	0.0237	93	21	邯郸	0.0134	233	65
衢州	0.0237	95	22	廊坊	0.0131	240	66
揭阳	0.0235	98	23	石家庄	0.0130	241	67
台州	0.0234	99	24	淄博	0.0130	244	68
梅州	0.0230	103	25	汕头	0.0127	249	69
金华	0.0228	106	26	泰州	0.0126	250	70
云浮	0.0221	112	27	潍坊	0.0126	251	71
广州	0.0219	114	28	中山	0.0123	253	72
惠州	0.0218	116	29	莱芜	0.0122	254	73
张家口	0.0216	118	30	扬州	0.0119	259	74
阳江	0.0214	120	31	唐山	0.0118	260	75
青岛	0.0214	121	32	临沂	0.0117	262	76
儋州	0.0210	125	33	滨州	0.0116	263	77
福州	0.0207	132	34	镇江	0.0114	265	78
衡水	0.0207	133	35	枣庄	0.0112	266	79
潮州	0.0204	137	36	上海	0.0112	267	80
北京	0.0198	145	37	嘉兴	0.0105	274	81
泉州	0.0186	153	38	南通	0.0104	275	82
绍兴	0.0185	157	39	日照	0.0104	276	83
保定	0.0179	161	40	无锡	0.0098	280	84
烟台	0.0178	162	41	常州	0.0090	283	85
沧州	0.0166	179	42	佛山	0.0089	284	86
宁波	0.0165	181	43	苏州	0.0078	286	87
珠海	0.0164	182	44	天津	0.0066	287	88

注：根据表 3-1 整理。

东部地区参评的88个城市中，没有城市排进所有参评城市的前10位。江门以0.0470的指数值位居所有参评城市第一位。东部有26个城市高于全国平均水平，占东部参评城市的29.5%。而东部的其余62个城市的自然资产与环境压力指数值低于全国平均水平，其中天津以0.0066的指数值位居所有参评城市的最后一位。东部大部分城市自然资产与环境压力水平位居全国中游和下游，需要着力改善。

2. 中部地区城市自然资产与环境压力指数及排名

2017年中国中部地区城市自然资产与环境压力指数及排名如表3–3所示。

表3–3 中国中部地区城市自然资产与环境压力指数及排名

城市	指数值	整体排名	区域内排名	城市	指数值	整体排名	区域内排名
随州	0.0548	8	1	阜阳	0.0186	155	41
周口	0.0511	11	2	襄阳	0.0183	158	42
张家界	0.0510	12	3	合肥	0.0182	159	43
黄山	0.0484	16	4	滁州	0.0173	168	44
六安	0.0393	25	5	荆门	0.0172	169	45
开封	0.0343	38	6	衡阳	0.0171	172	46
怀化	0.0332	43	7	宿州	0.0169	176	47
十堰	0.0313	47	8	许昌	0.0168	177	48
永州	0.0302	51	9	娄底	0.0157	194	49
吉安	0.0282	60	10	荆州	0.0157	195	50
濮阳	0.0278	61	11	焦作	0.0155	198	51
邵阳	0.0271	65	12	新余	0.0154	199	52
商丘	0.0265	68	13	朔州	0.0153	201	53
郴州	0.0264	69	14	湘潭	0.0150	203	54
赣州	0.0264	71	15	南昌	0.0147	210	55
抚州	0.0262	72	16	铜陵	0.0145	216	56
池州	0.0260	75	17	马鞍山	0.0144	217	57
长沙	0.0256	77	18	吕梁	0.0144	218	58
南阳	0.0254	80	19	长治	0.0144	219	59
景德镇	0.0249	86	20	郑州	0.0138	225	60

续表

城市	指数值	整体排名	区域内排名	城市	指数值	整体排名	区域内排名
宣城	0.0247	88	21	大同	0.0136	227	61
上饶	0.0235	97	22	忻州	0.0136	228	62
黄冈	0.0234	100	23	晋城	0.0135	230	63
鹰潭	0.0233	102	24	运城	0.0134	234	64
咸宁	0.0229	104	25	阳泉	0.0131	237	65
信阳	0.0226	107	26	平顶山	0.0131	238	66
三门峡	0.0216	119	27	鹤壁	0.0130	242	67
株洲	0.0213	122	28	晋中	0.0130	243	68
洛阳	0.0212	123	29	漯河	0.0128	247	69
九江	0.0210	126	30	临汾	0.0127	248	70
驻马店	0.0207	131	31	安阳	0.0114	264	71
亳州	0.0207	134	32	芜湖	0.0110	269	72
常德	0.0205	135	33	孝感	0.0107	272	73
岳阳	0.0199	141	34	蚌埠	0.0107	273	74
宜春	0.0199	144	35	太原	0.0101	278	75
安庆	0.0198	146	36	黄石	0.0098	279	76
益阳	0.0197	147	37	淮北	0.0097	281	77
宜昌	0.0194	149	38	淮南	0.0081	285	78
萍乡	0.0189	152	39	武汉	0.0063	288	79
新乡	0.0186	154	40	鄂州	0.0055	290	80

注：根据表 3-1 整理。

中部地区参评的 80 个城市中，只有随州一个市位居所有参评城市的前 10 位。整个中部地区有 26 个城市自然资产与环境压力指数值高于全国平均水平，剩下的 54 个城市自然资产与环境压力指数值均低于全国平均水平，其中鄂州以 0.0055 的指数值位居所有中部地区参评城市的最后一位，中部大部分城市自然资产与环境压力指数值在全国排名靠后。

3. 西部地区城市自然资产与环境压力指数及排名

2017 年中国西部地区城市自然资产与环境压力指数及排名如表 3-4 所示。

表 3-4　中国西部地区城市自然资产与环境压力指数及排名

城市	指数值	整体排名	区域内排名	城市	指数值	整体排名	区域内排名
酒泉	0.0706	1	1	安顺	0.0210	127	45
呼伦贝尔	0.0627	3	2	南宁	0.0209	128	46
河池	0.0610	4	3	遂宁	0.0208	129	47
安康	0.0607	5	4	宝鸡	0.0208	130	48
固原	0.0574	6	5	平凉	0.0205	136	49
贺州	0.0563	7	6	铜川	0.0203	138	50
张掖	0.0540	9	7	六盘水	0.0199	143	51
丽江	0.0524	10	8	南充	0.0197	148	52
百色	0.0491	13	9	呼和浩特	0.0192	151	53
玉林	0.0487	14	10	金昌	0.0180	160	54
乌兰察布	0.0487	15	11	咸阳	0.0175	164	55
崇左	0.0447	20	12	泸州	0.0175	165	56
普洱	0.0427	22	13	乐山	0.0173	166	57
梧州	0.0412	23	14	白银	0.0173	167	58
防城港	0.0403	24	15	玉溪	0.0172	170	59
拉萨	0.0375	27	16	吴忠	0.0172	171	60
临沧	0.0370	29	17	贵港	0.0169	174	61
雅安	0.0359	32	18	昭通	0.0169	175	62
商洛	0.0358	34	19	重庆	0.0166	180	63
桂林	0.0348	36	20	成都	0.0164	183	64
西安	0.0342	39	21	榆林	0.0164	184	65
鄂尔多斯	0.0341	40	22	克拉玛依	0.0163	185	66
钦州	0.0336	41	23	曲靖	0.0162	188	67
广元	0.0316	45	24	贵阳	0.0160	191	68
来宾	0.0315	46	25	巴中	0.0159	193	69
赤峰	0.0313	48	26	达州	0.0148	209	70
宜宾	0.0306	49	27	眉山	0.0143	222	71
柳州	0.0305	50	28	北海	0.0142	223	72
庆阳	0.0290	56	29	石嘴山	0.0133	235	73
延安	0.0286	57	30	资阳	0.0132	236	74
铜仁	0.0277	62	31	自贡	0.0130	245	75
武威	0.0276	63	32	广安	0.0129	246	76

续表

城市	指数值	整体排名	区域内排名	城市	指数值	整体排名	区域内排名
陇南	0.0270	66	33	嘉峪关	0.0125	252	77
巴彦淖尔	0.0270	67	34	包头	0.0121	255	78
通辽	0.0261	73	35	中卫	0.0121	256	79
保山	0.0248	87	36	海东	0.0120	257	80
汉中	0.0237	94	37	渭南	0.0120	258	81
攀枝花	0.0233	101	38	内江	0.0118	261	82
天水	0.0224	108	39	兰州	0.0112	268	83
绵阳	0.0222	109	40	乌鲁木齐	0.0109	270	84
遵义	0.0221	110	41	银川	0.0109	271	85
定西	0.0219	113	42	西宁	0.0103	277	86
毕节	0.0218	117	43	德阳	0.0096	282	87
昆明	0.0211	124	44	乌海	0.0059	289	88

注：根据表 3–1 整理。

西部地区参评的 88 个城市中，有 8 个城市位居所有参评城市的前 10 位，分别是酒泉、呼伦贝尔、河池、安康、固原、贺州、张掖、丽江，占西部参评城市的 9.09%，西部地区共有 39 个城市的自然资产与环境压力指数值均高于全国平均水平。而西部的绵阳、遵义和定西等 49 个城市的自然资产与环境压力指数值均低于全国平均水平，其中乌海以 0.0059 的指数值位居所有西部地区参评城市的最后一位。西部地区有近一半的城市自然资产与环境压力指数值位居全国上游。

4. 东北地区城市自然资产与环境压力指数及排名

2017 年中国东北地区城市自然资产与环境压力指数及排名如表 3–5 所示。

表 3–5 中国东北地区城市自然资产与环境压力指数及排名

城市	指数值	整体排名	区域内排名	城市	指数值	整体排名	区域内排名
黑河	0.0655	2	1	铁岭	0.0221	111	18
绥化	0.0476	17	2	长春	0.0219	115	19
伊春	0.0432	21	3	哈尔滨	0.0202	139	20

续表

城市	指数值	整体排名	区域内排名	城市	指数值	整体排名	区域内排名
佳木斯	0.0373	28	4	吉林	0.0201	140	21
白城	0.0368	30	5	朝阳	0.0199	142	22
牡丹江	0.0359	33	6	抚顺	0.0192	150	23
松原	0.0351	35	7	阜新	0.0185	156	24
白山	0.0329	44	8	辽源	0.0176	163	25
本溪	0.0298	54	9	四平	0.0170	173	26
鸡西	0.0285	58	10	锦州	0.0167	178	27
通化	0.0264	70	11	葫芦岛	0.0161	190	28
双鸭山	0.0250	83	12	辽阳	0.0156	197	29
鹤岗	0.0249	85	13	鞍山	0.0149	207	30
丹东	0.0241	90	14	营口	0.0148	208	31
大庆	0.0238	92	15	盘锦	0.0143	220	32
七台河	0.0236	96	16	大连	0.0139	224	33
齐齐哈尔	0.0228	105	17	沈阳	0.0131	239	34

注：根据表 3-1 整理。

东北地区参评的 34 个城市中，黑河市自然资产与环境压力指数值排名所有参评城市中的第 2，是区域内指数值最高的参评城市。绥化、伊春、佳木斯等 17 个城市的自然资产与环境压力指数值也高于全国平均水平，占整个东北地区的 50.0%。而铁岭、长春、哈尔滨等 17 个城市的自然资产与环境压力指数值低于全国平均水平，其中沈阳以 0.0131 的指数值位居东北地区参评城市的最后一位。东北地区自然资产与环境压力指数值位居全国中上游的偏多。

（三）城市自然资产与环境压力对中国城市绿色竞争力的影响分析

对比 2017 中国城市绿色竞争力发展指数与城市自然资产与环境压力指数后发现，290 个参评城市中，有 158 个自然资产与环境压力指数值排名高于中国城市绿色竞争力发展指数值排名，这表明这些城市自然资产禀赋的丰裕以及相对较小的环境压力推高了城市整体绿色发展水平，如伊春、鸡西、牡丹江等；有 131 个城市自然资产与环境压力指数值排名低于中国城市绿色竞争力发展指数排名，这表明这些城市自然资产的匮乏、环境压力较大，不足以支撑城市整体绿色发展，如苏州、天津、武汉、上海等；而孝感市的自然资产与环境压力指数值排名与中国城市绿色竞争力排名相同，城市自然资源禀赋条件以及适中的环境压力与城市绿色发展水平一致。

从影响的程度看，城市自然资产与环境压力与中国城市绿色竞争力发展指数排名差异较大（超过 50 名）的城市有 204 个，如表 3–6 所示，如北京、上海、苏州和广州等。这表明这些城市的自然资产禀赋与环境保护能力对绿色发展指数总排名影响明显，竞争力受到明显制约与影响；其中，苏州市的排名差异最大，其自然资产与环境压力指数值排名位居所有参评城市第 286 位，但其绿色竞争力发展指数排在第 13 位，名次变化达到 273 位。有 86 个城市排名差异较小或者排名没有变化（50 名以内），如锦州、六盘水、新乡、吕梁等，这表明这些城市的资源禀赋及环境保护潜力对绿色竞争力发展指数总排名影响不明显。

表 3–6　中国城市绿色竞争力指数排名与城市自然资产与环境压力指数排名差异超过 50 位的城市

城市	绿色竞争力排名	自然资产与环境压力排名	位次变化	城市	绿色竞争力排名	自然资产与环境压力排名	位次变化
玉林	64	14	50	哈尔滨	87	139	–52
保定	211	161	50	嘉峪关	200	252	–52
盘锦	275	220	55	儋州	71	125	–54
桂林	92	36	56	德阳	226	282	–56
阳江	177	120	57	三亚	4	64	–60
衡水	190	133	57	榆林	119	184	–65
九江	184	126	58	台州	32	99	–67
昭通	234	175	59	克拉玛依	118	185	–67
拉萨	89	27	62	金华	37	106	–69

续表

城市	绿色竞争力排名	自然资产与环境压力排名	位次变化	城市	绿色竞争力排名	自然资产与环境压力排名	位次变化
池州	138	75	63	连云港	161	232	−71
韶关	145	82	63	临沂	191	262	−71
白银	230	167	63	长沙	5	77	−72
铜川	202	138	64	长春	42	115	−73
咸宁	170	104	66	东莞	10	84	−74
荆门	235	169	66	黄石	204	279	−75
巴彦淖尔	134	67	67	乌海	214	289	−75
信阳	174	107	67	晋中	167	243	−76
鞍山	277	207	70	淮安	153	231	−78
亳州	205	134	71	南宁	49	128	−79
遂宁	201	129	72	昆明	43	124	−81
宜昌	221	149	72	湘潭	122	203	−81
汕尾	115	42	73	杭州	11	93	−82
营口	282	208	74	秦皇岛	113	196	−83
呼伦贝尔	79	3	76	新余	116	199	−83
通辽	149	73	76	深圳	1	89	−88
咸阳	240	164	76	成都	93	183	−90
宿州	252	176	76	枣庄	168	266	−98
金昌	237	160	77	泰安	101	200	−99
三门峡	198	119	79	重庆	80	180	−100
泸州	244	165	79	贵阳	91	191	−100
吴忠	250	171	79	盐城	82	186	−104
葫芦岛	269	190	79	呼和浩特	45	151	−106
荆州	274	195	79	济宁	121	229	−108
辽阳	276	197	79	福州	23	132	−109
达州	289	209	80	沧州	70	179	−109
百色	95	13	82	广州	3	114	−111
平凉	218	136	82	青岛	7	121	−114
周口	94	11	83	泉州	36	153	−117
河源	120	37	83	绍兴	38	157	−119
钦州	124	41	83	许昌	56	177	−121

续表

城市	绿色竞争力排名	自然资产与环境压力排名	位次变化	城市	绿色竞争力排名	自然资产与环境压力排名	位次变化
吉安	143	60	83	日照	154	276	-122
怀化	127	43	84	徐州	100	226	-126
阜阳	239	155	84	烟台	35	162	-127
酒泉	88	1	87	马鞍山	90	217	-127
宝鸡	217	130	87	湖州	59	187	-128
赣州	159	71	88	唐山	132	260	-128
张家口	206	118	88	淮北	151	281	-130
揭阳	187	98	89	南昌	78	210	-132
张掖	99	9	90	铜陵	83	216	-133
襄阳	248	158	90	合肥	24	159	-135
濮阳	152	61	91	汕头	107	249	-142
云浮	203	112	91	北京	2	145	-143
乐山	257	166	91	莱芜	110	254	-144
四平	264	173	91	银川	126	271	-145
贵港	266	174	92	西宁	129	277	-148
黄冈	194	100	94	沈阳	86	239	-153
开封	133	38	95	滨州	106	263	-157
阜新	251	156	95	蚌埠	112	273	-161
巴中	288	193	95	宁波	18	181	-163
随州	104	8	96	郑州	62	225	-163
丽江	108	10	98	北海	58	223	-165
松原	135	35	100	廊坊	73	240	-167
南阳	180	80	100	石家庄	74	241	-167
商丘	169	68	101	淄博	76	244	-168
梧州	125	23	102	大连	55	224	-169
庆阳	158	56	102	珠海	12	182	-170
六安	128	25	103	太原	105	278	-173
通化	173	70	103	威海	15	189	-174
雅安	140	32	108	厦门	28	204	-176
延安	171	57	114	济南	33	213	-180
萍乡	267	152	115	泰州	65	250	-185

续表

城市	绿色竞争力排名	自然资产与环境压力排名	位次变化	城市	绿色竞争力排名	自然资产与环境压力排名	位次变化
清远	136	19	117	潍坊	66	251	−185
宜宾	166	49	117	东营	20	206	−186
丹东	207	90	117	海口	26	215	−189
天水	227	108	119	南通	81	275	−194
绥化	139	17	122	兰州	63	268	−205
吉林	263	140	123	南京	14	221	−207
商洛	163	34	129	扬州	52	259	−207
朝阳	271	142	129	芜湖	60	269	−209
来宾	176	46	130	乌鲁木齐	61	270	−209
承德	183	53	130	包头	31	255	−224
广元	178	45	133	常州	51	283	−232
抚顺	283	150	133	中山	19	253	−234
定西	247	113	134	佛山	50	284	−234
七台河	232	96	136	镇江	30	265	−235
肇庆	215	76	139	嘉兴	34	274	−240
南充	287	148	139	上海	6	267	−261
保山	229	87	142	无锡	16	280	−264
赤峰	192	48	144	武汉	22	288	−266
汉中	238	94	144	天津	17	287	−270
黑河	148	2	146	苏州	13	286	−273
十堰	193	47	146				
永州	197	51	146				
白城	181	30	151				
本溪	209	54	155				
铁岭	270	111	159				
邵阳	228	65	163				
武威	231	63	168				
崇左	189	20	169				
上饶	268	97	171				
河池	179	4	175				
齐齐哈尔	281	105	176				

续表

城市	绿色竞争力排名	自然资产与环境压力排名	位次变化	城市	绿色竞争力排名	自然资产与环境压力排名	位次变化
抚州	249	72	177				
临沧	208	29	179				
白山	225	44	181				
普洱	210	22	188				
佳木斯	220	28	192				
双鸭山	280	83	197				
鹤岗	285	85	200				
陇南	286	66	220				
牡丹江	258	33	225				
鸡西	284	58	226				
伊春	290	21	269				

注：1. 本表根据表 1-3 和表 3-1 整理。2. 表中排名差异为城市绿色竞争力指数排名与自然资产与环境压力指数排名之差，正值表示自然资产与环境压力指数较之于城市绿色竞争力指数进步的名次，负值表示自然资产与环境压力指数较之于城市绿色竞争力指数退后的名次。

二、城市自然资产与环境压力比较分析

城市自然资产与环境压力占 2017 中国城市绿色竞争力发展指数总权重的 20%，共由 12 个三级指标构成，包含 4 个正指标和 8 个逆指标。

（一）城市资源储量指标比较

城市资源储量指标占总体权重的 6.67%，相对于环境压力指标，该指标对自然资产与环境压力的贡献很小。从指标结构上看，资源储量指标只包括 4 个三级指标，但是均为正指标。

表 3-7　资源储量三级指标、权重及指标属性

指标序号	指标	权重	指标属性
12	人均耕地面积	1.667%	正
13	人均水资源量	1.667%	正
14	人均绿地面积	1.667%	正
15	森林覆盖率	1.667%	正

注：本表内容由本报告课题组召开的多次研讨会确定。

在对三级指标的原始数据进行标准化处理的基础上，我们得到 2017 年中国 290 个城市资源储量指标指数及其排名情况，如表 3-8 所示。

表 3-8　中国 290 个城市资源储量指数及排名

城市	资源储量指标		城市	资源储量指标		城市	资源储量指标	
	指数值	排名		指数值	排名		指数值	排名
呼伦贝尔	0.0367	1	铜仁	0.0147	98	昭通	0.0097	196
黄山	0.0338	2	玉溪	0.0146	99	中卫	0.0097	197
黑河	0.0307	3	贵阳	0.0145	100	陇南	0.0097	198
伊春	0.0290	4	绵阳	0.0145	101	咸阳	0.0096	199
鄂尔多斯	0.0266	5	汉中	0.0145	102	唐山	0.0096	200
本溪	0.0264	6	益阳	0.0145	103	葫芦岛	0.0096	201
普洱	0.0260	7	新余	0.0144	104	天水	0.0095	202
拉萨	0.0252	8	儋州	0.0143	105	广安	0.0095	203
东莞	0.0245	9	长沙	0.0142	106	镇江	0.0095	204
三明	0.0241	10	福州	0.0142	107	定西	0.0094	205
丽水	0.0235	11	呼和浩特	0.0141	108	合肥	0.0094	206
南平	0.0235	12	宝鸡	0.0141	109	长治	0.0094	207
河池	0.0230	13	绍兴	0.0139	110	庆阳	0.0094	208
牡丹江	0.0230	14	潮州	0.0139	111	连云港	0.0094	209
百色	0.0227	15	衡阳	0.0138	112	东营	0.0093	210
丽江	0.0226	16	常德	0.0137	113	滨州	0.0093	211
白山	0.0225	17	泸州	0.0136	114	邢台	0.0092	212
佳木斯	0.0223	18	毕节	0.0135	115	沧州	0.0091	213
雅安	0.0220	19	岳阳	0.0134	116	沈阳	0.0091	214
桂林	0.0218	20	茂名	0.0133	117	廊坊	0.0091	215

续表

城市	资源储量指标		城市	资源储量指标		城市	资源储量指标	
	指数值	排名		指数值	排名		指数值	排名
龙岩	0.0217	21	鸡西	0.0133	118	焦作	0.0090	216
白城	0.0217	22	湖州	0.0133	119	自贡	0.0090	217
舟山	0.0215	23	齐齐哈尔	0.0132	120	遂宁	0.0089	218
柳州	0.0215	24	莆田	0.0132	121	济南	0.0089	219
防城港	0.0214	25	襄阳	0.0131	122	济宁	0.0089	220
韶关	0.0213	26	娄底	0.0131	123	郑州	0.0089	221
怀化	0.0212	27	朝阳	0.0129	124	菏泽	0.0089	222
松原	0.0210	28	长春	0.0129	125	临汾	0.0089	223
抚州	0.0207	29	汕尾	0.0129	126	西宁	0.0089	224
临沧	0.0207	30	三门峡	0.0128	127	宿迁	0.0088	225
张家界	0.0204	31	昆明	0.0128	128	鹤壁	0.0087	226
肇庆	0.0203	32	秦皇岛	0.0126	129	忻州	0.0087	227
清远	0.0199	33	榆林	0.0126	130	聊城	0.0087	228
赣州	0.0197	34	固原	0.0126	131	嘉峪关	0.0086	229
梧州	0.0197	35	眉山	0.0125	132	徐州	0.0086	230
衢州	0.0196	36	珠海	0.0125	133	包头	0.0086	231
崇左	0.0196	37	黄冈	0.0124	134	无锡	0.0085	232
吉安	0.0196	38	厦门	0.0124	135	银川	0.0085	233
景德镇	0.0192	39	威海	0.0124	136	黄石	0.0084	234
贺州	0.0190	40	巴中	0.0124	137	内江	0.0084	235
乌兰察布	0.0190	41	大庆	0.0124	138	运城	0.0084	236
河源	0.0189	42	湘潭	0.0124	139	许昌	0.0083	237
鹤岗	0.0188	43	重庆	0.0124	140	宿州	0.0083	238
保山	0.0187	44	鞍山	0.0123	141	芜湖	0.0082	239
池州	0.0185	45	荆门	0.0123	142	平顶山	0.0081	240
郴州	0.0182	46	宁波	0.0123	143	盐城	0.0081	241
六盘水	0.0181	47	延安	0.0123	144	湛江	0.0081	242
十堰	0.0180	48	安顺	0.0123	145	佛山	0.0081	243
梅州	0.0179	49	铁岭	0.0123	146	淮北	0.0079	244
惠州	0.0178	50	张家口	0.0122	147	保定	0.0078	245
宁德	0.0178	51	六安	0.0119	148	大同	0.0078	246

续表

城市	资源储量指标		城市	资源储量指标		城市	资源储量指标	
	指数值	排名		指数值	排名		指数值	排名
通化	0.0177	52	马鞍山	0.0119	149	濮阳	0.0078	247
杭州	0.0177	53	营口	0.0118	150	白银	0.0077	248
三亚	0.0176	54	揭阳	0.0117	151	阳泉	0.0077	249
鹰潭	0.0175	55	辽源	0.0117	152	邯郸	0.0076	250
七台河	0.0175	56	晋城	0.0116	153	南通	0.0076	251
株洲	0.0174	57	铜川	0.0116	154	商丘	0.0075	252
宣城	0.0174	58	曲靖	0.0116	155	荆州	0.0075	253
邵阳	0.0174	59	宜宾	0.0116	156	酒泉	0.0075	254
漳州	0.0173	60	贵港	0.0116	157	渭南	0.0073	255
来宾	0.0173	61	南京	0.0116	158	淮安	0.0073	256
攀枝花	0.0172	62	铜陵	0.0115	159	嘉兴	0.0073	257
钦州	0.0171	63	洛阳	0.0114	160	乌鲁木齐	0.0072	258
九江	0.0170	64	达州	0.0113	161	锦州	0.0072	259
双鸭山	0.0170	65	西安	0.0112	162	常州	0.0072	260
深圳	0.0170	66	南阳	0.0111	163	蚌埠	0.0071	261
南宁	0.0168	67	大连	0.0110	164	德阳	0.0071	262
云浮	0.0167	68	烟台	0.0109	165	汕头	0.0070	263
永州	0.0166	69	辽阳	0.0109	166	临沂	0.0070	264
遵义	0.0166	70	资阳	0.0108	167	日照	0.0069	265
丹东	0.0166	71	平凉	0.0107	168	新乡	0.0069	266
上饶	0.0165	72	北京	0.0107	169	开封	0.0069	267
安康	0.0165	73	安庆	0.0107	170	晋中	0.0069	268
咸宁	0.0165	74	石嘴山	0.0107	171	武威	0.0068	269
萍乡	0.0163	75	吕梁	0.0107	172	苏州	0.0068	270
随州	0.0163	76	吴忠	0.0107	173	扬州	0.0068	271
承德	0.0162	77	金昌	0.0107	174	驻马店	0.0067	272
克拉玛依	0.0161	78	盘锦	0.0106	175	泰州	0.0067	273
巴彦淖尔	0.0160	79	四平	0.0106	176	枣庄	0.0067	274
阳江	0.0160	80	信阳	0.0105	177	潍坊	0.0067	275
抚顺	0.0160	81	阜新	0.0104	178	安阳	0.0063	276
广元	0.0159	82	滁州	0.0104	179	太原	0.0062	277

续表

城市	资源储量指标		城市	资源储量指标		城市	资源储量指标	
	指数值	排名		指数值	排名		指数值	排名
乐山	0.0159	83	淄博	0.0104	180	中山	0.0062	278
宜昌	0.0159	84	德州	0.0104	181	亳州	0.0060	279
泉州	0.0157	85	南充	0.0103	182	孝感	0.0059	280
宜春	0.0155	86	南昌	0.0103	183	淮南	0.0055	281
通辽	0.0155	87	朔州	0.0103	184	周口	0.0055	282
金华	0.0154	88	泰安	0.0103	185	阜阳	0.0055	283
江门	0.0153	89	北海	0.0101	186	上海	0.0052	284
哈尔滨	0.0153	90	石家庄	0.0101	187	乌海	0.0049	285
广州	0.0152	91	绥化	0.0101	188	武汉	0.0042	286
商洛	0.0152	92	青岛	0.0101	189	兰州	0.0040	287
吉林	0.0151	93	衡水	0.0100	190	鄂州	0.0036	288
赤峰	0.0150	94	莱芜	0.0100	191	天津	0.0036	289
玉林	0.0150	95	成都	0.0099	192	漯河	0.0028	290
台州	0.0149	96	海东	0.0098	193			
温州	0.0148	97	张掖	0.0098	194			

注：本表数据及排名根据《中国统计年鉴 2018》《2015 中国环境统计年报》《中国环境统计年鉴 2018》《中国城市统计年鉴 2018》等测算。

从表 3–8 可以看出，全国 290 个城市的资源储量指标测算结果介于 0.0028 ~ 0.0367 之间，总体差距并不大。其中指数值高于或等于全国平均水平 0.0131 的城市有 123 个，占全部参评城市的 42.41%。其中前 20 位的城市分别为、呼伦贝尔、黄山、黑河、伊春、鄂尔多斯、本溪、普洱、拉萨、东莞、三明、丽水、南平、河池、牡丹江、百色、丽江、白山、佳木斯、雅安、桂林，并有 167 个城市的资源储量指标指数值低于全部参评城市资源储量指标指数值平均水平。

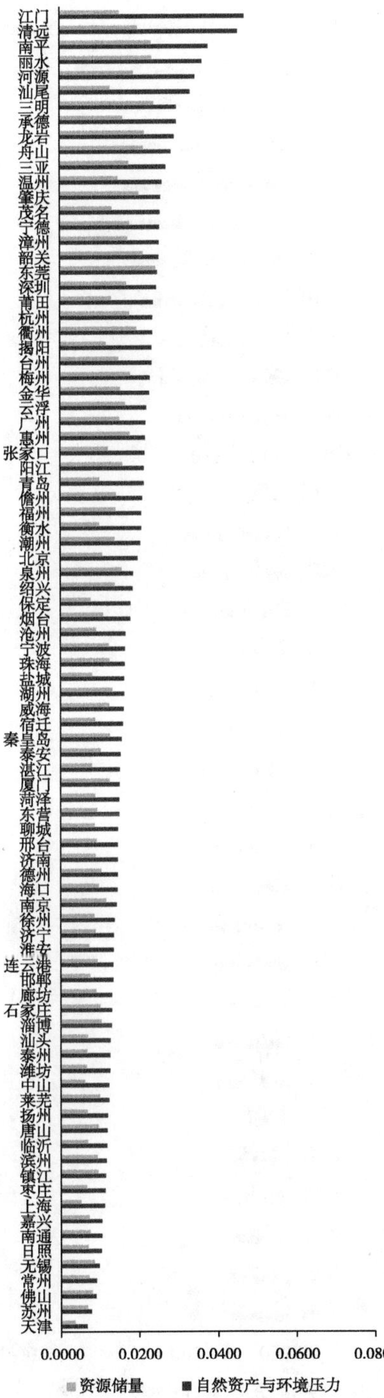
江门
清远
南平
丽水
河源
汕尾
三明
承德
龙岩
舟山
三亚
温州
肇庆
茂名
宁德
漳州
韶关
东莞
深圳
莆田
杭州
衢州
揭阳
台州
梅州
金华
云浮
广州
惠州
张家口
阳江
青岛
儋州
福州
衡水
潮州
北京
泉州
绍兴
保定
烟台
沧州
宁波
珠海
盐城
湖州
威海
宿迁
秦皇岛
泰安
湛江
厦门
菏泽
东营
聊城
邢台
济南
德州
海口
南京
徐州
济宁
淮安
连云港
邯郸
廊坊
石家庄
淄博
汕头
泰州
潍坊
中山
莱芜
扬州
唐山
临沂
滨州
镇江
枣庄
上海
嘉兴
南通
日照
无锡
常州
佛山
苏州
天津
0.0000
0.0200
0.0400
0.0600
0.0800
资源储量
自然资产与环境压力

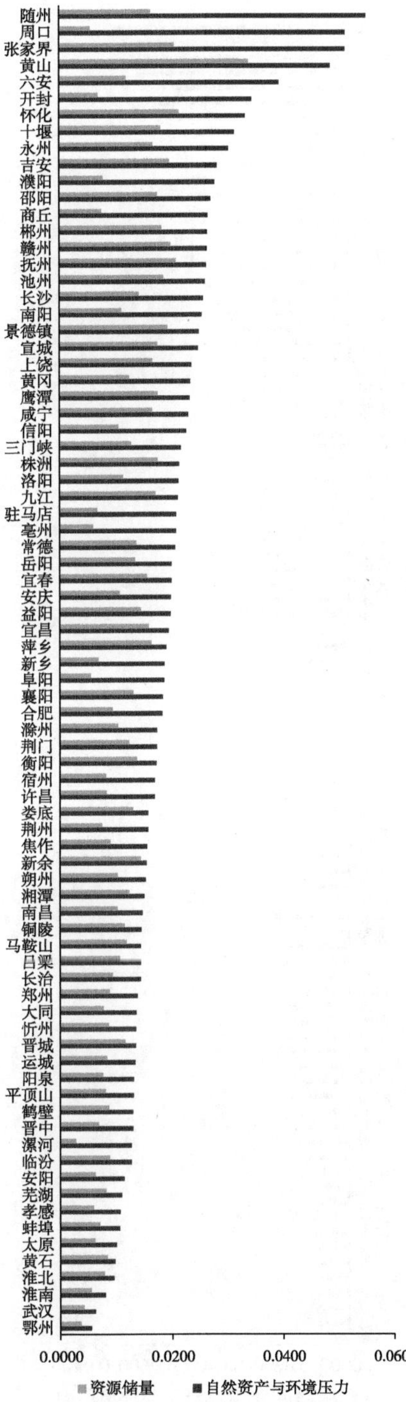
随州
周口
张家界
黄山
六安
开封
怀化
十堰
永州
吉安
濮阳
邵阳
商丘
郴州
赣州
抚州
池州
长沙
南阳
景德镇
宣城
上饶
黄冈
鹰潭
咸宁
信阳
三门峡
株洲
洛阳
九江
驻马店
亳州
常德
岳阳
宜春
安庆
益阳
宜昌
萍乡
新乡
阜阳
襄阳
合肥
滁州
荆门
衡阳
宿州
许昌
娄底
荆州
焦作
新余
朔州
湘潭
南昌
铜陵
马鞍山
吕梁
长治
郑州
大同
忻州
晋城
运城
阳泉
平顶山
鹤壁
晋中
漯河
临汾
安阳
芜湖
孝感
蚌埠
太原
黄石
淮北
淮南
武汉
鄂州
0.0000
0.0200
0.0400
0.0600
资源储量
自然资产与环境压力

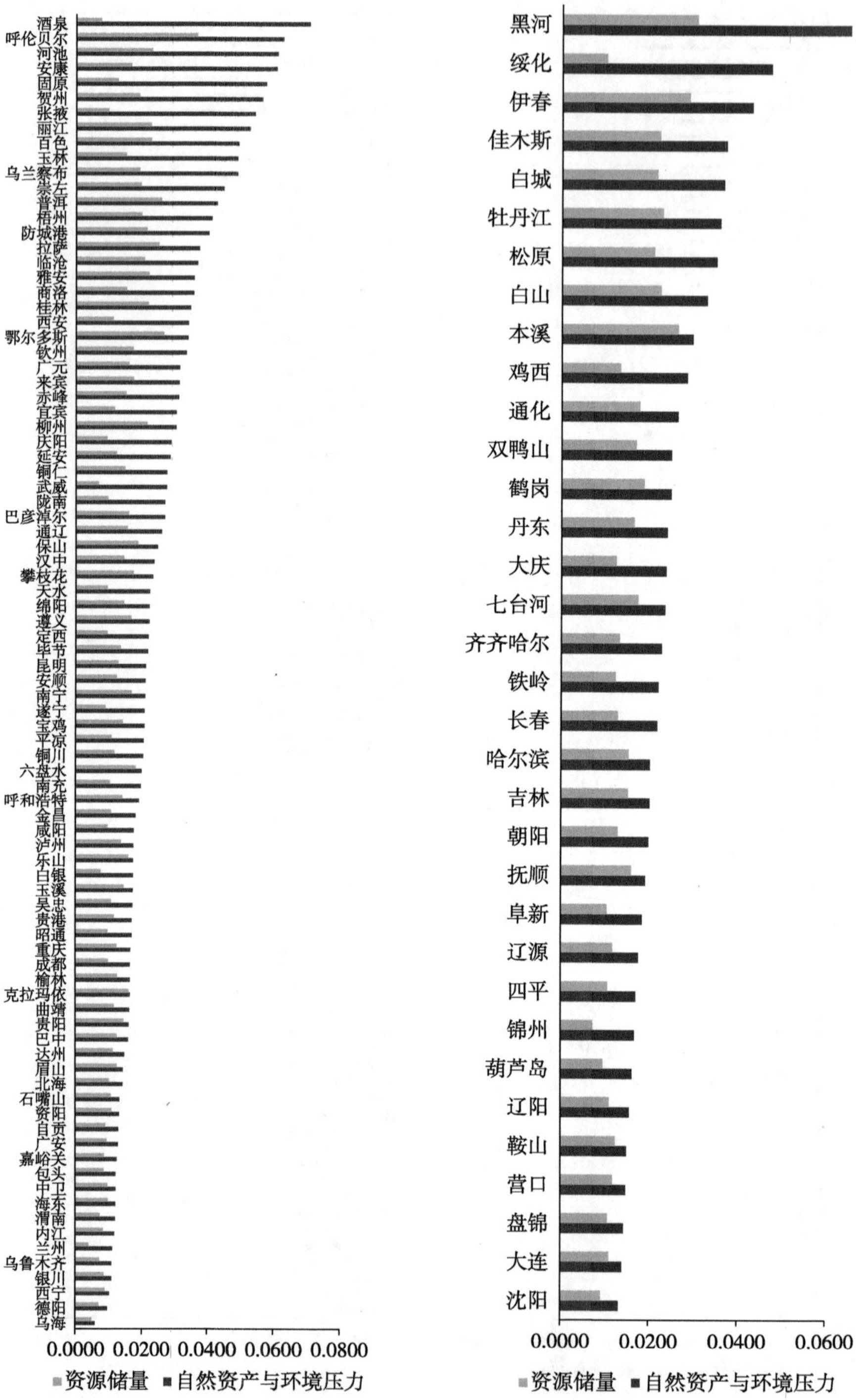

图 3–3　自然资产与环境压力和资源储量指标对比

注：图 3-3 按东部、中部、西部和东北地区划分，根据自然资产与环境压力指数大小自上至下排列。

为了进行地区间的比较，从东部、中部、西部和东北地区划分的角度，根据自然资产与环境压力指数大小顺序给出了自然资产与环境压力指数与城市资源储量指标的对比。从图 3-3 可以看出所有的参评城市的城市资源储量指数值都要远低于城市自然资产与环境压力潜力水平，表明城市资源储量指标对城市自然资产的增加以及环境压力的减小的贡献度较低，影响较小。从地区间差异的角度来看，东部、中部、西部和东北地区资源储量的平均指数值分别为 0.0123、0.0118、0.0139、0.0157，可以看出平均而言东北城市的资源储量水平较高，而中部城市则相对落后。

就排名结果而言，资源储量指标指数值排名前 20 位的城市中，西部城市占有 9 个，分别是呼伦贝尔、鄂尔多斯、普洱、拉萨、河池、百色、丽江、雅安和桂林；东部城市占 4 个，分别是东莞、三明、丽水和南平；中部城市只有黄山；东北地区城市有 6 个城市资源储量指数值排名进入前 20 位，分别是黑河、伊春、本溪、牡丹江、白山和佳木斯。而资源储量指标指数值排名后 10 位的城市里西部城市有 2 个，分别是兰州和乌海；中部城市有 6 个，分别是漯河、鄂州、武汉、阜阳、周口和淮南；东部城市只有天津和上海。

（二）城市环境压力指标比较

城市环境压力指标是测度城市自然资产和环境压力中重要的二级指标，也是所占权重最大的一个指标。它包含单位土地面积二氧化硫排放量、人均二氧化硫排放量、单位土地面积化学需氧量排放量、人均化学需氧量排放量、单位土地面积氮氧化物排放量、人均氮氧化物排放量、单位土地面积氨氮排放量、人均氨氮排放量等 8 个三级指标。这 8 个指标共占自然资产与环境压力指标的 66.67%，每个指标占总权重均为 1.67%，具体情况如表 3-9 所示。

表 3-9　环境压力三级指标、权重及指标属性

指标序号	指标	权重	指标属性
16	单位土地面积二氧化硫排放量	1.67%	逆
17	人均二氧化硫排放量	1.67%	逆
18	单位土地面积化学需氧量排放量	1.67%	逆
19	人均化学需氧量排放量	1.67%	逆
20	单位土地面积氮氧化物排放量	1.67%	逆
21	人均氮氧化物排放量	1.67%	逆
22	单位土地面积氨氮排放量	1.67%	逆
23	人均氨氮排放量	1.67%	逆

注：本表内容由本报告课题组召开的多次研讨会确定。

在对三级指标原始数据加以标准化处理后，根据表 3-9 中所示的权重，计算得出了本次参评的 290 个城市的环境压力指标的指数值。测算结果和排名如表 3-10 所示。

表 3-10　中国 290 个城市环境压力指数及排名

城市	环境压力指标		城市	环境压力指标		城市	环境压力指标	
	指数值	排名		指数值	排名		指数值	排名
酒泉	0.0631	1	铜川	0.0087	99	海口	0.0048	197
周口	0.0456	2	通化	0.0087	100	辽阳	0.0047	198
固原	0.0448	3	吉安	0.0087	101	渭南	0.0046	199
张掖	0.0442	4	宿州	0.0086	102	济宁	0.0046	200
安康	0.0442	5	台州	0.0085	103	枣庄	0.0046	201
随州	0.0385	6	许昌	0.0085	104	曲靖	0.0046	202
河池	0.0380	7	昆明	0.0084	105	绍兴	0.0046	203
绥化	0.0375	8	郴州	0.0083	106	南昌	0.0044	204
贺州	0.0373	9	毕节	0.0083	107	宜春	0.0043	205
黑河	0.0348	10	荆州	0.0082	108	鹤壁	0.0043	206
玉林	0.0337	11	盐城	0.0082	109	重庆	0.0042	207
江门	0.0317	12	阜新	0.0081	110	宁波	0.0042	208
张家界	0.0306	13	漳州	0.0080	111	德州	0.0042	209
丽江	0.0298	14	双鸭山	0.0080	112	南宁	0.0042	210

续表

城市	环境压力指标		城市	环境压力指标		城市	环境压力指标	
	指数值	排名		指数值	排名		指数值	排名
乌兰察布	0.0297	15	咸阳	0.0079	113	北海	0.0041	211
开封	0.0274	16	绵阳	0.0077	114	衢州	0.0041	212
六安	0.0273	17	宁德	0.0077	115	廊坊	0.0041	213
百色	0.0264	18	深圳	0.0077	116	连云港	0.0040	214
呼伦贝尔	0.0259	19	龙岩	0.0076	117	沈阳	0.0040	215
清远	0.0253	20	丹东	0.0075	118	自贡	0.0040	216
崇左	0.0251	21	沧州	0.0075	119	韶关	0.0040	217
西安	0.0230	22	池州	0.0075	120	惠州	0.0040	218
梧州	0.0215	23	鄂尔多斯	0.0074	121	珠海	0.0040	219
武威	0.0208	24	金华	0.0074	122	九江	0.0040	220
商洛	0.0207	25	金昌	0.0073	123	临汾	0.0039	221
汕尾	0.0204	26	宣城	0.0073	124	嘉峪关	0.0039	222
濮阳	0.0200	27	昭通	0.0072	125	太原	0.0038	223
庆阳	0.0196	28	兰州	0.0072	126	泸州	0.0038	224
商丘	0.0190	29	宿迁	0.0071	127	株洲	0.0038	225
宜宾	0.0190	30	湛江	0.0070	128	榆林	0.0038	226
防城港	0.0189	31	上饶	0.0070	129	威海	0.0038	227
陇南	0.0174	32	朝阳	0.0070	130	乌鲁木齐	0.0037	228
普洱	0.0167	33	舟山	0.0069	131	盘锦	0.0037	229
钦州	0.0165	34	滁州	0.0069	132	吕梁	0.0037	230
临沧	0.0163	35	烟台	0.0069	133	包头	0.0036	231
延安	0.0163	36	常德	0.0068	134	蚌埠	0.0036	232
赤峰	0.0163	37	广州	0.0067	135	巴中	0.0035	233
广元	0.0157	38	儋州	0.0067	136	达州	0.0035	234
河源	0.0156	39	宝鸡	0.0067	137	宜昌	0.0035	235
鸡西	0.0152	40	赣州	0.0067	138	日照	0.0035	236
白城	0.0151	41	潮州	0.0066	139	内江	0.0034	237
佳木斯	0.0150	42	葫芦岛	0.0066	140	广安	0.0034	238
亳州	0.0147	43	焦作	0.0066	141	衡阳	0.0034	239
黄山	0.0147	44	福州	0.0065	142	本溪	0.0033	240
南平	0.0143	45	成都	0.0065	143	抚顺	0.0032	241

续表

城市	环境压力指标		城市	环境压力指标		城市	环境压力指标	
	指数值	排名		指数值	排名		指数值	排名
南阳	0.0143	46	吴忠	0.0065	144	嘉兴	0.0032	242
伊春	0.0143	47	岳阳	0.0065	145	天津	0.0031	243
来宾	0.0142	48	四平	0.0065	146	营口	0.0030	244
驻马店	0.0140	49	咸宁	0.0065	147	秦皇岛	0.0030	245
松原	0.0140	50	保山	0.0062	148	湖州	0.0030	246
雅安	0.0140	51	鹤岗	0.0062	149	泉州	0.0030	247
承德	0.0136	52	淮安	0.0062	150	铜陵	0.0030	248
永州	0.0136	53	攀枝花	0.0061	151	大连	0.0029	249
十堰	0.0133	54	晋中	0.0061	152	石家庄	0.0029	250
阜阳	0.0131	55	中山	0.0061	153	南通	0.0029	251
铜仁	0.0130	56	菏泽	0.0061	154	芜湖	0.0028	252
桂林	0.0130	57	七台河	0.0061	155	南京	0.0027	253
牡丹江	0.0129	58	杭州	0.0060	156	娄底	0.0027	254
天水	0.0129	59	上海	0.0060	157	湘潭	0.0026	255
丽水	0.0128	60	聊城	0.0059	158	玉溪	0.0026	256
定西	0.0125	61	潍坊	0.0059	159	淄博	0.0026	257
拉萨	0.0124	62	辽源	0.0059	160	淮南	0.0026	258
茂名	0.0123	63	泰州	0.0059	161	鞍山	0.0026	259
信阳	0.0120	64	邯郸	0.0058	162	德阳	0.0026	260
怀化	0.0120	65	大同	0.0058	163	厦门	0.0026	261
遂宁	0.0119	66	鹰潭	0.0058	164	石嘴山	0.0026	262
揭阳	0.0117	67	三明	0.0057	165	萍乡	0.0025	263
新乡	0.0117	68	汕头	0.0057	166	马鞍山	0.0025	264
长沙	0.0115	69	景德镇	0.0057	167	中卫	0.0024	265
大庆	0.0114	70	济南	0.0056	168	银川	0.0024	266
青岛	0.0114	71	东营	0.0056	169	资阳	0.0024	267
温州	0.0112	72	遵义	0.0055	170	滨州	0.0023	268
巴彦淖尔	0.0111	73	抚州	0.0055	171	唐山	0.0022	269
黄冈	0.0109	74	阳泉	0.0055	172	莱芜	0.0022	270
莆田	0.0107	75	阳江	0.0055	173	海东	0.0022	271
衡水	0.0107	76	肇庆	0.0054	174	武汉	0.0020	272
通辽	0.0106	77	云浮	0.0054	175	镇江	0.0019	273

续表

城市	环境压力指标		城市	环境压力指标		城市	环境压力指标	
	指数值	排名		指数值	排名		指数值	排名
白山	0.0104	78	邢台	0.0054	176	鄂州	0.0019	274
保定	0.0101	79	贵港	0.0053	177	常州	0.0018	275
漯河	0.0100	80	益阳	0.0052	178	晋城	0.0018	276
铁岭	0.0098	81	襄阳	0.0052	179	眉山	0.0018	277
洛阳	0.0098	82	扬州	0.0052	180	六盘水	0.0018	278
平凉	0.0097	83	徐州	0.0051	181	淮北	0.0017	279
邵阳	0.0097	84	安阳	0.0051	182	贵阳	0.0015	280
白银	0.0096	85	呼和浩特	0.0050	183	乐山	0.0014	281
齐齐哈尔	0.0096	86	泰安	0.0050	184	西宁	0.0014	282
三亚	0.0095	87	梅州	0.0050	185	黄石	0.0014	283
锦州	0.0095	88	运城	0.0050	186	无锡	0.0013	284
张家口	0.0094	89	吉林	0.0050	187	乌海	0.0010	285
南充	0.0093	90	长治	0.0050	188	苏州	0.0010	286
汉中	0.0092	91	平顶山	0.0050	189	新余	0.0010	287
安庆	0.0090	92	哈尔滨	0.0050	190	佛山	0.0009	288
柳州	0.0090	93	郑州	0.0050	191	东莞	0.0004	289
北京	0.0090	94	朔州	0.0050	192	克拉玛依	0.0003	290
长春	0.0090	95	忻州	0.0049	193			
三门峡	0.0088	96	荆门	0.0049	194			
合肥	0.0088	97	孝感	0.0048	195			
安顺	0.0087	98	临沂	0.0048	196			

注：本表数据及排名根据《中国统计年鉴 2018》《2015 中国环境统计年报》《中国环境统计年鉴 2018》《中国城市统计年鉴 2018》等测算。

从表 3–10 中可以看到，排名最高的酒泉市城市环境压力指数值为 0.0631，排名第 290 位的克拉玛依市城市环境压力指标指数值为 0.0003，相差较大。这说明在不同城市由于自然环境天然性和后天人为对环境破坏程度不同导致环境压力有很大幅度的波动。由于经济发展结构不同以及对环境破坏程度不同，西部地区城市的环境压力明显小于东部城市，就排名情况来看，290 个参评城市中，有 91 个城市的城市环境压力指数值高于全国平均水平 0.0092，其中前 20 位的城市分别是酒泉、周口、固原、张掖、安康、随州、河池、绥化、贺州、黑河、玉林、江门、张家界、丽江、乌兰察布、开封、六安、百色、呼伦贝尔、清远。有 199 个城市环境压力指数值低于全国平均水平。

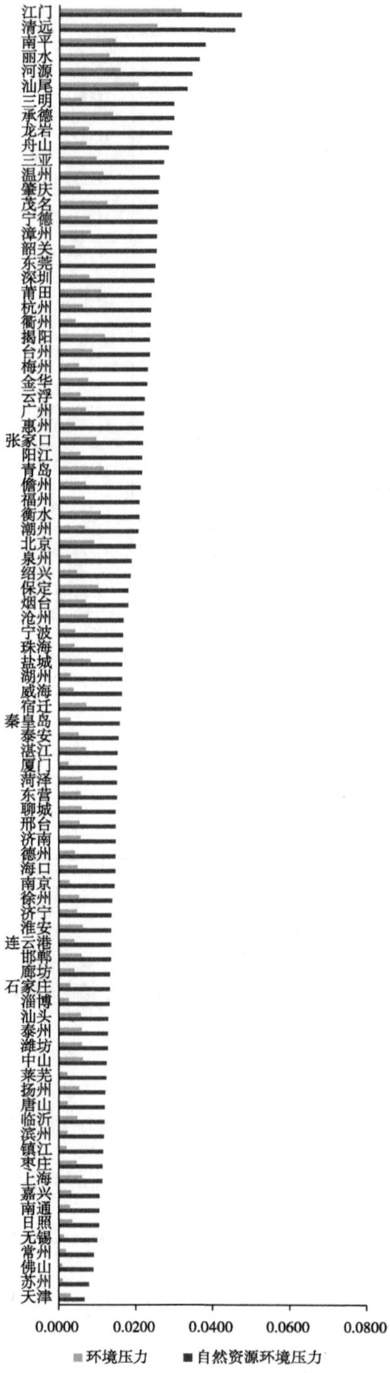

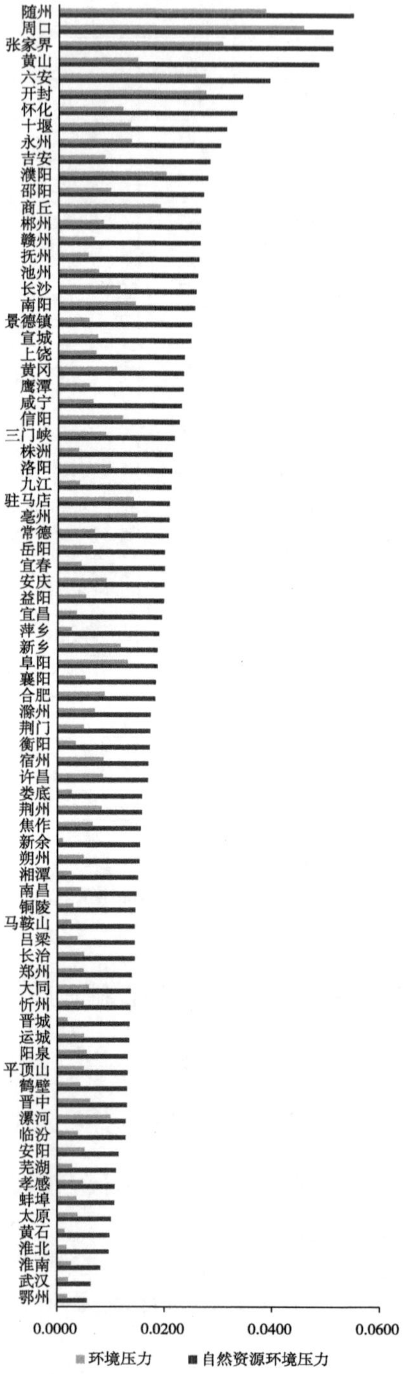

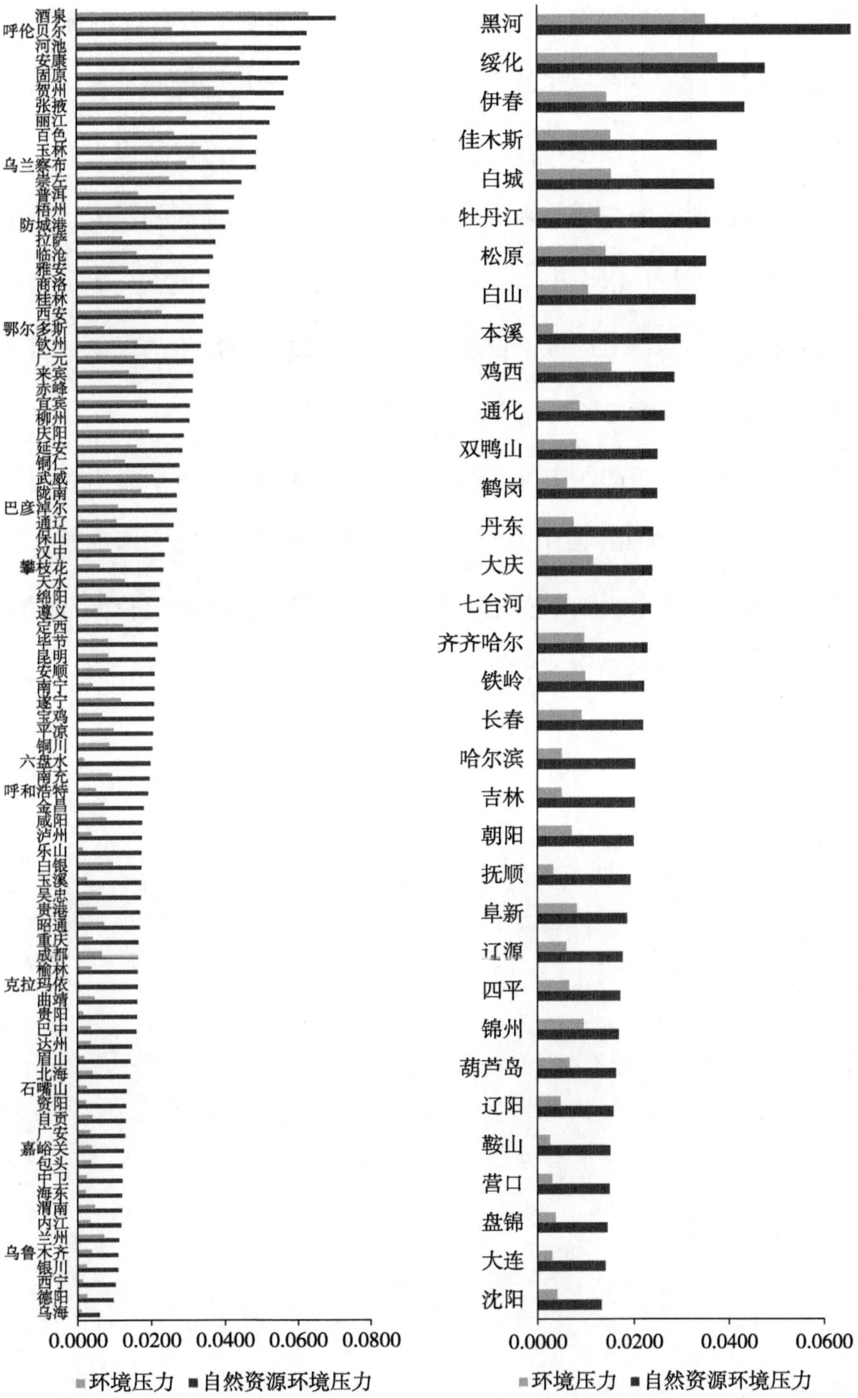

图 3-4　自然资产与环境压力和环境压力指标对比

注：图 3-4 按东部、中部、西部和东北地区划分，根据自然资产与环境压力指数大小自上至下排列。

图 3-4 按照不同地区显示了城市自然资产与环境压力与城市环境压力指标的对比，城市自然资产与环境压力和城市环境压力指标之间有着较强的一致性，表明城市环境压力指标对城市自然资产与环境压力做出了很大的贡献，影响较大。但东部地区的东莞、佛山、苏州、无锡，中部地区的萍乡、新余、晋城，西部地区的克拉玛依、乐山、六盘水，东北地区的本溪、抚顺、鞍山等城市都存在环境压力指数值远低于自然资产与环境压力指数值的现象，表明其环境压力指标对自然资产与环境压力的影响要弱于其他城市。

从指标值来看，东部、中部、西部和东北地区城市环境压力指数的平均水平分别为 0.0066、0.0086、0.0123、0.0096，可以看出平均而言西部城市的环境压力较小，而中部和东北城市次之，东部城市环境压力指数值较低，面临较大的环境压力。从排名的角度看，西部地区在城市环境压力指标排名前 20 的城市中占到了 11 个。

第四章

资源与环境效率测算及分析

资源与环境效率衡量的是城市经济、生活等活动和对资源的利用效率以及对环境带来的负外部性。本章根据“中国城市绿色竞争力指数指标体系”中资源与环境效率的测度标准，利用 2017 年的年度数据，从资源效率、环境效率两个方面对中国 290 个城市的资源与环境效率进行了测度。

一、城市资源与环境效率的测算结果

根据“中国城市绿色竞争力指数指标体系”中资源与环境效率的测度体系和权重标准，中国 290 个城市的资源与环境效率测算结果如表 4–1 所示。

表 4–1　中国 290 个城市资源与环境效率指数及排名

城市	一级指标		二级指标			
	资源与环境效率指标		资源效率指标		环境效率指标	
	指数值	排名	指数值	排名	指数值	排名
深圳	0.1091	1	0.0276	222	0.0814	1
青岛	0.0855	2	0.0365	87	0.0490	3
北京	0.0801	3	0.0280	219	0.0521	2
防城港	0.0754	4	0.0337	133	0.0417	5
东营	0.0745	5	0.0377	64	0.0368	7
西安	0.0733	6	0.0294	202	0.0439	4
安康	0.0725	7	0.0355	102	0.0370	6
广州	0.0686	8	0.0338	132	0.0348	9
北海	0.0675	9	0.0369	78	0.0306	11
周口	0.0664	10	0.0483	3	0.0181	35
杭州	0.0654	11	0.0291	208	0.0363	8

续表

城市	一级指标		二级指标			
	资源与环境效率指标		资源效率指标		环境效率指标	
	指数值	排名	指数值	排名	指数值	排名
玉林	0.0652	12	0.0379	60	0.0274	17
沧州	0.0650	13	0.0559	1	0.0091	103
张家界	0.0649	14	0.0371	73	0.0278	15
许昌	0.0641	15	0.0481	4	0.0160	47
长沙	0.0636	16	0.0324	157	0.0312	10
三亚	0.0631	17	0.0333	141	0.0298	13
中山	0.0627	18	0.0344	119	0.0283	14
福州	0.0625	19	0.0358	97	0.0267	18
绥化	0.0609	20	0.0383	53	0.0226	23
泰州	0.0605	21	0.0460	7	0.0146	52
烟台	0.0603	22	0.0326	156	0.0277	16
南宁	0.0591	23	0.0285	216	0.0305	12
盐城	0.0578	24	0.0424	20	0.0154	50
金华	0.0574	25	0.0433	18	0.0141	55
上海	0.0573	26	0.0332	147	0.0241	21
长春	0.0567	27	0.0361	96	0.0206	28
鄂尔多斯	0.0563	28	0.0440	15	0.0123	66
威海	0.0561	29	0.0404	32	0.0157	48
濮阳	0.0559	30	0.0374	67	0.0185	32
济南	0.0555	31	0.0334	140	0.0221	24
固原	0.0554	32	0.0323	163	0.0231	22
商丘	0.0553	33	0.0441	14	0.0112	75
舟山	0.0553	34	0.0374	69	0.0179	37
宁波	0.0552	35	0.0356	101	0.0197	29
天津	0.0550	36	0.0378	62	0.0171	42
庆阳	0.0548	37	0.0503	2	0.0045	210
扬州	0.0548	38	0.0392	44	0.0156	49
江门	0.0544	39	0.0331	149	0.0214	27
宁德	0.0543	40	0.0473	5	0.0070	142
嘉兴	0.0542	41	0.0421	22	0.0121	67

续表

城市	一级指标		二级指标			
	资源与环境效率指标		资源效率指标		环境效率指标	
	指数值	排名	指数值	排名	指数值	排名
泉州	0.0541	42	0.0450	10	0.0091	104
贺州	0.0538	43	0.0324	159	0.0214	26
廊坊	0.0538	44	0.0455	9	0.0083	116
开封	0.0537	45	0.0353	104	0.0184	33
徐州	0.0536	46	0.0395	40	0.0141	56
泰安	0.0534	47	0.0440	16	0.0095	101
南平	0.0534	48	0.0443	12	0.0090	106
三明	0.0533	49	0.0470	6	0.0062	157
随州	0.0521	50	0.0305	190	0.0216	25
漳州	0.0520	51	0.0417	24	0.0103	90
珠海	0.0519	52	0.0323	164	0.0196	31
信阳	0.0517	53	0.0458	8	0.0059	171
茂名	0.0512	54	0.0403	34	0.0109	83
温州	0.0512	55	0.0370	75	0.0142	54
六安	0.0512	56	0.0368	80	0.0144	53
潍坊	0.0508	57	0.0390	46	0.0117	71
梅州	0.0507	58	0.0370	76	0.0137	59
郑州	0.0504	59	0.0323	162	0.0181	36
柳州	0.0503	60	0.0333	142	0.0170	43
台州	0.0501	61	0.0369	77	0.0132	60
汕尾	0.0500	62	0.0389	48	0.0112	78
莆田	0.0500	63	0.0324	158	0.0176	40
衡水	0.0499	64	0.0399	35	0.0101	95
榆林	0.0499	65	0.0442	13	0.0058	176
兰州	0.0498	66	0.0319	167	0.0179	38
常州	0.0494	67	0.0383	52	0.0111	81
枣庄	0.0493	68	0.0406	28	0.0087	111
镇江	0.0488	69	0.0386	50	0.0102	93
邢台	0.0487	70	0.0445	11	0.0042	218
驻马店	0.0487	71	0.0405	31	0.0082	120

续表

城市	一级指标		二级指标			
	资源与环境效率指标		资源效率指标		环境效率指标	
	指数值	排名	指数值	排名	指数值	排名
定西	0.0484	72	0.0365	88	0.0120	68
洛阳	0.0484	73	0.0307	187	0.0176	39
合肥	0.0482	74	0.0308	185	0.0173	41
湖州	0.0477	75	0.0396	39	0.0082	119
梧州	0.0476	76	0.0280	218	0.0196	30
常德	0.0472	77	0.0404	33	0.0068	147
铜川	0.0470	78	0.0353	106	0.0118	70
无锡	0.0470	79	0.0367	83	0.0103	91
吕梁	0.0469	80	0.0438	17	0.0032	249
黄冈	0.0469	81	0.0419	23	0.0050	192
晋中	0.0469	82	0.0405	29	0.0063	156
淮安	0.0468	83	0.0356	100	0.0112	77
辽源	0.0466	84	0.0392	43	0.0073	133
安顺	0.0465	85	0.0381	55	0.0084	114
南通	0.0464	86	0.0386	49	0.0077	125
淄博	0.0462	87	0.0337	134	0.0125	64
漯河	0.0461	88	0.0324	160	0.0138	58
龙岩	0.0460	89	0.0374	68	0.0086	112
宣城	0.0459	90	0.0398	37	0.0061	164
济宁	0.0458	91	0.0385	51	0.0073	135
宿州	0.0458	92	0.0411	26	0.0048	202
钦州	0.0458	93	0.0373	71	0.0085	113
大庆	0.0456	94	0.0211	253	0.0245	19
菏泽	0.0455	95	0.0411	25	0.0045	211
白城	0.0454	96	0.0405	30	0.0049	197
鹰潭	0.0453	97	0.0378	63	0.0075	130
亳州	0.0452	98	0.0380	58	0.0072	138
新乡	0.0451	99	0.0341	126	0.0110	82
焦作	0.0450	100	0.0300	199	0.0150	51
邯郸	0.0450	101	0.0371	74	0.0079	122

续表

城市	一级指标		二级指标			
	资源与环境效率指标		资源效率指标		环境效率指标	
	指数值	排名	指数值	排名	指数值	排名
厦门	0.0449	102	0.0321	165	0.0128	63
广元	0.0449	103	0.0362	93	0.0087	110
崇左	0.0447	104	0.0287	213	0.0160	46
南京	0.0447	105	0.0316	171	0.0131	61
连云港	0.0447	106	0.0375	66	0.0072	136
苏州	0.0446	107	0.0363	89	0.0083	117
武汉	0.0446	108	0.0341	127	0.0105	88
大连	0.0445	109	0.0348	114	0.0097	96
鹤壁	0.0445	110	0.0381	56	0.0063	155
乌兰察布	0.0444	111	0.0276	221	0.0168	45
临沧	0.0444	112	0.0424	21	0.0021	270
宿迁	0.0444	113	0.0348	113	0.0096	99
渭南	0.0444	114	0.0398	36	0.0045	209
永州	0.0444	115	0.0373	72	0.0071	141
绍兴	0.0443	116	0.0329	151	0.0114	74
宜春	0.0442	117	0.0410	27	0.0032	247
丽水	0.0440	118	0.0363	90	0.0077	126
莱芜	0.0440	119	0.0381	57	0.0059	170
遂宁	0.0440	120	0.0375	65	0.0064	154
咸宁	0.0437	121	0.0369	79	0.0068	144
德州	0.0437	122	0.0365	84	0.0071	140
海东	0.0436	123	0.0429	19	0.0007	288
南阳	0.0435	124	0.0344	118	0.0090	107
黄山	0.0434	125	0.0342	122	0.0092	102
河源	0.0433	126	0.0293	203	0.0140	57
哈尔滨	0.0432	127	0.0365	85	0.0067	149
乌鲁木齐	0.0432	128	0.0328	152	0.0103	89
湛江	0.0430	129	0.0379	59	0.0051	186
内江	0.0430	130	0.0395	41	0.0035	240
吉安	0.0427	131	0.0378	61	0.0049	199

续表

城市	一级指标		二级指标			
	资源与环境效率指标		资源效率指标		环境效率指标	
	指数值	排名	指数值	排名	指数值	排名
桂林	0.0425	132	0.0328	153	0.0097	97
池州	0.0424	133	0.0367	81	0.0057	177
石家庄	0.0424	134	0.0362	92	0.0062	158
衢州	0.0422	135	0.0374	70	0.0049	198
阜阳	0.0422	136	0.0361	94	0.0061	163
南昌	0.0419	137	0.0342	121	0.0077	127
广安	0.0419	138	0.0390	47	0.0029	254
资阳	0.0417	139	0.0391	45	0.0026	257
松原	0.0417	140	0.0314	176	0.0103	92
锦州	0.0416	141	0.0311	180	0.0106	87
惠州	0.0412	142	0.0347	115	0.0065	153
潮州	0.0412	143	0.0351	109	0.0060	167
安庆	0.0411	144	0.0361	95	0.0050	194
成都	0.0408	145	0.0312	178	0.0096	98
保山	0.0408	146	0.0396	38	0.0012	286
滁州	0.0407	147	0.0362	91	0.0045	212
沈阳	0.0406	148	0.0315	174	0.0091	105
来宾	0.0406	149	0.0338	131	0.0068	146
毕节	0.0405	150	0.0365	86	0.0040	230
聊城	0.0405	151	0.0299	200	0.0106	86
岳阳	0.0403	152	0.0341	124	0.0062	160
湘潭	0.0401	153	0.0353	105	0.0048	200
唐山	0.0400	154	0.0326	155	0.0073	134
郴州	0.0400	155	0.0350	111	0.0049	195
中卫	0.0398	156	0.0394	42	0.0004	290
怀化	0.0398	157	0.0351	110	0.0047	206
营口	0.0397	158	0.0344	120	0.0053	183
铜陵	0.0396	159	0.0339	130	0.0057	178
马鞍山	0.0396	160	0.0336	136	0.0059	168
眉山	0.0394	161	0.0381	54	0.0013	285

续表

城市	一级指标		二级指标			
	资源与环境效率指标		资源效率指标		环境效率指标	
	指数值	排名	指数值	排名	指数值	排名
株洲	0.0394	162	0.0342	123	0.0053	185
张掖	0.0394	163	0.0286	214	0.0108	85
抚州	0.0394	164	0.0351	108	0.0042	219
昆明	0.0394	165	0.0150	274	0.0243	20
咸阳	0.0394	166	0.0279	220	0.0115	73
平凉	0.0393	167	0.0354	103	0.0039	234
娄底	0.0392	168	0.0367	82	0.0025	263
日照	0.0392	169	0.0310	181	0.0082	118
临沂	0.0392	170	0.0337	135	0.0055	180
汕头	0.0391	171	0.0333	145	0.0059	173
自贡	0.0388	172	0.0346	116	0.0042	220
益阳	0.0388	173	0.0357	98	0.0030	251
阳江	0.0387	174	0.0315	175	0.0072	137
延安	0.0385	175	0.0317	170	0.0069	143
平顶山	0.0384	176	0.0333	146	0.0051	188
芜湖	0.0382	177	0.0304	191	0.0078	124
泸州	0.0380	178	0.0357	99	0.0024	267
清远	0.0378	179	0.0317	169	0.0062	159
海口	0.0378	180	0.0304	193	0.0074	131
宜宾	0.0378	181	0.0317	168	0.0061	162
景德镇	0.0376	182	0.0332	148	0.0044	215
盘锦	0.0375	183	0.0301	197	0.0074	132
绵阳	0.0375	184	0.0334	139	0.0041	226
淮北	0.0374	185	0.0349	112	0.0025	262
佛山	0.0373	186	0.0308	186	0.0065	152
忻州	0.0371	187	0.0352	107	0.0019	279
武威	0.0368	188	0.0323	161	0.0045	213
朝阳	0.0368	189	0.0335	137	0.0033	246
鄂州	0.0368	190	0.0309	183	0.0059	172
蚌埠	0.0367	191	0.0333	143	0.0035	241

续表

城市	一级指标		二级指标			
	资源与环境效率指标		资源效率指标		环境效率指标	
	指数值	排名	指数值	排名	指数值	排名
滨州	0.0367	192	0.0316	173	0.0051	189
贵港	0.0366	193	0.0341	125	0.0025	261
百色	0.0365	194	0.0183	259	0.0183	34
通化	0.0365	195	0.0308	184	0.0056	179
黄石	0.0364	196	0.0345	117	0.0020	276
儋州	0.0363	197	0.0320	166	0.0043	216
南充	0.0362	198	0.0329	150	0.0033	245
达州	0.0360	199	0.0340	128	0.0020	274
昭通	0.0360	200	0.0340	129	0.0020	273
秦皇岛	0.0359	201	0.0316	172	0.0043	217
三门峡	0.0358	202	0.0229	245	0.0130	62
四平	0.0358	203	0.0311	179	0.0047	203
巴中	0.0358	204	0.0333	144	0.0025	265
东莞	0.0355	205	0.0304	194	0.0051	187
通辽	0.0352	206	0.0264	230	0.0088	108
十堰	0.0351	207	0.0239	238	0.0111	80
宝鸡	0.0349	208	0.0266	226	0.0083	115
阜新	0.0349	209	0.0302	196	0.0047	205
遵义	0.0347	210	0.0292	205	0.0055	181
曲靖	0.0343	211	0.0303	195	0.0041	227
乐山	0.0343	212	0.0335	138	0.0009	287
西宁	0.0343	213	0.0328	154	0.0015	280
攀枝花	0.0340	214	0.0306	189	0.0034	243
新余	0.0333	215	0.0307	188	0.0026	258
葫芦岛	0.0332	216	0.0290	211	0.0042	221
雅安	0.0331	217	0.0291	210	0.0041	228
丹东	0.0331	218	0.0301	198	0.0030	252
重庆	0.0330	219	0.0264	228	0.0066	150
衡阳	0.0330	220	0.0298	201	0.0032	248
铜仁	0.0329	221	0.0241	236	0.0088	109

续表

城市	一级指标		二级指标			
	资源与环境效率指标		资源效率指标		环境效率指标	
	指数值	排名	指数值	排名	指数值	排名
白银	0.0328	222	0.0309	182	0.0019	277
呼和浩特	0.0328	223	0.0159	266	0.0169	44
包头	0.0328	224	0.0212	252	0.0116	72
天水	0.0327	225	0.0286	215	0.0042	224
孝感	0.0327	226	0.0289	212	0.0038	236
云浮	0.0324	227	0.0291	209	0.0034	244
淮南	0.0324	228	0.0304	192	0.0020	275
白山	0.0323	229	0.0283	217	0.0040	233
邵阳	0.0320	230	0.0274	225	0.0046	208
赣州	0.0318	231	0.0293	204	0.0026	260
玉溪	0.0317	232	0.0291	207	0.0026	259
克拉玛依	0.0317	233	0.0312	177	0.0005	289
嘉峪关	0.0313	234	0.0235	240	0.0078	123
六盘水	0.0312	235	0.0292	206	0.0020	272
揭阳	0.0312	236	0.0230	244	0.0081	121
七台河	0.0310	237	0.0275	223	0.0035	242
吴忠	0.0305	238	0.0264	229	0.0040	231
安阳	0.0302	239	0.0234	242	0.0068	145
丽江	0.0299	240	0.0174	261	0.0125	65
临汾	0.0296	241	0.0275	224	0.0020	271
保定	0.0293	242	0.0218	251	0.0076	128
张家口	0.0291	243	0.0243	234	0.0048	201
德阳	0.0288	244	0.0266	227	0.0022	268
朔州	0.0285	245	0.0220	249	0.0065	151
韶关	0.0285	246	0.0263	231	0.0022	269
佳木斯	0.0284	247	0.0226	246	0.0058	174
襄阳	0.0282	248	0.0206	254	0.0076	129
晋城	0.0282	249	0.0257	232	0.0025	266
肇庆	0.0277	250	0.0218	250	0.0059	169
乌海	0.0276	251	0.0235	241	0.0041	225

续表

城市	一级指标		二级指标			
	资源与环境效率指标		资源效率指标		环境效率指标	
	指数值	排名	指数值	排名	指数值	排名
呼伦贝尔	0.0276	252	0.0239	239	0.0037	237
铁岭	0.0275	253	0.0233	243	0.0042	222
承德	0.0271	254	0.0151	272	0.0120	69
九江	0.0268	255	0.0242	235	0.0026	256
双鸭山	0.0266	256	0.0241	237	0.0025	264
齐齐哈尔	0.0263	257	0.0225	247	0.0038	235
鹤岗	0.0262	258	0.0249	233	0.0013	284
商洛	0.0262	259	0.0150	273	0.0112	76
巴彦淖尔	0.0261	260	0.0221	248	0.0040	232
汉中	0.0261	261	0.0190	257	0.0071	139
牡丹江	0.0257	262	0.0190	256	0.0067	148
长治	0.0257	263	0.0196	255	0.0061	165
太原	0.0256	264	0.0161	265	0.0096	100
赤峰	0.0254	265	0.0152	271	0.0102	94
酒泉	0.0242	266	0.0188	258	0.0054	182
荆门	0.0227	267	0.0166	262	0.0061	161
河池	0.0222	268	0.0111	282	0.0111	79
鞍山	0.0216	269	0.0175	260	0.0040	229
萍乡	0.0207	270	0.0158	267	0.0049	196
运城	0.0205	271	0.0164	263	0.0042	223
宜昌	0.0205	272	0.0147	275	0.0058	175
黑河	0.0204	273	0.0157	268	0.0047	204
本溪	0.0196	274	0.0161	264	0.0036	239
阳泉	0.0196	275	0.0088	286	0.0108	84
荆州	0.0189	276	0.0145	277	0.0044	214
银川	0.0182	277	0.0132	279	0.0050	193
吉林	0.0177	278	0.0126	281	0.0051	191
鸡西	0.0174	279	0.0146	276	0.0028	255
陇南	0.0172	280	0.0153	269	0.0019	278
贵阳	0.0167	281	0.0132	278	0.0036	238

续表

城市	一级指标		二级指标			
	资源与环境效率指标		资源效率指标		环境效率指标	
	指数值	排名	指数值	排名	指数值	排名
普洱	0.0167	282	0.0152	270	0.0015	281
石嘴山	0.0150	283	0.0097	284	0.0053	184
拉萨	0.0142	284	0.0128	280	0.0014	283
辽阳	0.0136	285	0.0076	288	0.0061	166
大同	0.0132	286	0.0081	287	0.0051	190
上饶	0.0129	287	0.0099	283	0.0030	253
抚顺	0.0121	288	0.0089	285	0.0032	250
金昌	0.0107	289	0.0061	289	0.0046	207
伊春	0.0052	290	0.0038	290	0.0014	282

注：1. 本表根据“中国城市绿色竞争力指数指标体系”中资源与环境效率的指数指标体系，依据各指标2017年数据测算而得。2. 本表各参评城市按照资源与环境效率的指数值从大到小排序；3. 本表一级指标“资源与环境效率”指数值等于两个二级指标“资源效率”和“环境效率”指数值之和。4. 本表测度结果保留4位小数，如果指数相同排名相同说明两市测算的指数完全一样，如果指数相同但排名不同则是小数点四舍五入的结果，说明指数值在小数点后4位之后有差异，本章节此后所有测度结果均采用该方法保留4位小数。5. 以上数据及排名根据《中国统计年鉴2018》《中国环境统计年鉴2018》《中国城市统计年鉴2018》《中国省市经济发展年鉴2018》及人工整理测算。6. 为便于后文进行比较分析，基于算术平均方法，我们测算得到290个参评城市资源与环境效率的平均水平为0.0413，资源效率指标的平均水平为0.0316，环境效率指标的平均水平为0.0097。

从表4–1中可以看出，2017年中国290个城市资源与环境效率中，指数值最高的城市是深圳，达到0.1091；最低的城市是伊春，仅为0.0052。290个参评城市中，有141个城市资源与环境效率高出全国平均水平。排在前20位的城市依次是：深圳、青岛、北京、防城港、东营、西安、安康、广州、北海、周口、杭州、玉林、沧州、张家界、许昌、长沙、三亚、中山、福州、绥化。其中，资源效率指标排名前20位的城市依次是：沧州、庆阳、周口、许昌、宁德、三明、泰州、信阳、廊坊、泉州、邢台、南平、榆林、商丘、鄂尔多斯、泰安、吕梁、金华、海东、盐城；环境效率指标排名前20位的城市依次是：深圳、北京、青岛、西安、防城港、安康、东营、杭州、广州、长沙、北海、南宁、三亚、中山、张家界、烟台、玉林、福州、大庆、昆明。2017 年中国 290 个城市资源与环境效率排名前 20 位和后 20 位的具体情况如图 4–1 所示。

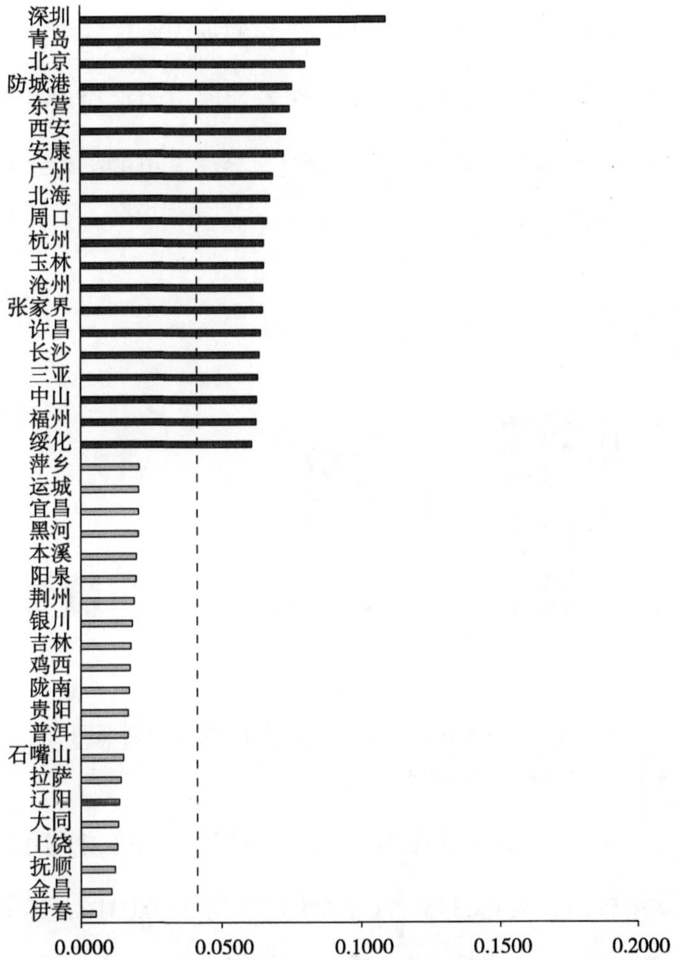

图 4–1 中国城市资源与环境效率排名前 20 位和后 20 位的城市

注：本图根据表 4–1 制作。指数值由高到低排列，虚线表示所有参评城市资源与环境效率的平均值 0.0413。

根据表 4–1 和图 4–1，下面进一步从城市资源与环境效率区域间差异、城市资源与环境效率区域内差异以及 2017 年中国城市绿色竞争力指数与城市资源与环境效率的相关关系三个方面进行分析。

（一）城市资源与环境效率区域间差异分析

资源与环境效率具有东部地区城市明显好于中部、西部和东北地区城市的地域分化格局。具体如图 4–2 所示。其中，东部地区参评城市的平均水平达到 0.0491，大幅超过全国平均水平；中部地区参评城市的平均水平为 0.0397，西部地区参评城市的平均水平 0.0385，东北地区参评城市的平均水平为 0.0325，均明显低于全国平均水平。

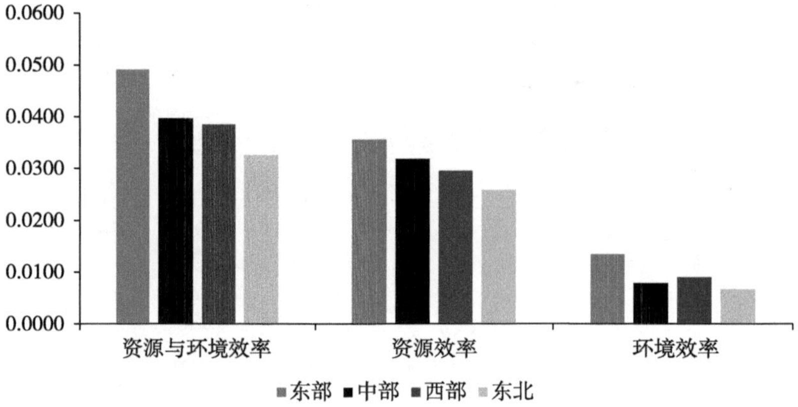

图 4–2　中国四大区域城市资源与环境效率对照图

注：本图数据为四大区域中各城市指数值的算数平均值。

二级指标方面，资源效率指标中，四大区域的差别仍较为明显。东部地区城市的平均水平较高，为 0.0356，高于全国平均水平 0.0316。其余三个地区平均水平仅中部地区城市稍高于全国平均水平，平均水平为 0.0318，而西部地区城市和东北地区城市平均水平均低于全国平均水平，分别为 0.0295 和 0.0258。

环境效率指标中，东部地区城市平均水平为 0.0134，显著高于其他三个区域，且远高于全国平均水平 0.0097。中部地区城市、西部地区城市和东北地区城市均未达到全国平均水平，分别为 0.0078、0.0090 和 0.0067。

（二）城市资源与环境效率区域内差异分析

城市资源与环境效率在区域间呈现东部城市较好，中部地区城市次之，西部和东北地区城市较弱的局面，而且区域内部的各城市之间的差异较为明显。

1. 东部地区城市资源与环境效率指数及排名

2017 年中国东部地区城市资源与环境效率指数及排名如表 4-2 所示。

表 4-2 中国东部地区城市资源与环境效率指数及排名

城市	指数值	整体排名	区域内排名	城市	指数值	整体排名	区域内排名
深圳	0.1091	1	1	湖州	0.0477	75	45
青岛	0.0855	2	2	无锡	0.0470	79	46
北京	0.0801	3	3	淮安	0.0468	83	47
东营	0.0745	5	4	南通	0.0464	86	48
广州	0.0686	8	5	淄博	0.0462	87	49
杭州	0.0654	11	6	龙岩	0.0460	89	50
沧州	0.0650	13	7	济宁	0.0458	91	51
三亚	0.0631	17	8	菏泽	0.0455	95	52
中山	0.0627	18	9	邯郸	0.0450	101	53
福州	0.0625	19	10	厦门	0.0449	102	54
泰州	0.0605	21	11	南京	0.0447	105	55
烟台	0.0603	22	12	连云港	0.0447	106	56
盐城	0.0578	24	13	苏州	0.0446	107	57
金华	0.0574	25	14	宿迁	0.0444	113	58
上海	0.0573	26	15	绍兴	0.0443	116	59
威海	0.0561	29	16	丽水	0.0440	118	60
济南	0.0555	31	17	莱芜	0.0440	119	61
舟山	0.0553	34	18	德州	0.0437	122	62
宁波	0.0552	35	19	河源	0.0433	126	63
天津	0.0550	36	20	湛江	0.0430	129	64
扬州	0.0548	38	21	石家庄	0.0424	134	65
江门	0.0544	39	22	衢州	0.0422	135	66
宁德	0.0543	40	23	惠州	0.0412	142	67

续表

城市	指数值	整体排名	区域内排名	城市	指数值	整体排名	区域内排名
嘉兴	0.0542	41	24	潮州	0.0412	143	68
泉州	0.0541	42	25	聊城	0.0405	151	69
廊坊	0.0538	44	26	唐山	0.0400	154	70
徐州	0.0536	46	27	日照	0.0392	169	71
泰安	0.0534	47	28	临沂	0.0392	170	72
南平	0.0534	48	29	汕头	0.0391	171	73
三明	0.0533	49	30	阳江	0.0387	174	74
漳州	0.0520	51	31	清远	0.0378	179	75
珠海	0.0519	52	32	海口	0.0378	180	76
茂名	0.0512	54	33	佛山	0.0373	186	77
温州	0.0512	55	34	滨州	0.0367	192	78
潍坊	0.0508	57	35	儋州	0.0363	197	79
梅州	0.0507	58	36	秦皇岛	0.0359	201	80
台州	0.0501	61	37	东莞	0.0355	205	81
汕尾	0.0500	62	38	云浮	0.0324	227	82
莆田	0.0500	63	39	揭阳	0.0312	236	83
衡水	0.0499	64	40	保定	0.0293	242	84
常州	0.0494	67	41	张家口	0.0291	243	85
枣庄	0.0493	68	42	韶关	0.0285	246	86
镇江	0.0488	69	43	肇庆	0.0277	250	87
邢台	0.0487	70	44	承德	0.0271	254	88

注：根据表 4–1 整理。

东部地区参评的 88 个城市中，有 5 个城市位居所有参评城市的前 10 位，分别是深圳、青岛、北京、东营和广州，占东部参评城市的 5.68%。其中深圳以 0.1091 的指数值位居所有参评城市第一位，远高于其他东部参评城市。除深圳外，东部地区的青岛、北京、东营、广州、杭州、沧州、三亚、中山、福州、泰州、烟台、盐城、金华、上海、威海、济南、舟山、宁波、天津、扬州、江门、宁德、嘉兴、泉州、廊坊、徐州、泰安、南平、三明、漳州、珠海、茂名、温州、潍坊、梅州、台州、汕尾、莆田、衡水、常州、枣庄、镇江、邢台、湖州、无锡、淮安、南通、淄博、龙岩、济宁、菏泽、邯郸、厦门、南京、连云港、苏州、宿迁、绍兴、丽水、莱芜、德州、河源、湛江、石家庄和衢州位于所有参评城市的第 2 位至第 135 位，上述 66 个城市均高于全国平均水平。而东部的惠州、潮州和聊城等 22 个城市的资源与环境效率低于全国平均水平，其中承德以 0.0271 的指数值位居东部地区所有参评城市的倒数第一位。总体来说，东部大部分城市资源与环境效率位居全国中游及以上。

2. 中部地区城市资源与环境效率指数及排名

2017 年中国中部地区城市资源与环境效率指数及排名如表 4–3 所示。

表 4–3　中国中部地区城市资源与环境效率指数及排名

城市	指数值	整体排名	区域内排名	城市	指数值	整体排名	区域内排名
周口	0.0664	10	1	郴州	0.0400	155	41
张家界	0.0649	14	2	怀化	0.0398	157	42
许昌	0.0641	15	3	铜陵	0.0396	159	43
长沙	0.0636	16	4	马鞍山	0.0396	160	44
濮阳	0.0559	30	5	株洲	0.0394	162	45
商丘	0.0553	33	6	抚州	0.0394	164	46
开封	0.0537	45	7	娄底	0.0392	168	47
随州	0.0521	50	8	益阳	0.0388	173	48
信阳	0.0517	53	9	平顶山	0.0384	176	49
六安	0.0512	56	10	芜湖	0.0382	177	50
郑州	0.0504	59	11	景德镇	0.0376	182	51
驻马店	0.0487	71	12	淮北	0.0374	185	52
洛阳	0.0484	73	13	忻州	0.0371	187	53
合肥	0.0482	74	14	鄂州	0.0368	190	54
常德	0.0472	77	15	蚌埠	0.0367	191	55
吕梁	0.0469	80	16	黄石	0.0364	196	56
黄冈	0.0469	81	17	三门峡	0.0358	202	57
晋中	0.0469	82	18	十堰	0.0351	207	58
漯河	0.0461	88	19	新余	0.0333	215	59
宣城	0.0459	90	20	衡阳	0.0330	220	60

续表

城市	指数值	整体排名	区域内排名	城市	指数值	整体排名	区域内排名
宿州	0.0458	92	21	孝感	0.0327	226	61
鹰潭	0.0453	97	22	淮南	0.0324	228	62
亳州	0.0452	98	23	邵阳	0.0320	230	63
新乡	0.0451	99	24	赣州	0.0318	231	64
焦作	0.0450	100	25	安阳	0.0302	239	65
武汉	0.0446	108	26	临汾	0.0296	241	66
鹤壁	0.0445	110	27	朔州	0.0285	245	67
永州	0.0444	115	28	襄阳	0.0282	248	68
宜春	0.0442	117	29	晋城	0.0282	249	69
咸宁	0.0437	121	30	九江	0.0268	255	70
南阳	0.0435	124	31	长治	0.0257	263	71
黄山	0.0434	125	32	太原	0.0256	264	72
吉安	0.0427	131	33	荆门	0.0227	267	73
池州	0.0424	133	34	萍乡	0.0207	270	74
阜阳	0.0422	136	35	运城	0.0205	271	75
南昌	0.0419	137	36	宜昌	0.0205	272	76
安庆	0.0411	144	37	阳泉	0.0196	275	77
滁州	0.0407	147	38	荆州	0.0189	276	78
岳阳	0.0403	152	39	大同	0.0132	286	79
湘潭	0.0401	153	40	上饶	0.0129	287	80

注：本表根据表 4–1 整理。

中部地区参评的 80 个城市中，仅周口一个城市位居所有参评城市的前 10 位。此外，张家口、许昌、长沙、濮阳、商丘、开封、随州、信阳、六安、郑州、驻马店、洛阳、合肥、常德、吕梁、黄冈、晋中、漯河、宣城、宿州、鹰潭、亳州、新乡、焦作、武汉、鹤壁、永州、宜春、咸宁、南阳、黄山、吉安、池州、阜阳和南昌这 35 个城市位居所有参评城市的第 14 位至第 137 位，其资源与环境效率高于全国平均水平。安庆、滁州和岳阳等 44 个城市位居所有参评城市的第 144 位至第 287 位，资源与环境效率低于全国平均水平。其中上饶以 0.0129 的指数值位居中部地区所有参评城市的最后一位。中部大部分城市资源与环境效率在全国排名处于中后位置。

3. 西部地区城市资源与环境效率指数及排名

2017 年中国西部地区城市资源与环境效率指数及排名如表 4-4 所示。

表 4-4　中国西部地区城市资源与环境效率指数及排名

城市	指数值	整体排名	区域内排名	城市	指数值	整体排名	区域内排名
防城港	0.0754	4	1	绵阳	0.0375	184	45
西安	0.0733	6	2	武威	0.0368	188	46
安康	0.0725	7	3	贵港	0.0366	193	47
北海	0.0675	9	4	百色	0.0365	194	48
玉林	0.0652	12	5	南充	0.0362	198	49
南宁	0.0591	23	6	达州	0.0360	199	50
鄂尔多斯	0.0563	28	7	昭通	0.0360	200	51
固原	0.0554	32	8	巴中	0.0358	204	52
庆阳	0.0548	37	9	通辽	0.0352	206	53
贺州	0.0538	43	10	宝鸡	0.0349	208	54
柳州	0.0503	60	11	遵义	0.0347	210	55
榆林	0.0499	65	12	曲靖	0.0343	211	56
兰州	0.0498	66	13	乐山	0.0343	212	57
定西	0.0484	72	14	西宁	0.0343	213	58
梧州	0.0476	76	15	攀枝花	0.0340	214	59
铜川	0.0470	78	16	雅安	0.0331	217	60
安顺	0.0465	85	17	重庆	0.0330	219	61
钦州	0.0458	93	18	铜仁	0.0329	221	62
广元	0.0449	103	19	白银	0.0328	222	63
崇左	0.0447	104	20	呼和浩特	0.0328	223	64
乌兰察布	0.0444	111	21	包头	0.0328	224	65
临沧	0.0444	112	22	天水	0.0327	225	66
渭南	0.0444	114	23	玉溪	0.0317	232	67
遂宁	0.0440	120	24	克拉玛依	0.0317	233	68
海东	0.0436	123	25	嘉峪关	0.0313	234	69
乌鲁木齐	0.0432	128	26	六盘水	0.0312	235	70
内江	0.0430	130	27	吴忠	0.0305	238	71

续表

城市	指数值	整体排名	区域内排名	城市	指数值	整体排名	区域内排名
桂林	0.0425	132	28	丽江	0.0299	240	72
广安	0.0419	138	29	德阳	0.0288	244	73
资阳	0.0417	139	30	乌海	0.0276	251	74
成都	0.0408	145	31	呼伦贝尔	0.0276	252	75
保山	0.0408	146	32	商洛	0.0262	259	76
来宾	0.0406	149	33	巴彦淖尔	0.0261	260	77
毕节	0.0405	150	34	汉中	0.0261	261	78
中卫	0.0398	156	35	赤峰	0.0254	265	79
眉山	0.0394	161	36	酒泉	0.0242	266	80
张掖	0.0394	163	37	河池	0.0222	268	81
昆明	0.0394	165	38	银川	0.0182	277	82
咸阳	0.0394	166	39	陇南	0.0172	280	83
平凉	0.0393	167	40	贵阳	0.0167	281	84
自贡	0.0388	172	41	普洱	0.0167	282	85
延安	0.0385	175	42	石嘴山	0.0150	283	86
泸州	0.0380	178	43	拉萨	0.0142	284	87
宜宾	0.0378	181	44	金昌	0.0107	289	88

注：本表根据表 4-1 整理。

西部地区参评的 88 个城市中，有防城港、西安、安康、北海 4 个城市位居所有参评城市的前 10 位。除此之外，西部地区的玉林、南宁、鄂尔多斯、固原、庆阳、贺州、柳州、榆林、兰州、定西、梧州、铜川、安顺、钦州、广元、崇左、乌兰察布、临沧、渭南、遂宁、海东、乌鲁木齐、内江、桂林、广安和资阳 26 个城市的资源与环境效率也高于全国平均水平。而西部地区的成都、保山和来宾等 58 个城市的资源与环境效率低于全国平均水平，其中金昌以 0.0107 的指数值位居西部地区所有参评城市的最后一位。总的来看，西部地区有近半城市资源环境承载潜力位居全国中游及以上。

4. 东北地区城市资源与环境效率指数及排名

2017 年中国东北地区城市资源与环境效率指数及排名如表 4–5 所示。

表 4–5 中国东北地区城市资源与环境效率指数及排名

城市	指数值	整体排名	区域内排名	城市	指数值	整体排名	区域内排名
辽源	0.0466	84	1	丹东	0.0331	218	18
大庆	0.0456	94	2	白山	0.0323	229	19
白城	0.0454	96	3	七台河	0.0310	237	20
大连	0.0445	109	4	佳木斯	0.0284	247	21
哈尔滨	0.0432	127	5	铁岭	0.0275	253	22
松原	0.0417	140	6	双鸭山	0.0266	256	23
锦州	0.0416	141	7	齐齐哈尔	0.0263	257	24
沈阳	0.0406	148	8	鹤岗	0.0262	258	25
营口	0.0397	158	9	牡丹江	0.0257	262	26
盘锦	0.0375	183	10	鞍山	0.0216	269	27
朝阳	0.0368	189	11	黑河	0.0204	273	28
通化	0.0365	195	12	本溪	0.0196	274	29
四平	0.0358	203	13	吉林	0.0177	278	30
阜新	0.0349	209	14	鸡西	0.0174	279	31
葫芦岛	0.0332	216	15	辽阳	0.0136	285	32
辽源	0.0466	84	16	抚顺	0.0121	288	33
大庆	0.0456	94	17	伊春	0.0052	290	34

注：本表根据表 4–1 整理。

东北地区参评的 34 个城市中，区域内没有位居全国所有参评城市排名前 10 位的城市。辽源、大庆、白城、大连、哈尔滨、松原和锦州 7 个城市的资源与环境效率高于全国平均水平。而沈阳、营口和盘锦等 27 个城市的资源与环境效率低于全国平均水平，其中伊春以 0.0052 的指数值位居东北地区所有参评城市的最后一位。东北地区城市资源与环境效率位居全国中下游的偏多。

（三）城市资源与环境效率对中国城市绿色竞争力指数影响分析

对比 2017 年中国城市绿色竞争力指数与城市资源与环境效率后发现，290 个参评城市中，有 142 个城市资源与环境效率排名高于中国城市绿色竞争力指数排名，这表明这些城市的资源与环境效率推高了城市整体绿色竞争力水平，如青岛、西安和中山等；有 142 个城市资源与环境效率排名低于中国城市绿色竞争力指数排名，这表明这些城市资源与环境效率拉低了城市的整体绿色竞争力水平，如北京、广州和三亚等；深圳、杭州、鹰潭、滁州、襄阳和伊春的资源和环境效率排名与中国城市绿色竞争力指数排名相同。

从影响的程度看，城市资源与环境效率与中国城市绿色竞争力指数排名差异较大（超过 50 名）的城市有 139 个，占所有城市的 47.93%。如玉林、沧州、盐城等，这表明这些城市的资源与环境效率对绿色竞争力指数总排名正向影响明显。其中，定西的排名差异最大，相差 175 名。定西的绿色竞争力指数排名第 247 位，位于所有城市中较靠后的位置，但其资源与环境效率排名较为靠前为第 72 位，因此通过资源和环境效率的推动作用，使得绿色竞争力排名加强。而东莞、苏州、南京等城市的绿色竞争力指数排名要远高于资源与环境效率排名，资源和环境效率拉低了整体的绿色竞争力指数水平，如拉萨的绿色竞争力指数位列第 89 位，而资源与环境效率仅位居所有参评城市第 284 位，其绿色竞争力水平很大程度上受到资源和环境效率指标的制约。有 151 个城市排名差异较小（50 名以内），如深圳、北京、广州、三亚等，这表明这些城市的资源与环境效率对城市绿色竞争力指数总排名影响不明显。2017 年中国城市绿色竞争力指数与城市资源与环境效率排名差异超过 50 位的城市如表 4–6 所示。

表 4-6　中国城市绿色竞争力指数排名与城市资源与环境效率指数排名差异超过 50 位的城市

城市	绿色竞争力排名	资源与环境效率排名	位次变化	城市	绿色竞争力排名	资源与环境效率排名	位次变化
平凉	218	167	51	宜昌	221	272	–51
鄂州	241	190	51	成都	93	145	–52
玉林	64	12	52	景德镇	130	182	–52
梅州	111	58	53	金昌	237	289	–52
汕尾	115	62	53	株洲	109	162	–53
葫芦岛	269	216	53	大连	55	109	–54
徐州	100	46	54	通辽	149	206	–57
泰安	101	47	54	衡阳	162	220	–58
随州	104	50	54	南昌	78	137	–59
莆田	117	63	54	石家庄	74	134	–60
榆林	119	65	54	沈阳	86	148	–62
焦作	155	100	55	无锡	16	79	–63
连云港	161	106	55	张掖	99	163	–64
安顺	141	85	56	汕头	107	171	–64
南阳	180	124	56	乌兰察布	46	111	–65
中卫	212	156	56	丽水	53	118	–65
沧州	70	13	57	惠州	77	142	–65
新乡	156	99	57	本溪	209	274	–65
盐城	82	24	58	乌鲁木齐	61	128	–67
忻州	245	187	58	马鞍山	90	160	–70
德州	182	122	60	承德	183	254	–71
四平	264	203	61	九江	184	255	–71
宁德	102	40	62	赣州	159	231	–72
泸州	244	178	66	普洱	210	282	–72
淮安	153	83	70	赤峰	192	265	–73
六安	128	56	72	厦门	28	102	–74
贵港	266	193	73	铜陵	83	159	–76
咸阳	240	166	74	攀枝花	137	214	–77
娄底	242	168	74	雅安	140	217	–77
广元	178	103	75	绍兴	38	116	–78

续表

城市	绿色竞争力排名	资源与环境效率排名	位次变化	城市	绿色竞争力排名	资源与环境效率排名	位次变化
遂宁	201	120	81	蚌埠	112	191	−79
广安	219	138	81	西宁	129	213	−84
永州	197	115	82	武汉	22	108	−86
朝阳	271	189	82	滨州	106	192	−86
保山	229	146	83	秦皇岛	113	201	−88
自贡	255	172	83	河池	179	268	−89
周口	94	10	84	南京	14	105	−91
巴中	288	204	84	六盘水	144	235	−91
晋中	167	82	85	苏州	13	107	−94
白城	181	96	85	商洛	163	259	−96
崇左	189	104	85	百色	95	194	−99
抚州	249	164	85	新余	116	215	−99
开封	133	45	88	韶关	145	246	−101
南充	287	198	89	黄山	21	125	−104
达州	289	199	90	克拉玛依	118	233	−115
盘锦	275	183	92	芜湖	60	177	−117
驻马店	164	71	93	昆明	43	165	−122
邯郸	196	101	95	铜仁	98	221	−123
临沧	208	112	96	黑河	148	273	−125
眉山	260	161	99	儋州	71	197	−126
枣庄	168	68	100	巴彦淖尔	134	260	−126
辽源	186	84	102	丽江	108	240	−132
鹤壁	213	110	103	佛山	50	186	−136
阜阳	239	136	103	重庆	80	219	−139
亳州	205	98	107	遵义	67	210	−143
黄冈	194	81	113	银川	126	277	−151
绥化	139	20	119	海口	26	180	−154
庆阳	158	37	121	太原	105	264	−159
信阳	174	53	121	呼伦贝尔	79	252	−173
濮阳	152	30	122	呼和浩特	45	223	−178
铜川	202	78	124	酒泉	88	266	−178

续表

城市	绿色竞争力排名	资源与环境效率排名	位次变化	城市	绿色竞争力排名	资源与环境效率排名	位次变化
营口	282	158	124	贵阳	91	281	−190
邢台	195	70	125	包头	31	224	−193
衡水	190	64	126	东莞	10	205	−195
海东	254	123	131	拉萨	89	284	−195
内江	262	130	132				
商丘	169	33	136				
吕梁	216	80	136				
资阳	279	139	140				
菏泽	236	95	141				
渭南	256	114	142				
漯河	233	88	145				
宿州	252	92	160				
定西	247	72	175				

注：1. 本表根据表 1–3 和表 4–1 整理。2. 表中排名差异为资源与环境效率排名与城市绿色竞争力指数排名之差，正值表示资源与环境效率较之于城市绿色竞争力指数进步的名次，负值表示资源与环境效率较之于城市绿色竞争力指数退后的名次。

二、城市资源与环境效率比较分析

城市资源与环境效率占 2017 年中国城市绿色竞争力指数指标总权重的 20%，共由资源效率、环境效率这 2 个二级指标及下属 6 个三级指标构成，包含 1 个正指标和 5 个逆指标。

（一）城市资源效率指标比较

城市资源效率指标占资源与环境效率指标总体权重的 33.33%，占城市绿色竞争力指数总权重的 6.67%，是城市绿色竞争力指数中权重最小的一个二级指标之一，对城市绿色竞争力指数的贡献较小。

从指标结构上看，资源效率指标仅包括 2 个三级指标，即单位地区生产总值用水量和工业固体废物综合利用率。单位地区生产总值用水量这一指标是逆指标，占城市绿色竞争力指数的权重为 3.33%，工业固体废物综合利用率这一指标是正指标，占城市绿色竞争力指数的权重同样为 3.33%。具体情况表 4–7 所示。

表 4–7　资源效率三级指标、权重及指标属性

指标序号	指标	权重（%）	指标属性
24	单位地区生产总值用水量	3.33%	逆
25	工业固体废物综合利用率	3.33%	正

注：本表内容由本报告课题组召开的多次研讨会确定。

在对三级指标的原始数据进行标准化处理综合测算后，得出 2017 年中国城市资源效率指数及其排名情况，如表 4–8 所示。

表 4–8　中国 290 个城市资源效率指数及排名

城市	资源效率指标		城市	资源效率指标		城市	资源效率指标	
	指数值	排名		指标值	排名		指数值	排名
沧州	0.0559	1	益阳	0.0357	98	曲靖	0.0303	195
庆阳	0.0503	2	泸州	0.0357	99	阜新	0.0302	196
周口	0.0483	3	淮安	0.0356	100	盘锦	0.0301	197
许昌	0.0481	4	宁波	0.0356	101	丹东	0.0301	198
宁德	0.0473	5	安康	0.0355	102	焦作	0.0300	199
三明	0.0470	6	平凉	0.0354	103	聊城	0.0299	200
泰州	0.0460	7	开封	0.0353	104	衡阳	0.0298	201
信阳	0.0458	8	湘潭	0.0353	105	西安	0.0294	202
廊坊	0.0455	9	铜川	0.0353	106	河源	0.0293	203
泉州	0.0450	10	忻州	0.0352	107	赣州	0.0293	204
邢台	0.0445	11	抚州	0.0351	108	遵义	0.0292	205
南平	0.0443	12	潮州	0.0351	109	六盘水	0.0292	206
榆林	0.0442	13	怀化	0.0351	110	玉溪	0.0291	207
商丘	0.0441	14	郴州	0.0350	111	杭州	0.0291	208

续表

城市	资源效率指标		城市	资源效率指标		城市	资源效率指标	
	指数值	排名		指标值	排名		指数值	排名
鄂尔多斯	0.0440	15	淮北	0.0349	112	云浮	0.0291	209
泰安	0.0440	16	宿迁	0.0348	113	雅安	0.0291	210
吕梁	0.0438	17	大连	0.0348	114	葫芦岛	0.0290	211
金华	0.0433	18	惠州	0.0347	115	孝感	0.0289	212
海东	0.0429	19	自贡	0.0346	116	崇左	0.0287	213
盐城	0.0424	20	黄石	0.0345	117	张掖	0.0286	214
临沧	0.0424	21	南阳	0.0344	118	天水	0.0286	215
嘉兴	0.0421	22	中山	0.0344	119	南宁	0.0285	216
黄冈	0.0419	23	营口	0.0344	120	白山	0.0283	217
漳州	0.0417	24	南昌	0.0342	121	梧州	0.0280	218
菏泽	0.0411	25	黄山	0.0342	122	北京	0.0280	219
宿州	0.0411	26	株洲	0.0342	123	咸阳	0.0279	220
宜春	0.0410	27	岳阳	0.0341	124	乌兰察布	0.0276	221
枣庄	0.0406	28	贵港	0.0341	125	深圳	0.0276	222
晋中	0.0405	29	新乡	0.0341	126	七台河	0.0275	223
白城	0.0405	30	武汉	0.0341	127	临汾	0.0275	224
驻马店	0.0405	31	达州	0.0340	128	邵阳	0.0274	225
威海	0.0404	32	昭通	0.0340	129	宝鸡	0.0266	226
常德	0.0404	33	铜陵	0.0339	130	德阳	0.0266	227
茂名	0.0403	34	来宾	0.0338	131	重庆	0.0264	228
衡水	0.0399	35	广州	0.0338	132	吴忠	0.0264	229
渭南	0.0398	36	防城港	0.0337	133	通辽	0.0264	230
宣城	0.0398	37	淄博	0.0337	134	韶关	0.0263	231
保山	0.0396	38	临沂	0.0337	135	晋城	0.0257	232
湖州	0.0396	39	马鞍山	0.0336	136	鹤岗	0.0249	233
徐州	0.0395	40	朝阳	0.0335	137	张家口	0.0243	234
内江	0.0395	41	乐山	0.0335	138	九江	0.0242	235
中卫	0.0394	42	绵阳	0.0334	139	铜仁	0.0241	236
辽源	0.0392	43	济南	0.0334	140	双鸭山	0.0241	237
扬州	0.0392	44	三亚	0.0333	141	十堰	0.0239	238
资阳	0.0391	45	柳州	0.0333	142	呼伦贝尔	0.0239	239

续表

城市	资源效率指标		城市	资源效率指标		城市	资源效率指标	
	指数值	排名		指标值	排名		指数值	排名
潍坊	0.0390	46	蚌埠	0.0333	143	嘉峪关	0.0235	240
广安	0.0390	47	巴中	0.0333	144	乌海	0.0235	241
汕尾	0.0389	48	汕头	0.0333	145	安阳	0.0234	242
南通	0.0386	49	平顶山	0.0333	146	铁岭	0.0233	243
镇江	0.0386	50	上海	0.0332	147	揭阳	0.0230	244
济宁	0.0385	51	景德镇	0.0332	148	三门峡	0.0229	245
常州	0.0383	52	江门	0.0331	149	佳木斯	0.0226	246
绥化	0.0383	53	南充	0.0329	150	齐齐哈尔	0.0225	247
眉山	0.0381	54	绍兴	0.0329	151	巴彦淖尔	0.0221	248
安顺	0.0381	55	乌鲁木齐	0.0328	152	朔州	0.0220	249
鹤壁	0.0381	56	桂林	0.0328	153	肇庆	0.0218	250
莱芜	0.0381	57	西宁	0.0328	154	保定	0.0218	251
亳州	0.0380	58	唐山	0.0326	155	包头	0.0212	252
湛江	0.0379	59	烟台	0.0326	156	大庆	0.0211	253
玉林	0.0379	60	长沙	0.0324	157	襄阳	0.0206	254
吉安	0.0378	61	莆田	0.0324	158	长治	0.0196	255
天津	0.0378	62	贺州	0.0324	159	牡丹江	0.0190	256
鹰潭	0.0378	63	漯河	0.0324	160	汉中	0.0190	257
东营	0.0377	64	武威	0.0323	161	酒泉	0.0188	258
遂宁	0.0375	65	郑州	0.0323	162	百色	0.0183	259
连云港	0.0375	66	固原	0.0323	163	鞍山	0.0175	260
濮阳	0.0374	67	珠海	0.0323	164	丽江	0.0174	261
龙岩	0.0374	68	厦门	0.0321	165	荆门	0.0166	262
舟山	0.0374	69	儋州	0.0320	166	运城	0.0164	263
衢州	0.0374	70	兰州	0.0319	167	本溪	0.0161	264
钦州	0.0373	71	宜宾	0.0317	168	太原	0.0161	265
永州	0.0373	72	清远	0.0317	169	呼和浩特	0.0159	266
张家界	0.0371	73	延安	0.0317	170	萍乡	0.0158	267
邯郸	0.0371	74	南京	0.0316	171	黑河	0.0157	268
温州	0.0370	75	秦皇岛	0.0316	172	陇南	0.0153	269
梅州	0.0370	76	滨州	0.0316	173	普洱	0.0152	270

续表

城市	资源效率指标		城市	资源效率指标		城市	资源效率指标	
	指数值	排名		指标值	排名		指数值	排名
台州	0.0369	77	沈阳	0.0315	174	赤峰	0.0152	271
北海	0.0369	78	阳江	0.0315	175	承德	0.0151	272
咸宁	0.0369	79	松原	0.0314	176	商洛	0.0150	273
六安	0.0368	80	克拉玛依	0.0312	177	昆明	0.0150	274
池州	0.0367	81	成都	0.0312	178	宜昌	0.0147	275
娄底	0.0367	82	四平	0.0311	179	鸡西	0.0146	276
无锡	0.0367	83	锦州	0.0311	180	荆州	0.0145	277
德州	0.0365	84	日照	0.0310	181	贵阳	0.0132	278
哈尔滨	0.0365	85	白银	0.0309	182	银川	0.0132	279
毕节	0.0365	86	鄂州	0.0309	183	拉萨	0.0128	280
青岛	0.0365	87	通化	0.0308	184	吉林	0.0126	281
定西	0.0365	88	合肥	0.0308	185	河池	0.0111	282
苏州	0.0363	89	佛山	0.0308	186	上饶	0.0099	283
丽水	0.0363	90	洛阳	0.0307	187	石嘴山	0.0097	284
滁州	0.0362	91	新余	0.0307	188	抚顺	0.0089	285
石家庄	0.0362	92	攀枝花	0.0306	189	阳泉	0.0088	286
广元	0.0362	93	随州	0.0305	190	大同	0.0081	287
阜阳	0.0361	94	芜湖	0.0304	191	辽阳	0.0076	288
安庆	0.0361	95	淮南	0.0304	192	金昌	0.0061	289
长春	0.0361	96	海口	0.0304	193	伊春	0.0038	290
福州	0.0358	97	东莞	0.0304	194			

注：本表数据及排名根据《中国统计年鉴2018》《2015中国环境统计年报》《中国环境统计年鉴2018》《中国城市统计年鉴2018》《中国省市经济发展年鉴2018》及人工整理测算。

从表4-8可以看出，全国290个城市的资源效率指标测算结果介于0.0038～0.0559之间，极差为0.0521。高于或等于全国平均水平0.0316的城市有173个，占全部参评城市的59.66%，前20位的城市分别为沧州、庆阳、周口、许昌、宁德、三明、泰州、信阳、廊坊、泉州、邢台、南平、榆林、商丘、鄂尔多斯、泰安、吕梁、金华、海东和盐城；有117个城市的资源效率指标低于全部参评城市平均水平，占比40.34%，这些城市有沈阳、阳江、松原等，其中辽阳、金昌和伊春位居所有参评城市的最后三位，指数值分别为0.0076、0.0061 和 0.0038。

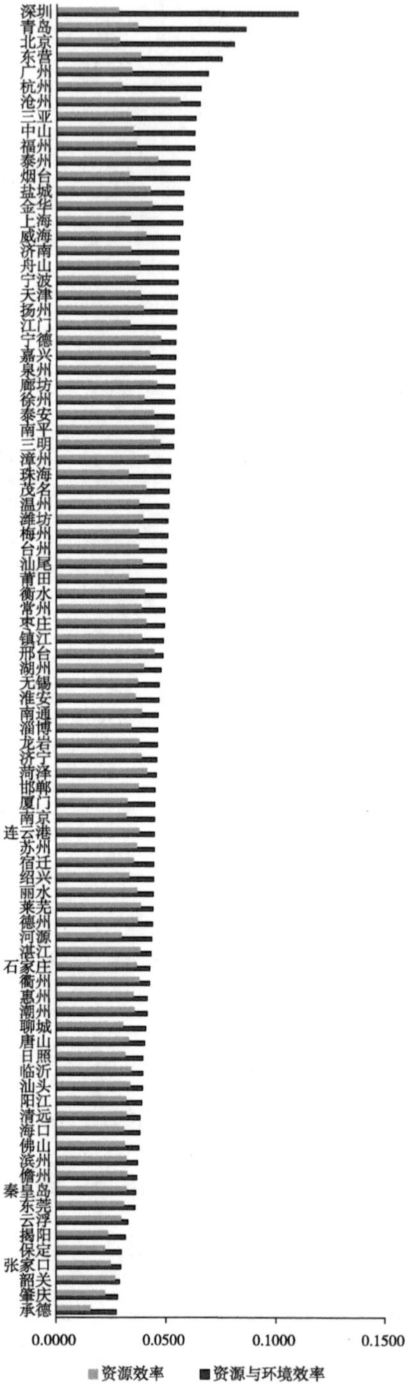

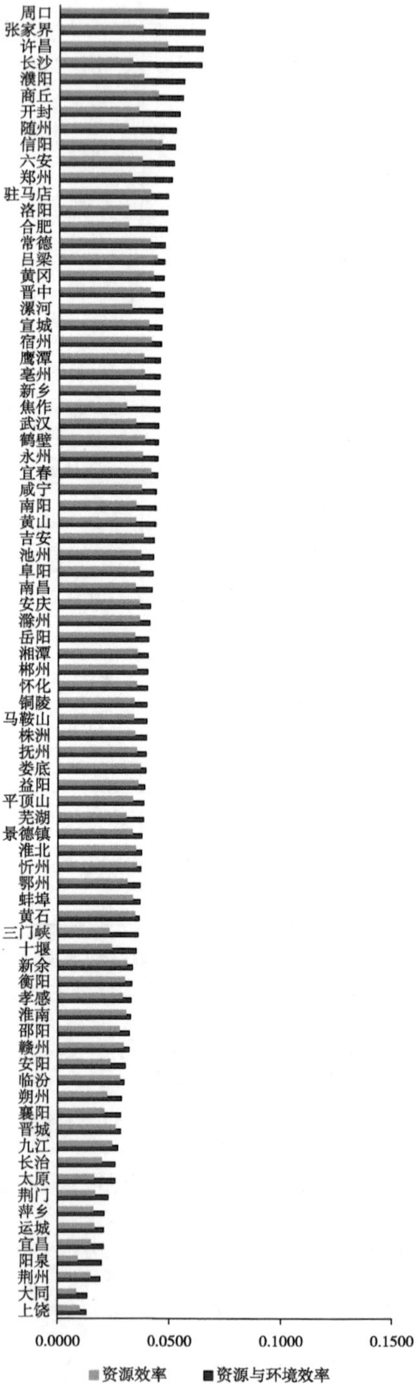

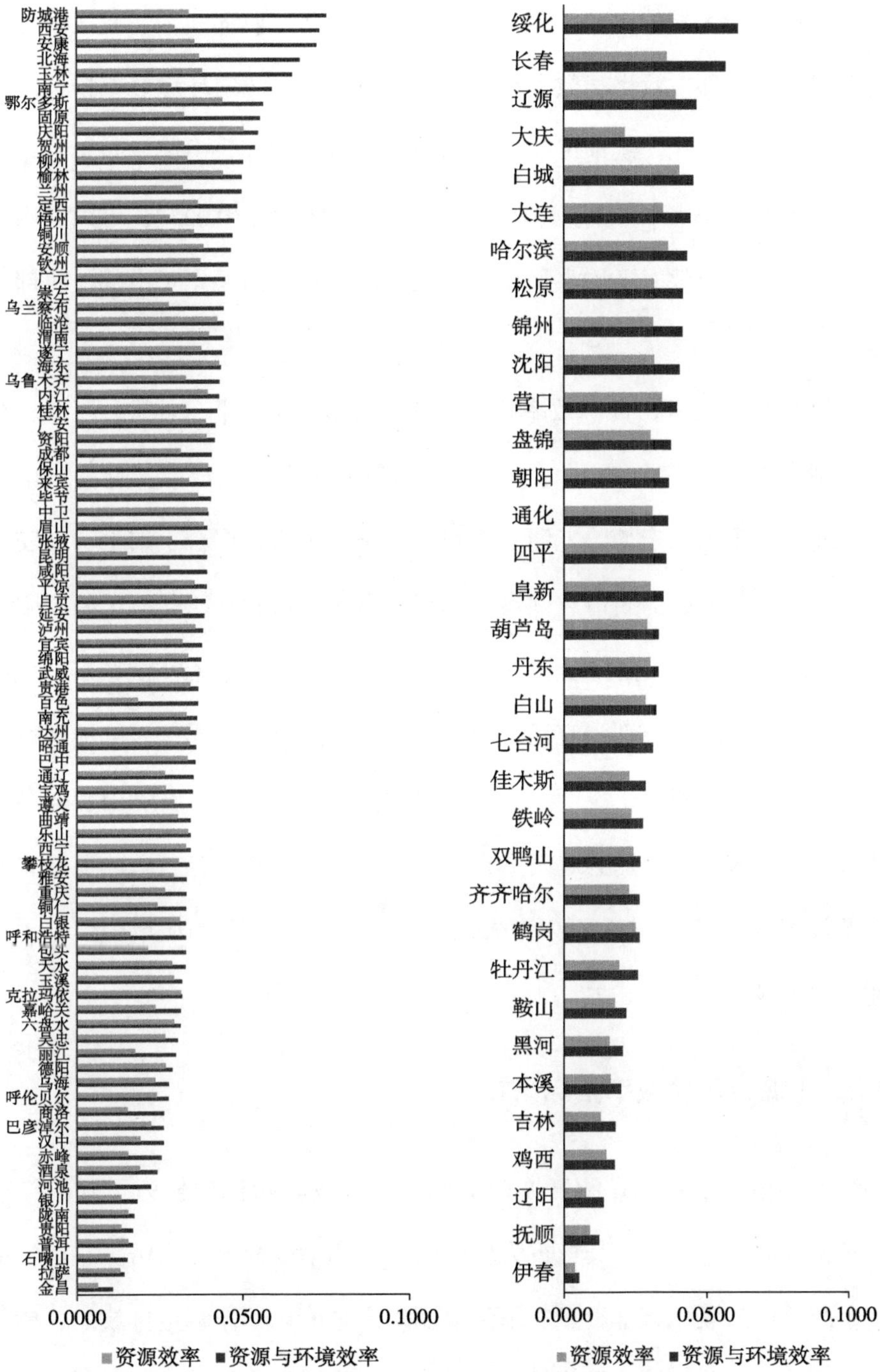

图 4–3　资源与环境效率和资源效率指标对比

注：图 4–3 按照东部、中部、西部和东北地区划分，根据资源与环境效率指数大小自上至下排列。

为了进行地区间的比较，图 4–3 从东部、中部、西部和东北地区划分的角度，根据资源与环境效率指数大小顺序给出了城市资源与环境效率指标同城市资源效率指标的对比。从地区间差异的角度来看，东部、中部、西部和东北地区资源效率的平均水平分别为 0.0356、0.0318、0.0295、0.0258，可以看出平均而言四个地区资源效率平均水平相差不大，但东部小幅领先于中部、西部和东北地区。

就排名结果而言，资源效率指标前 20 位的城市东部、中部、西部、东北地区分别有 11 个、5 个、4 个、0 个，分布较集中在东部地区。这些城市分别为东部地区的沧州、宁德、三明、泰州、廊坊、泉州、邢台、南平、泰安、金华、盐城，中部地区的周口、许昌、信阳、商丘、吕梁，西部地区的庆阳、榆林、鄂尔多斯、海东。而排名后 20 位的城市中，东部地区有 1 个城市即承德；中部地区有 5 个城市分别为宜昌、荆州、上饶、阳泉和大同；西部地区有 9 个城市分别为赤峰、商洛、昆明、贵阳、银川、拉萨、河池、石嘴山和金昌；东北地区有 5 个城市，分别为鸡西、吉林、抚顺、辽阳和伊春。由此可以看出，在资源效率这一指标上表现较好的东部地区，在后 20 名的城市中仅占 1 个，可谓优势明显。

（二）城市环境效率指标比较

城市环境效率指标是测度城市资源与环境效率指标中较为重要的二级指标，相比资源效率指标，其权重为城市资源效率指标权重的 2 倍。它包含单位地区生产总值二氧化硫排放量、单位地区生产总值化学需氧量排放量、单位地区生产总值氮氧化物排放量、单位地区生产总值氨氮排放量 4 个三级指标。这 4 个三级指标每个指标占城市绿色竞争力指数总权重均为 3.33%，加总占总权重的 13.33%、占城市资源与环境效率权重的 66.67%，具体情况如表 4–9 所示。

表 4-9　环境效率三级指标、权重及指标属性

指标序号	指标	权重（%）	指标属性
26	单位地区生产总值二氧化硫排放量	3.33%	逆
27	单位地区生产总值化学需氧量排放量	3.33%	逆
28	单位地区生产总值氮氧化物排放量	3.33%	逆
29	单位地区生产总值氨氮排放量	3.33%	逆

注：1. 本表内容由本报告课题组召开的多次研讨会确定。

在对三级指标原始数据加以标准化处理后，根据表 4-9 中所示的权重，计算得出了本次参评的 290 个城市的环境效率指标的指数值。测算结果和排名如表 4-10 所示。

表 4-10　中国 290 个城市环境效率指数及排名

城市	环境效率指标		城市	环境效率指标		城市	环境效率指标	
	指数值	排名		指标值	排名		指数值	排名
深圳	0.0814	1	成都	0.0096	98	郴州	0.0049	195
北京	0.0521	2	宿迁	0.0096	99	萍乡	0.0049	196
青岛	0.0490	3	太原	0.0096	100	白城	0.0049	197
西安	0.0439	4	泰安	0.0095	101	衢州	0.0049	198
防城港	0.0417	5	黄山	0.0092	102	吉安	0.0049	199
安康	0.0370	6	沧州	0.0091	103	湘潭	0.0048	200
东营	0.0368	7	泉州	0.0091	104	张家口	0.0048	201
杭州	0.0363	8	沈阳	0.0091	105	宿州	0.0048	202
广州	0.0348	9	南平	0.0090	106	四平	0.0047	203
长沙	0.0312	10	南阳	0.0090	107	黑河	0.0047	204
北海	0.0306	11	通辽	0.0088	108	阜新	0.0047	205
南宁	0.0305	12	铜仁	0.0088	109	怀化	0.0047	206
三亚	0.0298	13	广元	0.0087	110	金昌	0.0046	207
中山	0.0283	14	枣庄	0.0087	111	邵阳	0.0046	208
张家界	0.0278	15	龙岩	0.0086	112	渭南	0.0045	209
烟台	0.0277	16	钦州	0.0085	113	庆阳	0.0045	210
玉林	0.0274	17	安顺	0.0084	114	菏泽	0.0045	211
福州	0.0267	18	宝鸡	0.0083	115	滁州	0.0045	212

续表

城市	环境效率指标		城市	环境效率指标		城市	环境效率指标	
	指数值	排名		指标值	排名		指数值	排名
大庆	0.0245	19	廊坊	0.0083	116	武威	0.0045	213
昆明	0.0243	20	苏州	0.0083	117	荆州	0.0044	214
上海	0.0241	21	日照	0.0082	118	景德镇	0.0044	215
固原	0.0231	22	湖州	0.0082	119	儋州	0.0043	216
绥化	0.0226	23	驻马店	0.0082	120	秦皇岛	0.0043	217
济南	0.0221	24	揭阳	0.0081	121	邢台	0.0042	218
随州	0.0216	25	邯郸	0.0079	122	抚州	0.0042	219
贺州	0.0214	26	嘉峪关	0.0078	123	自贡	0.0042	220
江门	0.0214	27	芜湖	0.0078	124	葫芦岛	0.0042	221
长春	0.0206	28	南通	0.0077	125	铁岭	0.0042	222
宁波	0.0197	29	丽水	0.0077	126	运城	0.0042	223
梧州	0.0196	30	南昌	0.0077	127	天水	0.0042	224
珠海	0.0196	31	保定	0.0076	128	乌海	0.0041	225
濮阳	0.0185	32	襄阳	0.0076	129	绵阳	0.0041	226
开封	0.0184	33	鹰潭	0.0075	130	曲靖	0.0041	227
百色	0.0183	34	海口	0.0074	131	雅安	0.0041	228
周口	0.0181	35	盘锦	0.0074	132	鞍山	0.0040	229
郑州	0.0181	36	辽源	0.0073	133	毕节	0.0040	230
舟山	0.0179	37	唐山	0.0073	134	吴忠	0.0040	231
兰州	0.0179	38	济宁	0.0073	135	巴彦淖尔	0.0040	232
洛阳	0.0176	39	连云港	0.0072	136	白山	0.0040	233
莆田	0.0176	40	阳江	0.0072	137	平凉	0.0039	234
合肥	0.0173	41	亳州	0.0072	138	齐齐哈尔	0.0038	235
天津	0.0171	42	汉中	0.0071	139	孝感	0.0038	236
柳州	0.0170	43	德州	0.0071	140	呼伦贝尔	0.0037	237
呼和浩特	0.0169	44	永州	0.0071	141	贵阳	0.0036	238
乌兰察布	0.0168	45	宁德	0.0070	142	本溪	0.0036	239
崇左	0.0160	46	延安	0.0069	143	内江	0.0035	240
许昌	0.0160	47	咸宁	0.0068	144	蚌埠	0.0035	241
威海	0.0157	48	安阳	0.0068	145	七台河	0.0035	242
扬州	0.0156	49	来宾	0.0068	146	攀枝花	0.0034	243

续表

城市	环境效率指标		城市	环境效率指标		城市	环境效率指标	
	指数值	排名		指标值	排名		指数值	排名
盐城	0.0154	50	常德	0.0068	147	云浮	0.0034	244
焦作	0.0150	51	牡丹江	0.0067	148	南充	0.0033	245
泰州	0.0146	52	哈尔滨	0.0067	149	朝阳	0.0033	246
六安	0.0144	53	重庆	0.0066	150	宜春	0.0032	247
温州	0.0142	54	朔州	0.0065	151	衡阳	0.0032	248
金华	0.0141	55	佛山	0.0065	152	吕梁	0.0032	249
徐州	0.0141	56	惠州	0.0065	153	抚顺	0.0032	250
河源	0.0140	57	遂宁	0.0064	154	益阳	0.0030	251
漯河	0.0138	58	鹤壁	0.0063	155	丹东	0.0030	252
梅州	0.0137	59	晋中	0.0063	156	上饶	0.0030	253
台州	0.0132	60	三明	0.0062	157	广安	0.0029	254
南京	0.0131	61	石家庄	0.0062	158	鸡西	0.0028	255
三门峡	0.0130	62	清远	0.0062	159	九江	0.0026	256
厦门	0.0128	63	岳阳	0.0062	160	资阳	0.0026	257
淄博	0.0125	64	荆门	0.0061	161	新余	0.0026	258
丽江	0.0125	65	宜宾	0.0061	162	玉溪	0.0026	259
鄂尔多斯	0.0123	66	阜阳	0.0061	163	赣州	0.0026	260
嘉兴	0.0121	67	宣城	0.0061	164	贵港	0.0025	261
定西	0.0120	68	长治	0.0061	165	淮北	0.0025	262
承德	0.0120	69	辽阳	0.0061	166	娄底	0.0025	263
铜川	0.0118	70	潮州	0.0060	167	双鸭山	0.0025	264
潍坊	0.0117	71	马鞍山	0.0059	168	巴中	0.0025	265
包头	0.0116	72	肇庆	0.0059	169	晋城	0.0025	266
咸阳	0.0115	73	莱芜	0.0059	170	泸州	0.0024	267
绍兴	0.0114	74	信阳	0.0059	171	德阳	0.0022	268
商丘	0.0112	75	鄂州	0.0059	172	韶关	0.0022	269
商洛	0.0112	76	汕头	0.0059	173	临沧	0.0021	270
淮安	0.0112	77	佳木斯	0.0058	174	临汾	0.0020	271
汕尾	0.0112	78	宜昌	0.0058	175	六盘水	0.0020	272
河池	0.0111	79	榆林	0.0058	176	昭通	0.0020	273
十堰	0.0111	80	池州	0.0057	177	达州	0.0020	274

续表

城市	环境效率指标		城市	环境效率指标		城市	环境效率指标	
	指数值	排名		指标值	排名		指数值	排名
常州	0.0111	81	铜陵	0.0057	178	淮南	0.0020	275
新乡	0.0110	82	通化	0.0056	179	黄石	0.0020	276
茂名	0.0109	83	临沂	0.0055	180	白银	0.0019	277
阳泉	0.0108	84	遵义	0.0055	181	陇南	0.0019	278
张掖	0.0108	85	酒泉	0.0054	182	忻州	0.0019	279
聊城	0.0106	86	营口	0.0053	183	西宁	0.0015	280
锦州	0.0106	87	石嘴山	0.0053	184	普洱	0.0015	281
武汉	0.0105	88	株洲	0.0053	185	伊春	0.0014	282
乌鲁木齐	0.0103	89	湛江	0.0051	186	拉萨	0.0014	283
漳州	0.0103	90	东莞	0.0051	187	鹤岗	0.0013	284
无锡	0.0103	91	平顶山	0.0051	188	眉山	0.0013	285
松原	0.0103	92	滨州	0.0051	189	保山	0.0012	286
镇江	0.0102	93	大同	0.0051	190	乐山	0.0009	287
赤峰	0.0102	94	吉林	0.0051	191	海东	0.0007	288
衡水	0.0101	95	黄冈	0.0050	192	克拉玛依	0.0005	289
大连	0.0097	96	银川	0.0050	193	中卫	0.0004	290
桂林	0.0097	97	安庆	0.0050	194			

注：本表数据及排名根据《中国统计年鉴 2018》《2015 中国环境统计年报》《中国环境统计年鉴 2018》《中国城市统计年鉴 2018》《中国省市经济发展年鉴 2018》及人工整理测算。

从表 4–10 中可以看到，排名最高的深圳环境效率指标指数值为 0.0814，排名第290位的中卫环境效率指标指数值为0.0004，极差为0.0810，差距较大。

其中高于或等于全国平均水平 0.0097 的城市有 97 个，仅占全部参评城市的 33.45%，这说明，该指标位次靠前的城市指数大幅领先，拉动了指数平均值。排名前 20 位的城市分别为深圳、北京、青岛、西安、防城港、安康、东营、杭州、广州、长沙、北海、南宁、三亚、中山、张家界、烟台、玉林、福州、大庆和昆明。绝大多数城市（193 个）的环境效率指标低于全部参评城市平均水平，占全部参评城市的 66.55%，这些城市有成都、宿迁、太原等，其中海东、克拉玛依和中卫位居所有参评城市的最后三位，指数值分别为 0.0007、0.0005 和 0.0004。

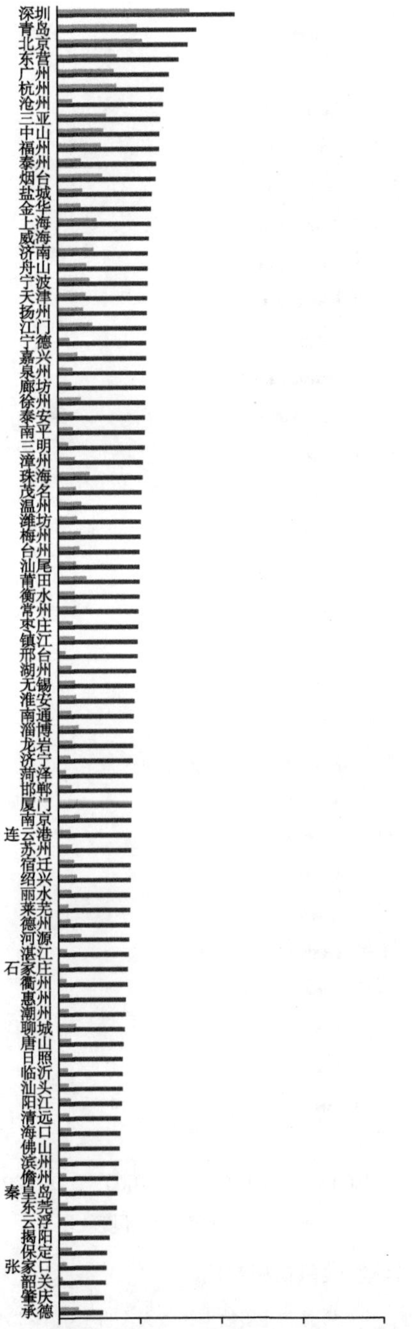

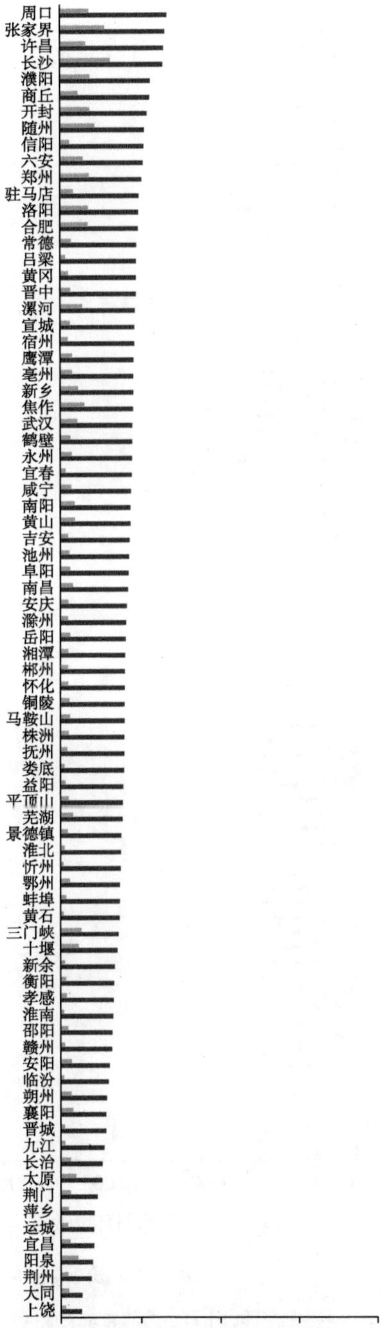

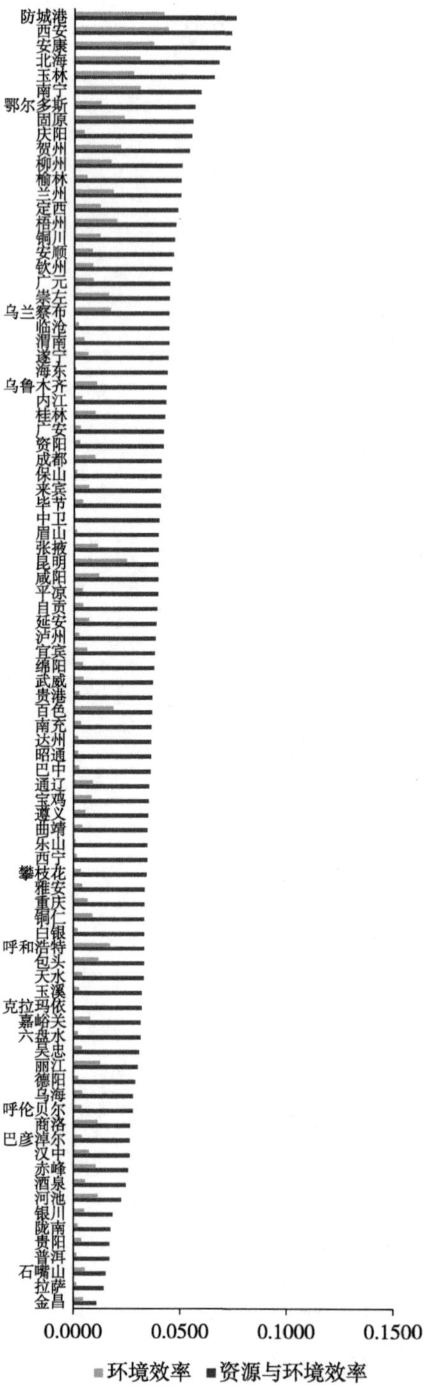

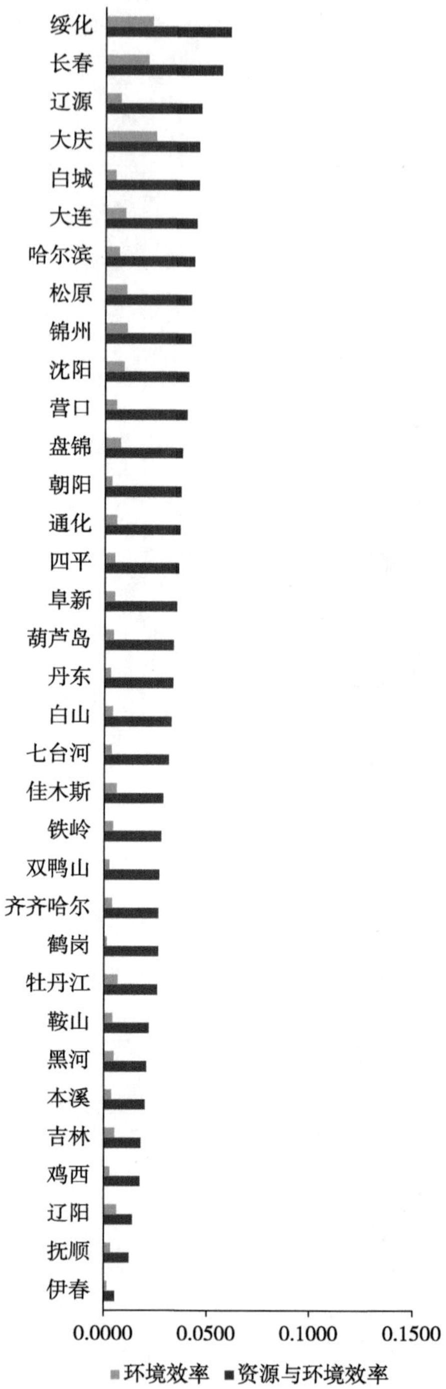

图 4-4　资源与环境效率和环境效率指标对比

注：图 4-4 从东部、中部、西部和东北地区划分的角度，根据资源与环境效率指数大小自上至下排列。

图 4–4 按照不同地区显示了城市资源与环境效率同城市环境效率指标的对比。可以看出所有参评城市的城市环境效率指标水平均低于城市资源与环境效率指标水平，表明城市环境效率指标对城市资源与环境效率指标的贡献度较低，影响较小。从地区间差异的角度来看，东部、中部、西部和东北地区效率指数的平均水平分别为 0.0134、0.0078、0.0090、0.0067，可以看出东部地区的环境效率指标平均值大幅领先其他三个地区，东北地区的环境效率指标平均值最低，仅等于东部地区平均值的一半。

就排名结果而言，环境效率指标前 20 位的城市东部地区占据 10 席，这 10 个城市分别为深圳、北京、青岛、东营、杭州、广州、三亚、中山、烟台和福州；中部地区占据 2 席，分别为长沙和张家界；西部地区占据 7 席，分别为西安、防城港、安康、北海、南宁、玉林和昆明；东北地区占据 1 席，该城市为大庆。而排名后 20 位的城市中，没有东部地区的城市；中部地区共有 4 个城市，分别为临汾、淮南、黄石和忻州；西部地区共有 14 个城市，分别为六盘水、昭通、达州、白银、陇南、西宁、普洱、拉萨、眉山、保山、乐山、海东、克拉玛依和中卫；东北地区也有 2 个城市，分别为伊春和鹤岗。由此看来，在环境效率这一二级指标上，中部、西部和东北地区仍需要再接再厉。

第五章

政策响应与社会福利测算及分析

城市是实现绿色发展的重要载体，城市绿色竞争力是囊括了经济、政治、文化、社会、生态等各方面综合发展和进步的竞争力。因此，秉承着创新、协调、绿色、开放、共享的发展理念，近年来我国各地政府积极实施绿色新政，大力支持绿色发展、提升可持续发展能力，并且加大社会福利保障、提高人民生活质量，这是促进城市绿色竞争力提升的重要因素。在此背景下，本章根据“城市绿色竞争力指标体系”中政策响应与社会福利指数的测度标准，利用 2017 年度数据，从环境治理与投资和生活质量这两个方面对中国 290 个城市的政策响应与社会福利指数进行了测度分析。

一、城市政策响应与社会福利的测算结果

根据“中国城市绿色竞争力评价指标体系”中政策响应与社会福利的测度体系和权重标准，对 2017 年中国 290 个城市的政策响应与社会福利指数测算结果如表 5–1。

表 5–1　中国 290 个城市政策响应与社会福利指数及排名

城 市	一级指标		二级指标			
	政策响应与社会福利		环境投资与治理指标		生活质量指标	
	指数值	排名	指数值	排名	指数值	排名
三亚	0.1956	1	0.1327	1	0.0630	4
东莞	0.1731	2	0.1031	7	0.0700	1
儋州	0.1667	3	0.1195	2	0.0472	76

续表

城市	一级指标		二级指标			
	政策响应与社会福利		环境投资与治理指标		生活质量指标	
	指数值	排名	指数值	排名	指数值	排名
深圳	0.1645	4	0.1039	4	0.0606	8
鄂尔多斯	0.1596	5	0.0908	35	0.0688	2
海口	0.1566	6	0.1014	8	0.0552	20
黄山	0.1535	7	0.0931	20	0.0604	10
珠海	0.1519	8	0.0896	45	0.0624	6
舟山	0.1496	9	0.0884	55	0.0612	7
金昌	0.1489	10	0.1004	9	0.0485	58
台州	0.1489	11	0.0904	37	0.0585	12
厦门	0.1488	12	0.0850	102	0.0638	3
泉州	0.1484	13	0.0914	29	0.0570	17
汕头	0.1483	14	0.0992	13	0.0491	53
威海	0.1468	15	0.0895	47	0.0574	16
北京	0.1466	16	0.0954	16	0.0512	36
遵义	0.1464	17	0.0995	12	0.0469	79
惠州	0.1457	18	0.0881	58	0.0576	13
广州	0.1424	19	0.0873	68	0.0550	22
嘉兴	0.1423	20	0.0922	25	0.0501	49
巴彦淖尔	0.1420	21	0.1038	5	0.0381	172
宁波	0.1413	22	0.0856	92	0.0556	19
克拉玛依	0.1411	23	0.0835	130	0.0576	14
上海	0.1398	24	0.0859	87	0.0538	27
乌兰察布	0.1390	25	0.0911	31	0.0478	66
温州	0.1389	26	0.0852	97	0.0536	29
嘉峪关	0.1385	27	0.0824	153	0.0561	18
南京	0.1383	28	0.0849	107	0.0534	31
廊坊	0.1381	29	0.0999	11	0.0382	171
佛山	0.1379	30	0.0889	51	0.0490	55
包头	0.1376	31	0.0904	38	0.0472	75
昆明	0.1374	32	0.0798	194	0.0576	15
攀枝花	0.1373	33	0.0861	84	0.0512	38

续表

城市	一级指标		二级指标			
	政策响应与社会福利		环境投资与治理指标		生活质量指标	
	指数值	排名	指数值	排名	指数值	排名
龙岩	0.1371	34	0.0832	138	0.0540	26
苏州	0.1368	35	0.0831	140	0.0536	28
湖州	0.1366	36	0.0883	56	0.0482	60
韶关	0.1364	37	0.0865	78	0.0498	51
绍兴	0.1362	38	0.0845	116	0.0517	35
贺州	0.1362	39	0.0935	18	0.0427	115
梅州	0.1361	40	0.0880	60	0.0481	62
大庆	0.1355	41	0.0810	178	0.0546	24
福州	0.1354	42	0.0764	233	0.0590	11
铜仁	0.1353	43	0.0889	52	0.0464	81
金华	0.1350	44	0.0845	117	0.0505	44
蚌埠	0.1350	45	0.1003	10	0.0347	216
贵阳	0.1349	46	0.0842	121	0.0507	42
鹰潭	0.1348	47	0.0863	83	0.0486	57
中山	0.1347	48	0.0842	122	0.0505	43
长沙	0.1347	49	0.0868	72	0.0479	64
七台河	0.1342	50	0.0880	59	0.0462	82
大同	0.1341	51	0.0908	36	0.0434	108
铜陵	0.1336	52	0.0866	76	0.0470	77
扬州	0.1333	53	0.0923	24	0.0410	128
呼伦贝尔	0.1332	54	0.0792	207	0.0540	25
北海	0.1331	55	0.0820	159	0.0512	37
商洛	0.1330	56	0.0988	15	0.0342	218
无锡	0.1328	57	0.0833	135	0.0495	52
青岛	0.1328	58	0.0824	151	0.0503	47
三明	0.1325	59	0.0774	228	0.0551	21
黑河	0.1316	60	0.0812	173	0.0504	46
杭州	0.1315	61	0.0814	170	0.0501	48
通辽	0.1315	62	0.0926	22	0.0389	160
烟台	0.1311	63	0.0807	184	0.0505	45

续表

城市	一级指标		二级指标			
	政策响应与社会福利		环境投资与治理指标		生活质量指标	
	指数值	排名	指数值	排名	指数值	排名
茂名	0.1311	64	0.0879	62	0.0432	113
泰州	0.1310	65	0.0875	65	0.0435	107
镇江	0.1309	66	0.0832	137	0.0477	70
河源	0.1308	67	0.0830	143	0.0479	65
呼和浩特	0.1308	68	0.0830	142	0.0478	67
乌海	0.1307	69	0.0851	101	0.0456	89
南宁	0.1303	70	0.0831	141	0.0472	74
景德镇	0.1303	71	0.0755	238	0.0548	23
合肥	0.1302	72	0.0898	43	0.0404	138
银川	0.1302	73	0.0900	41	0.0402	141
东营	0.1299	74	0.0927	21	0.0372	184
衡阳	0.1298	75	0.0891	49	0.0408	133
莱芜	0.1297	76	0.0949	17	0.0348	212
漳州	0.1296	77	0.0797	198	0.0499	50
郴州	0.1296	78	0.0816	166	0.0480	63
大连	0.1293	79	0.0773	231	0.0520	33
白银	0.1293	80	0.0910	32	0.0383	169
南通	0.1288	81	0.0814	169	0.0474	73
运城	0.1286	82	0.1062	3	0.0224	288
拉萨	0.1285	83	0.0681	268	0.0604	9
驻马店	0.1285	84	0.0992	14	0.0294	259
太原	0.1283	85	0.0934	19	0.0349	211
云浮	0.1280	86	0.0901	40	0.0379	176
新余	0.1279	87	0.0797	197	0.0482	61
石嘴山	0.1279	88	0.0903	39	0.0376	178
汕尾	0.1279	89	0.0895	46	0.0383	167
南昌	0.1278	90	0.0801	189	0.0477	69
湛江	0.1278	91	0.0793	206	0.0485	59
衢州	0.1277	92	0.0815	168	0.0462	83
赣州	0.1276	93	0.0818	162	0.0458	85

续表

城市	一级指标		二级指标			
	政策响应与社会福利		环境投资与治理指标		生活质量指标	
	指数值	排名	指数值	排名	指数值	排名
晋城	0.1275	94	0.0925	23	0.0350	208
滨州	0.1274	95	0.0920	27	0.0354	203
株洲	0.1272	96	0.0816	164	0.0456	88
固原	0.1270	97	0.0871	70	0.0399	147
揭阳	0.1269	98	0.0829	144	0.0440	100
九江	0.1268	99	0.0798	195	0.0470	78
丽江	0.1266	100	0.0640	277	0.0625	5
本溪	0.1265	101	0.0775	226	0.0490	54
安顺	0.1265	102	0.0823	155	0.0441	98
荆门	0.1264	103	0.0883	57	0.0381	174
赤峰	0.1264	104	0.0834	132	0.0429	114
六盘水	0.1263	105	0.0786	214	0.0477	68
丽水	0.1262	106	0.0728	254	0.0534	30
马鞍山	0.1261	107	0.0829	146	0.0433	110
宁德	0.1260	108	0.0750	242	0.0511	40
延安	0.1260	109	0.0833	134	0.0426	116
秦皇岛	0.1259	110	0.0867	74	0.0393	152
淄博	0.1257	111	0.0910	33	0.0347	215
鹤壁	0.1257	112	0.1038	6	0.0219	289
百色	0.1256	113	0.0788	212	0.0468	80
辽阳	0.1256	114	0.0838	126	0.0418	122
武汉	0.1256	115	0.0847	110	0.0409	131
湘潭	0.1255	116	0.0854	94	0.0401	143
张掖	0.1254	117	0.0849	105	0.0405	136
宜春	0.1252	118	0.0850	104	0.0402	142
曲靖	0.1252	119	0.0814	171	0.0438	103
张家口	0.1251	120	0.0857	91	0.0394	151
辽源	0.1251	121	0.0842	124	0.0409	130
济宁	0.1251	122	0.0900	42	0.0351	207
阳江	0.1251	123	0.0794	205	0.0457	87

续表

城市	一级指标		二级指标			
	政策响应与社会福利		环境投资与治理指标		生活质量指标	
	指数值	排名	指数值	排名	指数值	排名
潮州	0.1250	124	0.0827	149	0.0423	117
六安	0.1250	125	0.0865	77	0.0384	165
松原	0.1250	126	0.0818	161	0.0432	112
通化	0.1247	127	0.0811	177	0.0436	105
常州	0.1247	128	0.0811	176	0.0436	106
南平	0.1246	129	0.0713	259	0.0532	32
潍坊	0.1245	130	0.0885	53	0.0360	196
玉溪	0.1239	131	0.0728	253	0.0511	39
锦州	0.1239	132	0.0859	88	0.0380	175
焦作	0.1239	133	0.0921	26	0.0317	244
池州	0.1238	134	0.0850	103	0.0388	161
吴忠	0.1237	135	0.0832	136	0.0405	137
莆田	0.1236	136	0.0726	255	0.0509	41
遂宁	0.1235	137	0.0845	118	0.0391	157
吉安	0.1233	138	0.0782	220	0.0450	94
榆林	0.1231	139	0.0876	63	0.0355	201
承德	0.1230	140	0.0786	213	0.0444	96
沈阳	0.1229	141	0.0817	163	0.0412	125
桂林	0.1229	142	0.0809	179	0.0419	121
重庆	0.1229	143	0.0829	145	0.0399	146
黄石	0.1227	144	0.0857	89	0.0369	186
宣城	0.1226	145	0.0869	71	0.0356	199
上饶	0.1225	146	0.0774	229	0.0451	93
雅安	0.1225	147	0.0852	100	0.0373	182
滁州	0.1223	148	0.0866	75	0.0356	200
宜昌	0.1219	149	0.0828	148	0.0391	155
江门	0.1218	150	0.0742	245	0.0476	71
常德	0.1217	151	0.0842	120	0.0375	180
平凉	0.1217	152	0.0849	106	0.0368	188
广安	0.1216	153	0.0808	181	0.0408	132

续表

城市	一级指标		二级指标			
	政策响应与社会福利		环境投资与治理指标		生活质量指标	
	指数值	排名	指数值	排名	指数值	排名
丹东	0.1214	154	0.0777	225	0.0437	104
十堰	0.1212	155	0.0827	150	0.0385	164
怀化	0.1210	156	0.0770	232	0.0440	99
芜湖	0.1210	157	0.0820	157	0.0390	158
日照	0.1210	158	0.0847	111	0.0363	192
安康	0.1209	159	0.0846	115	0.0363	193
济南	0.1208	160	0.0840	125	0.0368	187
钦州	0.1208	161	0.0775	227	0.0432	111
朔州	0.1207	162	0.0860	85	0.0347	214
鸡西	0.1207	163	0.0731	250	0.0475	72
晋中	0.1203	164	0.0915	28	0.0289	264
石家庄	0.1203	165	0.0908	34	0.0295	257
乌鲁木齐	0.1201	166	0.0784	218	0.0417	123
阜新	0.1199	167	0.0809	180	0.0390	159
淮南	0.1199	168	0.0824	154	0.0375	181
西安	0.1198	169	0.0864	79	0.0334	229
沧州	0.1197	170	0.0885	54	0.0313	248
柳州	0.1197	171	0.0742	246	0.0455	90
许昌	0.1197	172	0.0876	64	0.0320	241
毕节	0.1197	173	0.0798	196	0.0398	148
酒泉	0.1196	174	0.0796	202	0.0400	145
唐山	0.1196	175	0.0860	86	0.0336	226
连云港	0.1195	176	0.0773	230	0.0422	118
长治	0.1195	177	0.0846	114	0.0349	210
淮安	0.1194	178	0.0822	156	0.0373	183
岳阳	0.1194	179	0.0807	183	0.0387	163
泰安	0.1193	180	0.0831	139	0.0361	195
忻州	0.1192	181	0.0873	67	0.0318	243
安庆	0.1191	182	0.0799	192	0.0392	154
普洱	0.1190	183	0.0731	251	0.0459	84

续表

城市	一级指标		二级指标			
	政策响应与社会福利		环境投资与治理指标		生活质量指标	
	指数值	排名	指数值	排名	指数值	排名
铜川	0.1184	184	0.0863	82	0.0321	239
宿迁	0.1183	185	0.0852	98	0.0331	234
抚顺	0.1182	186	0.0782	222	0.0400	144
汉中	0.1182	187	0.0848	109	0.0334	230
吕梁	0.1182	188	0.0847	113	0.0335	228
成都	0.1182	189	0.0786	215	0.0396	150
鹤岗	0.1181	190	0.0761	234	0.0421	119
盐城	0.1180	191	0.0802	186	0.0378	177
荆州	0.1178	192	0.0843	119	0.0335	227
黄冈	0.1178	193	0.0847	112	0.0331	232
郑州	0.1176	194	0.0879	61	0.0297	256
鄂州	0.1175	195	0.0912	30	0.0264	281
益阳	0.1173	196	0.0790	211	0.0384	166
邵阳	0.1172	197	0.0797	200	0.0375	179
邯郸	0.1171	198	0.0889	50	0.0281	269
保山	0.1169	199	0.0681	269	0.0488	56
昭通	0.1168	200	0.0786	217	0.0383	170
天津	0.1167	201	0.0828	147	0.0339	222
娄底	0.1166	202	0.0754	239	0.0412	126
临汾	0.1163	203	0.0857	90	0.0306	252
平顶山	0.1163	204	0.0872	69	0.0292	261
淮北	0.1162	205	0.0812	174	0.0350	209
中卫	0.1160	206	0.0794	204	0.0365	191
孝感	0.1159	207	0.0802	187	0.0357	198
长春	0.1157	208	0.0760	235	0.0397	149
信阳	0.1157	209	0.0893	48	0.0264	280
漯河	0.1156	210	0.0897	44	0.0260	282
葫芦岛	0.1156	211	0.0818	160	0.0337	224
来宾	0.1154	212	0.0813	172	0.0341	220
宜宾	0.1154	213	0.0807	185	0.0348	213

续表

城市	一级指标		二级指标			
	政策响应与社会福利		环境投资与治理指标		生活质量指标	
	指数值	排名	指数值	排名	指数值	排名
武威	0.1150	214	0.0836	129	0.0314	246
白山	0.1150	215	0.0837	127	0.0313	247
广元	0.1150	216	0.0695	267	0.0455	91
双鸭山	0.1149	217	0.0716	258	0.0433	109
四平	0.1149	218	0.0797	201	0.0352	205
洛阳	0.1145	219	0.0854	93	0.0291	262
临沂	0.1145	220	0.0824	152	0.0321	240
天水	0.1145	221	0.0791	208	0.0354	204
西宁	0.1143	222	0.0736	248	0.0407	134
张家界	0.1141	223	0.0758	237	0.0383	168
庆阳	0.1140	224	0.0778	224	0.0362	194
南阳	0.1140	225	0.0864	80	0.0276	272
聊城	0.1139	226	0.0874	66	0.0265	279
枣庄	0.1136	227	0.0842	123	0.0294	258
内江	0.1133	228	0.0797	199	0.0336	225
铁岭	0.1132	229	0.0815	167	0.0317	245
新乡	0.1132	230	0.0849	108	0.0283	267
三门峡	0.1131	231	0.0854	95	0.0277	270
宝鸡	0.1130	232	0.0790	209	0.0340	221
佳木斯	0.1124	233	0.0681	270	0.0444	97
玉林	0.1124	234	0.0670	275	0.0454	92
商丘	0.1124	235	0.0835	131	0.0289	263
咸阳	0.1124	236	0.0852	99	0.0272	276
徐州	0.1123	237	0.0781	223	0.0342	219
德州	0.1122	238	0.0853	96	0.0269	277
绵阳	0.1122	239	0.0734	249	0.0387	162
德阳	0.1118	240	0.0752	241	0.0366	189
肇庆	0.1117	241	0.0726	256	0.0391	156
梧州	0.1114	242	0.0674	273	0.0440	101
泸州	0.1113	243	0.0784	219	0.0329	235
保定	0.1113	244	0.0864	81	0.0249	283
萍乡	0.1112	245	0.0698	265	0.0414	124

续表

城市	一级指标		二级指标			
	政策响应与社会福利		环境投资与治理指标		生活质量指标	
	指数值	排名	指数值	排名	指数值	排名
渭南	0.1110	246	0.0868	73	0.0242	285
安阳	0.1110	247	0.0834	133	0.0276	271
濮阳	0.1108	248	0.0801	191	0.0308	251
开封	0.1105	249	0.0837	128	0.0268	278
兰州	0.1102	250	0.0790	210	0.0312	249
襄阳	0.1101	251	0.0782	221	0.0319	242
鞍山	0.1100	252	0.0696	266	0.0403	139
亳州	0.1098	253	0.0816	165	0.0282	268
邢台	0.1093	254	0.0820	158	0.0274	274
宿州	0.1090	255	0.0801	190	0.0289	265
阜阳	0.1088	256	0.0812	175	0.0276	273
朝阳	0.1086	257	0.0786	216	0.0300	255
伊春	0.1085	258	0.0567	286	0.0518	34
白城	0.1083	259	0.0759	236	0.0324	238
周口	0.1083	260	0.0796	203	0.0287	266
阳泉	0.1079	261	0.0807	182	0.0272	275
清远	0.1079	262	0.0629	279	0.0450	95
咸宁	0.1077	263	0.0674	272	0.0402	140
吉林	0.1077	264	0.0753	240	0.0324	237
河池	0.1075	265	0.0746	244	0.0329	236
永州	0.1072	266	0.0705	260	0.0366	190
防城港	0.1064	267	0.0705	262	0.0359	197
乐山	0.1062	268	0.0730	252	0.0332	231
哈尔滨	0.1057	269	0.0705	261	0.0352	206
临沧	0.1056	270	0.0598	284	0.0457	86
抚州	0.1055	271	0.0634	278	0.0421	120
眉山	0.1050	272	0.0704	263	0.0346	217
盘锦	0.1046	273	0.0737	247	0.0309	250
随州	0.1045	274	0.0652	276	0.0393	153
齐齐哈尔	0.1029	275	0.0619	281	0.0410	129
菏泽	0.1026	276	0.0799	193	0.0228	287
巴中	0.1019	277	0.0608	282	0.0411	127

续表

城 市	一级指标		二级指标			
	政策响应与社会福利		环境投资与治理指标		生活质量指标	
	指数值	排名	指数值	排名	指数值	排名
绥化	0.1019	278	0.0717	257	0.0302	254
衡水	0.1016	279	0.0802	188	0.0215	290
自贡	0.1008	280	0.0677	271	0.0331	233
定西	0.1005	281	0.0702	264	0.0304	253
陇南	0.0997	282	0.0748	243	0.0249	284
贵港	0.0981	283	0.0627	280	0.0354	202
资阳	0.0962	284	0.0591	285	0.0371	185
牡丹江	0.0937	285	0.0555	287	0.0381	173
海东	0.0899	286	0.0671	274	0.0228	286
营口	0.0899	287	0.0606	283	0.0293	260
南充	0.0856	288	0.0450	289	0.0406	135
达州	0.0850	289	0.0513	288	0.0338	223
崇左	0.0806	290	0.0367	290	0.0439	102

注：1. 本表根据“中国城市绿色竞争力评价指标体系”中政策响应与社会福利指标体系，依据各指标 2017 年数据测算而得。2. 本表各测评城市按照政策响应与社会福利指数值从大到小排序。3. 本表一级指标“政策响应与社会福利”指数值等于两个二级指标“环境投资与治理”及“生活质量”指数值之和。4. 本表测度结果保留 4 位小数，如果指数相同排名相同说明两市测算的指数完全一样，如果指数相同但排名不同则是小数点四舍五入的结果，说明指数值在小数点 4 位之后有差异，本章节此后所有测度结果均采用该方法保留 4 位小数。5. 以上数据及排名根据《中国统计年鉴 2018》《中国环境统计年鉴 2018》《中国城市统计年鉴 2018》《中国城市建设统计年鉴 2018》《中国区域经济统计年鉴 2018》等测算。6. 为了便于后文进行比较分析，基于算术平均方法，我们测算出全国所有参评城市政策响应与社会福利指数平均水平为 0.1230，所有参评城市环境投资与治理指数平均水平为 0.0822，所有参评城市生活质量指标指数平均水平为 0.0409。

从表 5–1 可以看到，2017 年中国 290 个城市政策响应与社会福利指数中，指数值最高的是三亚，达到了 0.1956；最低的是崇左，为 0.0806。排在前 20 位的城市依次是：三亚、东莞、儋州、深圳、鄂尔多斯、海口、黄山、珠海、舟山、金昌、台州、厦门、泉州、汕头、威海、北京、遵义、惠州、广州、嘉兴；其中，二级指标中，环境治理与投资指标排名前 20 位的城市依次为三亚、儋州、运城、深圳、巴彦淖尔、鹤壁、东莞、海口、金昌、蚌埠、廊坊、遵义、汕头、驻马店、商洛、北京、莱芜、贺州、太原、黄山；生活质量指标排名前20位的是东莞、鄂尔多斯、厦门、三亚、丽江、珠海、舟山、深圳、拉萨、黄山、福州、台州、惠州、克拉玛依、昆明、威海、泉州、嘉峪关、宁波、海口。2017年中国290个城市政策响应与社会福利指数排名前20位和后20位的具体情况见图5-1。

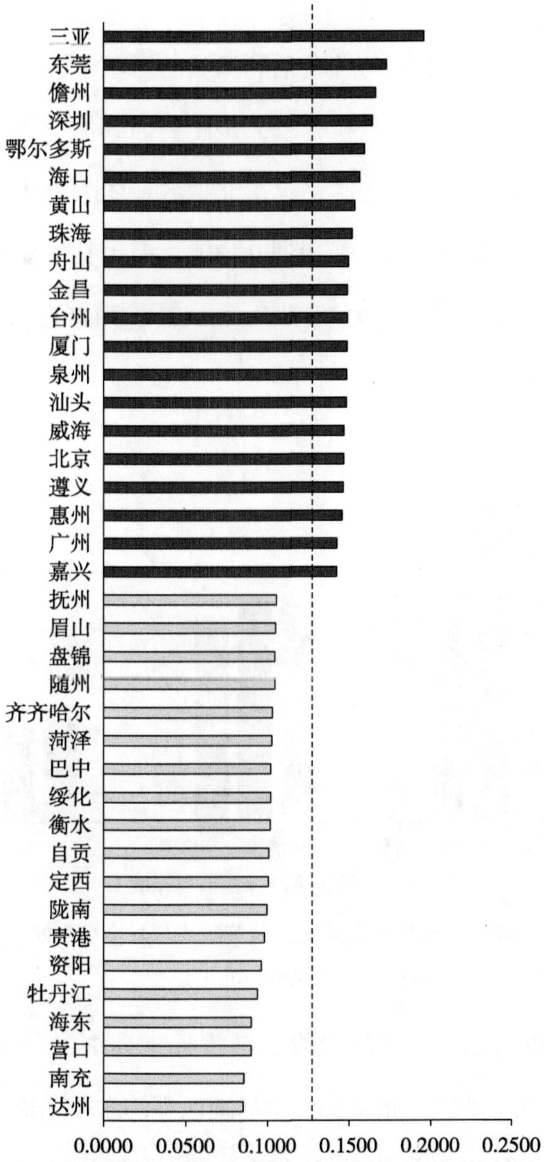

图5-1　中国城市政策响应与社会福利排名前20位和后20位的城市

注：本图根据表5-1制作。指数值由高到低排列，虚线表示所有参评城市政策响应与社会福利的平均值0.1230。

根据表 5-1 和图 5-1，下面进一步从城市政策响应与社会福利指数区域之间差异、区域内部差异，以及 2017 年中国城市绿色竞争力综合指数与城市政策响应与社会福利指数的相关关系进行分析。

（一）城市政策响应与社会福利区域间差异分析

总体看来，城市政策响应与社会福利指数的区域差异较为明显，其中东部地区城市领先于其他三个地区且拉开较大差距，但其他三个地区城市之间差距不大，西部地区稍强、中部地区次之，东北地区最弱。具体如图 5-2 所示。其中，东部所有测评城市的平均水平达到 0.1309，高于其他地区。中部、西部和东北地区城市的平均水平分别为 0.1205、0.1201、0.1161，均低于东部地区，同时也低于全国平均水平 0.1230。

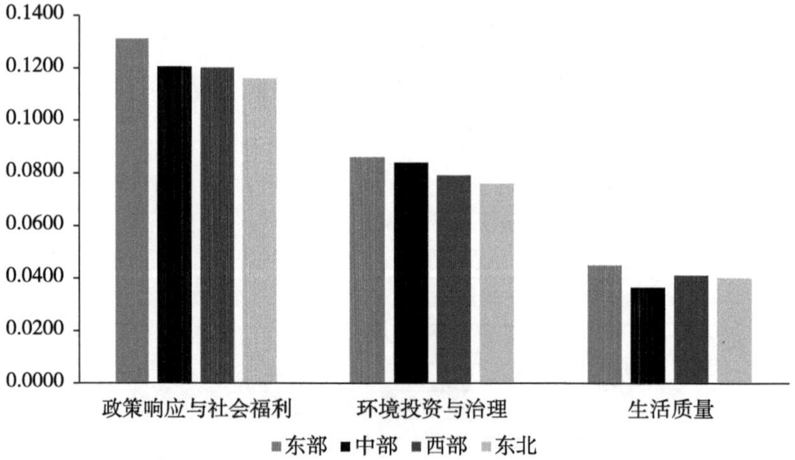

图 5-2　中国四大区域城市政策响应与社会福利对照图

注：本图数据为四大区域中各城市指数值的算术平均值。

具体到各二级指标，城市环境投资与治理指标中，东部地区平均水平为 0.0861，但与其他三个地区差距较小；中部地区平均水平稍逊于东部地区，指数均值为 0.0840；西部地区次之，指数均值为 0.0790；东北地区指数均值为 0.0759，排名垫底。四大地区中，只有东部和中部地区指数值均高于全国平均水平 0.0822。

生活质量指标中，东部地区平均水平为0.0449，高于全国平均水平0.0409；西部地区稍高于全国水平，指数值为0.0411；东北地区稍低于全国平均水平，指数值为0.0401，中部地区指数值最低，为0.0365。

（二）城市政策响应与社会福利区域内差异分析

从城市政策响应与社会福利指数测算结果来看，城市排名呈现出区域化特征，东部地区大多数城市排名相对靠前，中部、西部及东北部地区多数城市总体排名靠后。同时各区域内城市之间的排名状况差异十分明显。从区域内部最高位次与最低位次的位差数来看：西部、东部和中部地区差距分别为285、278和267位；东北地区样本数量在四大区域中排名最小，最高与最低的位差数在四大区域中也是最小，为246位。

1. 东部地区城市政策响应与社会福利指数及排名

2017年中国东部地区政策响应与社会福利指数及排名如表5–2所示。

表5–2　中国东部地区城市政策响应与社会福利指数及排名

城市	指数值	整体排名	区域内排名	城市	指数值	整体排名	区域内排名
三亚	0.1956	1	1	南通	0.1288	81	45
东莞	0.1731	2	2	云浮	0.1280	86	46
儋州	0.1667	3	3	汕尾	0.1279	89	47
深圳	0.1645	4	4	湛江	0.1278	91	48
海口	0.1566	6	5	衢州	0.1277	92	49
珠海	0.1519	8	6	滨州	0.1274	95	50
舟山	0.1496	9	7	揭阳	0.1269	98	51
台州	0.1489	11	8	丽水	0.1262	106	52
厦门	0.1488	12	9	宁德	0.1260	108	53
泉州	0.1484	13	10	秦皇岛	0.1259	110	54
汕头	0.1483	14	11	淄博	0.1257	111	55
威海	0.1468	15	12	张家口	0.1251	120	56
北京	0.1466	16	13	济宁	0.1251	122	57

续表

城市	指数值	整体排名	区域内排名	城市	指数值	整体排名	区域内排名
惠州	0.1457	18	14	阳江	0.1251	123	58
广州	0.1424	19	15	潮州	0.1250	124	59
嘉兴	0.1423	20	16	常州	0.1247	128	60
宁波	0.1413	22	17	南平	0.1246	129	61
上海	0.1398	24	18	潍坊	0.1245	130	62
温州	0.1389	26	19	莆田	0.1236	136	63
南京	0.1383	28	20	承德	0.1230	140	64
廊坊	0.1381	29	21	江门	0.1218	150	65
佛山	0.1379	30	22	日照	0.1210	158	66
龙岩	0.1371	34	23	济南	0.1208	160	67
苏州	0.1368	35	24	石家庄	0.1203	165	68
湖州	0.1366	36	25	沧州	0.1197	170	69
韶关	0.1364	37	26	唐山	0.1196	175	70
绍兴	0.1362	38	27	连云港	0.1195	176	71
梅州	0.1361	40	28	淮安	0.1194	178	72
福州	0.1354	42	29	泰安	0.1193	180	73
金华	0.1350	44	30	宿迁	0.1183	185	74
中山	0.1347	48	31	盐城	0.1180	191	75
扬州	0.1333	53	32	邯郸	0.1171	198	76
无锡	0.1328	57	33	天津	0.1167	201	77
青岛	0.1328	58	34	临沂	0.1145	220	78
三明	0.1325	59	35	聊城	0.1139	226	79
杭州	0.1315	61	36	枣庄	0.1136	227	80
烟台	0.1311	63	37	徐州	0.1123	237	81
茂名	0.1311	64	38	德州	0.1122	238	82
泰州	0.1310	65	39	肇庆	0.1117	241	83
镇江	0.1309	66	40	保定	0.1113	244	84
河源	0.1308	67	41	邢台	0.1093	254	85
东营	0.1299	74	42	清远	0.1079	262	86
莱芜	0.1297	76	43	菏泽	0.1026	276	87
漳州	0.1296	77	44	衡水	0.1016	279	88

注：根据表 5-1 整理。

在东部参评的 88 个城市中，有 16 个城市位居所有测评城市的前 20 位，分别是三亚、东莞、儋州、深圳、海口、珠海、舟山、台州、厦门、泉州、汕头、威海、北京、惠州、广州、嘉兴，占东部城市的 18.18%。其中三亚以 0.1956 的高分位居所有测评城市之首。除去全国排名前 20 的 16 个城市外，宁波、上海、温州、南京、廊坊等 48 个城市排在全国第 22 名到 140 名不等的位置。这 64 个东部城市的政策响应与社会福利情况高于全国平均水平，占东部城市的 72.73%，优势非常明显。

但东部地区的区域内部差异较大，其最高排名的三亚（第 1 名，指数值为 0.1956）与排名最低的衡水（第 279 名，指数值为 0.1016）之间的位差为 278 名，在四大区域中排名第二，指数值的差为 0.0940，在四大区域中最大。由此可见，尽管东部整体较强，但区域内部差异较大。

2. 中部地区城市政策响应与社会福利指数及排名

2017 年中国中部地区政策响应与社会福利指数及排名如表 5-3 所示。

表 5-3　中国中部地区城市政策响应与社会福利指数及排名

城市	指数值	整体排名	区域内排名	城市	指数值	整体排名	区域内排名
黄山	0.1535	7	1	淮南	0.1199	168	41
蚌埠	0.1350	45	2	许昌	0.1197	172	42
鹰潭	0.1348	47	3	长治	0.1195	177	43
长沙	0.1347	49	4	岳阳	0.1194	179	44
大同	0.1341	51	5	忻州	0.1192	181	45
铜陵	0.1336	52	6	安庆	0.1191	182	46
景德镇	0.1303	71	7	吕梁	0.1182	188	47
合肥	0.1302	72	8	荆州	0.1178	192	48
衡阳	0.1298	75	9	黄冈	0.1178	193	49
郴州	0.1296	78	10	郑州	0.1176	194	50
运城	0.1286	82	11	鄂州	0.1175	195	51
驻马店	0.1285	84	12	益阳	0.1173	196	52
太原	0.1283	85	13	邵阳	0.1172	197	53

续表

城市	指数值	整体排名	区域内排名	城市	指数值	整体排名	区域内排名
新余	0.1279	87	14	娄底	0.1166	202	54
南昌	0.1278	90	15	临汾	0.1163	203	55
赣州	0.1276	93	16	平顶山	0.1163	204	56
晋城	0.1275	94	17	淮北	0.1162	205	57
株洲	0.1272	96	18	孝感	0.1159	207	58
九江	0.1268	99	19	信阳	0.1157	209	59
荆门	0.1264	103	20	漯河	0.1156	210	60
马鞍山	0.1261	107	21	洛阳	0.1145	219	61
鹤壁	0.1257	112	22	张家界	0.1141	223	62
武汉	0.1256	115	23	南阳	0.1140	225	63
湘潭	0.1255	116	24	新乡	0.1132	230	64
宜春	0.1252	118	25	三门峡	0.1131	231	65
六安	0.1250	125	26	商丘	0.1124	235	66
焦作	0.1239	133	27	萍乡	0.1112	245	67
池州	0.1238	134	28	安阳	0.1110	247	68
吉安	0.1233	138	29	濮阳	0.1108	248	69
黄石	0.1227	144	30	开封	0.1105	249	70
宣城	0.1226	145	31	襄阳	0.1101	251	71
上饶	0.1225	146	32	亳州	0.1098	253	72
滁州	0.1223	148	33	宿州	0.1090	255	73
宜昌	0.1219	149	34	阜阳	0.1088	256	74
常德	0.1217	151	35	周口	0.1083	260	75
十堰	0.1212	155	36	阳泉	0.1079	261	76
怀化	0.1210	156	37	咸宁	0.1077	263	77
芜湖	0.1210	157	38	永州	0.1072	266	78
朔州	0.1207	162	39	抚州	0.1055	271	79
晋中	0.1203	164	40	随州	0.1045	274	80

注：根据表 5-1 整理。

中部参与测评的 80 个城市中，仅有黄山挤进全国所有参评城市排名的前 20 位；除此之外，中部还有蚌埠、鹰潭、长沙、大同、铜陵等 28 个城市的政策响应与社会福利指数高于全国所有参评城市的平均水平 0.1230。而中部城市的指数值从全国排名第144位的黄石开始，余下的51个城市指标值均小于0.1230，即63.75%的中部城市低于全国平均水平，且有33.75%的中部城市分布在第200位至第290位之间，位列全国排名末端。总的来说，中部地区绝大多数城市的政策响应与社会福利指数在全国排名较低。

从区域内部差异来看，中部地区排名最高的黄山（第7名，指数值0.1535）与排名最低的随州（第274名，指数值0.1045）之间的位差为267位，在四大区域中排名第三，指数值的差为0.0490，在四大区域中排名第三，可见中部地区区域内部差距较小。

3. 西部地区城市政策响应与社会福利指数及排名

2017年中国西部地区政策响应与社会福利指数及排名如表5–4所示。

表5–4　中国西部地区城市政策响应与社会福利指数及排名

城市	指数值	整体排名	区域内排名	城市	指数值	整体排名	区域内排名
鄂尔多斯	0.1596	5	1	乌鲁木齐	0.1201	166	45
金昌	0.1489	10	2	西安	0.1198	169	46
遵义	0.1464	17	3	柳州	0.1197	171	47
巴彦淖尔	0.1420	21	4	毕节	0.1197	173	48
克拉玛依	0.1411	23	5	酒泉	0.1196	174	49
乌兰察布	0.1390	25	6	普洱	0.1190	183	50
嘉峪关	0.1385	27	7	铜川	0.1184	184	51
包头	0.1376	31	8	汉中	0.1182	187	52
昆明	0.1374	32	9	成都	0.1182	189	53
攀枝花	0.1373	33	10	保山	0.1169	199	54
贺州	0.1362	39	11	昭通	0.1168	200	55
铜仁	0.1353	43	12	中卫	0.1160	206	56
贵阳	0.1349	46	13	来宾	0.1154	212	57
呼伦贝尔	0.1332	54	14	宜宾	0.1154	213	58
北海	0.1331	55	15	武威	0.1150	214	59
商洛	0.1330	56	16	广元	0.1150	216	60
通辽	0.1315	62	17	天水	0.1145	221	61

续表

城市	指数值	整体排名	区域内排名	城市	指数值	整体排名	区域内排名
呼和浩特	0.1308	68	18	西宁	0.1143	222	62
乌海	0.1307	69	19	庆阳	0.1140	224	63
南宁	0.1303	70	20	内江	0.1133	228	64
银川	0.1302	73	21	宝鸡	0.1130	232	65
白银	0.1293	80	22	玉林	0.1124	234	66
拉萨	0.1285	83	23	咸阳	0.1124	236	67
石嘴山	0.1279	88	24	绵阳	0.1122	239	68
固原	0.1270	97	25	德阳	0.1118	240	69
丽江	0.1266	100	26	梧州	0.1114	242	70
安顺	0.1265	102	27	泸州	0.1113	243	71
赤峰	0.1264	104	28	渭南	0.1110	246	72
六盘水	0.1263	105	29	兰州	0.1102	250	73
延安	0.1260	109	30	河池	0.1075	265	74
百色	0.1256	113	31	防城港	0.1064	267	75
张掖	0.1254	117	32	乐山	0.1062	268	76
曲靖	0.1252	119	33	临沧	0.1056	270	77
玉溪	0.1239	131	34	眉山	0.1050	272	78
吴忠	0.1237	135	35	巴中	0.1019	277	79
遂宁	0.1235	137	36	自贡	0.1008	280	80
榆林	0.1231	139	37	定西	0.1005	281	81
桂林	0.1229	142	38	陇南	0.0997	282	82
重庆	0.1229	143	39	贵港	0.0981	283	83
雅安	0.1225	147	40	资阳	0.0962	284	84
平凉	0.1217	152	41	海东	0.0899	286	85
广安	0.1216	153	42	南充	0.0856	288	86
安康	0.1209	159	43	达州	0.0850	289	87
钦州	0.1208	161	44	崇左	0.0806	290	88

注：根据表 5-1 整理。

西部参与测评的 88 个城市中，鄂尔多斯、金昌进入所有参评城市前 10 位，分别位居第 5、10 位；遵义位居所有测评城市的第 17 位；除此之外，还有巴彦淖尔、克拉玛依、乌兰察布、嘉峪关、包头等 34 个城市指数值大于

0.1230，其城市政策响应与社会福利情况高于全国平均水平，位居全国所有参评城市中上游，同时也位居西部参评城市的前列。而包括桂林、重庆、雅安、平凉、广安等在内的51个城市指数值低于全国平均水平，占西部参评城市总数的57.95%。总的来说，西部城市的指数值的结构与中部城市类似，绝大多数城市指数值低于全国平均水平，但西部稍好于中部。

从区域内部差异来看，西部地区排名最高的鄂尔多斯（第5名，指数值0.1596）与排名最低的崇左（第290名，指数值0.0806）之间的位差为285位，指数值的差为0.0790，在四大区域中位差排名最后，其区域内部差距最大。

4. 东北地区城市政策响应与社会福利指数及排名

2017年中国东北地区城市政策响应与社会福利指数及排名如表5–5所示。

表5–5　中国东北地区城市政策响应与社会福利指数及排名

城市	指数值	整体排名	区域内排名	城市	指数值	整体排名	区域内排名
大庆	0.1355	41	1	葫芦岛	0.1156	211	18
七台河	0.1342	50	2	白山	0.1150	215	19
黑河	0.1316	60	3	双鸭山	0.1149	217	20
大连	0.1293	79	4	四平	0.1149	218	21
本溪	0.1265	101	5	铁岭	0.1132	229	22
辽阳	0.1256	114	6	佳木斯	0.1124	233	23
辽源	0.1251	121	7	鞍山	0.1100	252	24
松原	0.1250	126	8	朝阳	0.1086	257	25
通化	0.1247	127	9	伊春	0.1085	258	26
锦州	0.1239	132	10	白城	0.1083	259	27
沈阳	0.1229	141	11	吉林	0.1077	264	28
丹东	0.1214	154	12	哈尔滨	0.1057	269	29
鸡西	0.1207	163	13	盘锦	0.1046	273	30
阜新	0.1199	167	14	齐齐哈尔	0.1029	275	31
抚顺	0.1182	186	15	绥化	0.1019	278	32
鹤岗	0.1181	190	16	牡丹江	0.0937	285	33
长春	0.1157	208	17	营口	0.0899	287	34

注：根据表5–1整理。

东北地区参与测评的 34 个城市中，没有城市挤进参评城市前 20 位的行列。有 10 个城市的政策响应与社会福利指数值均大于全国平均水平 0.1230，分别是大庆、七台河、黑河、大连、本溪、辽阳、辽源、松原、通化、锦州。而包括沈阳、丹东、鸡西、阜新、抚顺等在内的 24 个城市指数值低于全国平均水平，占东北地区全部参评城市的 70.59%。总的来说，东北地区绝大多数城市的政策响应与社会福利情况在全国排名偏于低等水平。

从区域内部差异来看，东北地区排名最高的大庆（第 41 名，指数值 0.1355）与排名最低的营口（第 287 名，指数值 0.0899）之间的位差为 246 位，在四大区域中最小；指数值的差为 0.0456，在四大区域中排名第一，可见东北地区各城市间政策响应与社会福利水平较为接近，区域内部差距相对较小，但由于样本量也较小所以这种接近也有一定的相对性。

（三）城市政策响应与社会福利对中国城市绿色竞争力的影响分析

对比 2017 年城市绿色竞争力指数和政策响应与社会福利指数后我们可以发现，290 个参评城市中，有 147 个城市政策响应与社会福利指数排名高于其绿色竞争力指数排名，这表明这些城市的政府积极开展绿色行动，社会福利水平较高，从而提升了城市绿色竞争力，如秦皇岛、张家口、承德等；137 个城市的政策响应与社会福利指数排名低于其绿色竞争力指数排名，反映了这些城市政府的绿色行动不足、社会福利水平较低，影响了城市整体绿色发展水平的进一步提高，如北京、天津、石家庄等。

从影响程度分析，城市政策响应与社会福利指数和城市绿色竞争力指数排名差异较大（超过 50 名）的城市有 126 个，占所有测评城市的 43.45%，其中为正差的城市有 66 个，如汉中、丹东、锦州等，这些城市的政策响应与社会福利情况对城市总体绿色竞争力提升贡献很大；为负差的城市有 60 个，如青岛、聊城、丽水等，这些城市的政策响应与社会福利情况对城市总体绿色竞争力提升贡献较小。其中，金昌的排名差异变化最大，其政策响应与社会福利指数排名位居所有测评城市第 10 位，但城市绿色竞争力指数排名仅为第 237 位，变化幅度达到了 227 位。同时，名次变动差异较小（50 名以内）的城市共有 164 个，占所有测评城市的 56.55%，如深圳、三亚、广州等，说明城市政策响应与社会福利情况对城市总体绿色竞争力的影响不明显。2017 年中国城市绿色竞争力指数与城市政策响应与社会福利指数排名差异超过 50 位的城市如表 5–6 所示。

表 5–6 中国城市绿色竞争力指数排名与政策响应与社会福利指数排名差异超过 50 位的城市

城市	绿色竞争力排名	政策响应与社会福利指数排名	位次变化	城市	绿色竞争力排名	政策响应与社会福利指数排名	位次变化
汉中	238	187	51	青岛	7	58	–51
丹东	207	154	53	聊城	175	226	–51
锦州	185	132	53	丽水	53	106	–53
河源	120	67	53	淮北	151	205	–54
曲靖	172	119	53	南平	75	129	–54
银川	126	73	53	东营	20	74	–54
阳江	177	123	54	沈阳	86	141	–55
铜仁	98	43	55	德州	182	238	–56
葫芦岛	269	211	58	固原	39	97	–58
景德镇	130	71	59	邢台	195	254	–59
惠州	77	18	59	枣庄	168	227	–59
朔州	222	162	60	宣城	84	145	–61
黄石	204	144	60	临沧	208	270	–62
延安	171	109	62	重庆	80	143	–63
双鸭山	280	217	63	潍坊	66	130	–64
忻州	245	181	64	商丘	169	235	–66
遂宁	201	137	64	庆阳	158	224	–66
辽源	186	121	65	永州	197	266	–69

续表

城市	绿色竞争力排名	政策响应与社会福利指数排名	位次变化	城市	绿色竞争力排名	政策响应与社会福利指数排名	位次变化
孝感	272	207	65	毕节	103	173	−70
赣州	159	93	66	新乡	156	230	−74
湛江	157	91	66	常州	51	128	−77
广安	219	153	66	白城	181	259	−78
平凉	218	152	66	泰安	101	180	−79
蚌埠	112	45	67	河池	179	265	−86
儋州	71	3	68	酒泉	88	174	−86
玉溪	199	131	68	衡水	190	279	−89
临汾	273	203	70	石家庄	74	165	−91
梅州	111	40	71	武汉	22	115	−93
宜昌	221	149	72	咸宁	170	263	−93
驻马店	164	84	80	西宁	129	222	−93
荆州	274	192	82	濮阳	152	248	−96
阜新	251	167	84	成都	93	189	−96
九江	184	99	85	芜湖	60	157	−97
张家口	206	120	86	绵阳	142	239	−97
通辽	149	62	87	沧州	70	170	−100
衡阳	162	75	87	崇左	189	290	−101
长治	265	177	88	柳州	68	171	−103
赤峰	192	104	88	乌鲁木齐	61	166	−105
黑河	148	60	88	盐城	82	191	−109
揭阳	187	98	89	江门	40	150	−110
淮南	261	168	93	开封	133	249	−116
汕头	107	14	93	许昌	56	172	−116
鹤岗	285	190	95	梧州	125	242	−117
克拉玛依	118	23	95	洛阳	96	219	−123
抚顺	283	186	97	清远	136	262	−126
鹤壁	213	112	101	济南	33	160	−127
攀枝花	137	33	104	郑州	62	194	−132
商洛	163	56	107	安康	25	159	−134
本溪	209	101	108	徐州	100	237	−137

续表

城市	绿色竞争力排名	政策响应与社会福利指数排名	位次变化	城市	绿色竞争力排名	政策响应与社会福利指数排名	位次变化
韶关	145	37	108	绥化	139	278	-139
巴彦淖尔	134	21	113	西安	9	169	-160
吴忠	250	135	115	长春	42	208	-166
云浮	203	86	117	周口	94	260	-166
鸡西	284	163	121	随州	104	274	-170
上饶	268	146	122	玉林	64	234	-170
晋城	224	94	130	张家界	48	223	-175
荆门	235	103	132	哈尔滨	87	269	-182
乌海	214	69	145	天津	17	201	-184
白银	230	80	150	兰州	63	250	-187
运城	243	82	161	防城港	54	267	-213
辽阳	276	114	162				
石嘴山	253	88	165				
嘉峪关	200	27	173				
七台河	232	50	182				
大同	246	51	195				
金昌	237	10	227				

注：1. 本表根据表 1-3 和表 5-1 整理。2. 表中排名差异为城市绿色竞争力指数排名与政策响应与社会福利指数排名之差，正值表示政策响应与社会福利指数较之于城市绿色竞争力指数进步的名次，负值表示政策响应与社会福利指数较之于城市绿色竞争力指数退后的名次。

二、城市政策响应与社会福利比较分析

2017 年的城市政策响应与社会福利占该年城市绿色竞争力指数总权重的 30%，共由环境投资与治理指标、生活质量指标这 2 个二级指标及 15 个三级指标构成。在这些三级指标中，正指标 14 个，逆指标 1 个，每个三级指标占城市绿色竞争力指数总权重的 2%。本部分将以 2 个二级指标为例进行详细的分析与比较。

（一）城市环境投资与治理指标比较

在城市政策响应与社会福利指数测度体系中，环境投资与治理指标占政策响应与社会福利指数总权重的66.67%，占城市绿色竞争力指数总权重的20%，不仅是政策响应与社会福利指数中权重最大的一个二级指标，也是城市绿色竞争力指数中权重最大的一个二级指标，对城市绿色竞争力指数的贡献较大。表5–7 中列出了城市绿色增长效率指标下的 10 个三级指标。

表 5–7　环境投资与治理三级指标、权重及指标属性

指标序号	指标	权重	指标属性
30	节能保护支出占财政支出比重	2.00%	正
31	城市污水处理投资占市政公用设施建设固定资产投资比重	2.00%	正
32	城市园林绿化投资占市政公用设施建设固定资产投资比重	2.00%	正
33	城市市容环境卫生投资占市政公用设施建设固定资产投资比重	2.00%	正
34	城市垃圾处理投资占市政公用设施建设固定资产投资比重	2.00%	正
35	每万人拥有公共汽车数量	2.00%	正
36	工业二氧化硫去除率	2.00%	正
37	工业烟尘排放达标率	2.00%	正
38	城市污水处理率	2.00%	正
39	生活垃圾无害化处理率	2.00%	正

注：本表内容由本报告课题组召开的多次研讨会确定。

根据表 5–7 所列的指标和权重，经过标准化处理综合测算，得出 2017 年中国城市环境投资与治理指标指数及其排名情况，具体如表 5–8 所示。

表 5–8　中国 290 个城市环境投资与治理指数及排名

城市	环境投资与治理指标		城市	环境投资与治理指标		城市	环境投资与治理指标	
	指数值	排名		指数值	排名		指数值	排名
三亚	0.1327	1	宿迁	0.0852	98	九江	0.0798	195
儋州	0.1195	2	咸阳	0.0852	99	毕节	0.0798	196
运城	0.1062	3	雅安	0.0852	100	新余	0.0797	197
深圳	0.1039	4	乌海	0.0851	101	漳州	0.0797	198

续表

城市	环境投资与治理指标		城市	环境投资与治理指标		城市	环境投资与治理指标	
	指数值	排名		指数值	排名		指数值	排名
巴彦淖尔	0.1038	5	厦门	0.0850	102	内江	0.0797	199
鹤壁	0.1038	6	池州	0.0850	103	邵阳	0.0797	200
东莞	0.1031	7	宜春	0.0850	104	四平	0.0797	201
海口	0.1014	8	张掖	0.0849	105	酒泉	0.0796	202
金昌	0.1004	9	平凉	0.0849	106	周口	0.0796	203
蚌埠	0.1003	10	南京	0.0849	107	中卫	0.0794	204
廊坊	0.0999	11	新乡	0.0849	108	阳江	0.0794	205
遵义	0.0995	12	汉中	0.0848	109	湛江	0.0793	206
汕头	0.0992	13	武汉	0.0847	110	呼伦贝尔	0.0792	207
驻马店	0.0992	14	日照	0.0847	111	天水	0.0791	208
商洛	0.0988	15	黄冈	0.0847	112	宝鸡	0.0790	209
北京	0.0954	16	吕梁	0.0847	113	兰州	0.0790	210
莱芜	0.0949	17	长治	0.0846	114	益阳	0.0790	211
贺州	0.0935	18	安康	0.0846	115	百色	0.0788	212
太原	0.0934	19	绍兴	0.0845	116	承德	0.0786	213
黄山	0.0931	20	金华	0.0845	117	六盘水	0.0786	214
东营	0.0927	21	遂宁	0.0845	118	成都	0.0786	215
通辽	0.0926	22	荆州	0.0843	119	朝阳	0.0786	216
晋城	0.0925	23	常德	0.0842	120	昭通	0.0786	217
扬州	0.0923	24	贵阳	0.0842	121	乌鲁木齐	0.0784	218
嘉兴	0.0922	25	中山	0.0842	122	泸州	0.0784	219
焦作	0.0921	26	枣庄	0.0842	123	吉安	0.0782	220
滨州	0.0920	27	辽源	0.0842	124	襄阳	0.0782	221
晋中	0.0915	28	济南	0.0840	125	抚顺	0.0782	222
泉州	0.0914	29	辽阳	0.0838	126	徐州	0.0781	223
鄂州	0.0912	30	白山	0.0837	127	庆阳	0.0778	224
乌兰察布	0.0911	31	开封	0.0837	128	丹东	0.0777	225
白银	0.0910	32	武威	0.0836	129	本溪	0.0775	226
淄博	0.0910	33	克拉玛依	0.0835	130	钦州	0.0775	227
石家庄	0.0908	34	商丘	0.0835	131	三明	0.0774	228
鄂尔多斯	0.0908	35	赤峰	0.0834	132	上饶	0.0774	229

续表

城市	环境投资与治理指标		城市	环境投资与治理指标		城市	环境投资与治理指标	
	指数值	排名		指数值	排名		指数值	排名
大同	0.0908	36	安阳	0.0834	133	连云港	0.0773	230
台州	0.0904	37	延安	0.0833	134	大连	0.0773	231
包头	0.0904	38	无锡	0.0833	135	怀化	0.0770	232
石嘴山	0.0903	39	吴忠	0.0832	136	福州	0.0764	233
云浮	0.0901	40	镇江	0.0832	137	鹤岗	0.0761	234
银川	0.0900	41	龙岩	0.0832	138	长春	0.0760	235
济宁	0.0900	42	泰安	0.0831	139	白城	0.0759	236
合肥	0.0898	43	苏州	0.0831	140	张家界	0.0758	237
漯河	0.0897	44	南宁	0.0831	141	景德镇	0.0755	238
珠海	0.0896	45	呼和浩特	0.0830	142	娄底	0.0754	239
汕尾	0.0895	46	河源	0.0830	143	吉林	0.0753	240
威海	0.0895	47	揭阳	0.0829	144	德阳	0.0752	241
信阳	0.0893	48	重庆	0.0829	145	宁德	0.0750	242
衡阳	0.0891	49	马鞍山	0.0829	146	陇南	0.0748	243
邯郸	0.0889	50	天津	0.0828	147	河池	0.0746	244
佛山	0.0889	51	宜昌	0.0828	148	江门	0.0742	245
铜仁	0.0889	52	潮州	0.0827	149	柳州	0.0742	246
潍坊	0.0885	53	十堰	0.0827	150	盘锦	0.0737	247
沧州	0.0885	54	青岛	0.0824	151	西宁	0.0736	248
舟山	0.0884	55	临沂	0.0824	152	绵阳	0.0734	249
湖州	0.0883	56	嘉峪关	0.0824	153	鸡西	0.0731	250
荆门	0.0883	57	淮南	0.0824	154	普洱	0.0731	251
惠州	0.0881	58	安顺	0.0823	155	乐山	0.0730	252
七台河	0.0880	59	淮安	0.0822	156	玉溪	0.0728	253
梅州	0.0880	60	芜湖	0.0820	157	丽水	0.0728	254
郑州	0.0879	61	邢台	0.0820	158	莆田	0.0726	255
茂名	0.0879	62	北海	0.0820	159	肇庆	0.0726	256
榆林	0.0876	63	葫芦岛	0.0818	160	绥化	0.0717	257
许昌	0.0876	64	松原	0.0818	161	双鸭山	0.0716	258
泰州	0.0875	65	赣州	0.0818	162	南平	0.0713	259
聊城	0.0874	66	沈阳	0.0817	163	永州	0.0705	260
忻州	0.0873	67	株洲	0.0816	164	哈尔滨	0.0705	261

续表

城市	环境投资与治理指标		城市	环境投资与治理指标		城市	环境投资与治理指标	
	指数值	排名		指数值	排名		指数值	排名
广州	0.0873	68	亳州	0.0816	165	防城港	0.0705	262
平顶山	0.0872	69	郴州	0.0816	166	眉山	0.0704	263
固原	0.0871	70	铁岭	0.0815	167	定西	0.0702	264
宣城	0.0869	71	衢州	0.0815	168	萍乡	0.0698	265
长沙	0.0868	72	南通	0.0814	169	鞍山	0.0696	266
渭南	0.0868	73	杭州	0.0814	170	广元	0.0695	267
秦皇岛	0.0867	74	曲靖	0.0814	171	拉萨	0.0681	268
滁州	0.0866	75	来宾	0.0813	172	保山	0.0681	269
铜陵	0.0866	76	黑河	0.0812	173	佳木斯	0.0681	270
六安	0.0865	77	淮北	0.0812	174	自贡	0.0677	271
韶关	0.0865	78	阜阳	0.0812	175	咸宁	0.0674	272
西安	0.0864	79	常州	0.0811	176	梧州	0.0674	273
南阳	0.0864	80	通化	0.0811	177	海东	0.0671	274
保定	0.0864	81	大庆	0.0810	178	玉林	0.0670	275
铜川	0.0863	82	桂林	0.0809	179	随州	0.0652	276
鹰潭	0.0863	83	阜新	0.0809	180	丽江	0.0640	277
攀枝花	0.0861	84	广安	0.0808	181	抚州	0.0634	278
朔州	0.0860	85	阳泉	0.0807	182	清远	0.0629	279
唐山	0.0860	86	岳阳	0.0807	183	贵港	0.0627	280
上海	0.0859	87	烟台	0.0807	184	齐齐哈尔	0.0619	281
锦州	0.0859	88	宜宾	0.0807	185	巴中	0.0608	282
黄石	0.0857	89	盐城	0.0802	186	营口	0.0606	283
临汾	0.0857	90	孝感	0.0802	187	临沧	0.0598	284
张家口	0.0857	91	衡水	0.0802	188	资阳	0.0591	285
宁波	0.0856	92	南昌	0.0801	189	伊春	0.0567	286
洛阳	0.0854	93	宿州	0.0801	190	牡丹江	0.0555	287
湘潭	0.0854	94	濮阳	0.0801	191	达州	0.0513	288
三门峡	0.0854	95	安庆	0.0799	192	南充	0.0450	289
德州	0.0853	96	菏泽	0.0799	193	崇左	0.0367	290
温州	0.0852	97	昆明	0.0798	194			

注：本表数据及排名根据《中国统计年鉴 2018》《中国环境统计年鉴 2018》《中国城市统计年鉴 2018》《中国城市建设统计年鉴 2018》等测算。

从表 5-8 我们可以看到，2017 年，我国 290 个城市环境投资与治理指标测算结果介于 0.0367 ~ 0.1327 之间，极差为 0.0960。其中，有 156 个城市环境投资与治理水平高于或等于全国平均水平 0.0822，占全部参评城市的 53.79%，如三亚、金昌、潍坊、乌海等；其中，三亚、儋州、运城位居所有参评城市前三位，指数值分别为 0.1327、0.1195、0.1062；但有 134 个城市环境投资与治理水平低于全国平均水平，占全部参评城市百分比的 46.21%，这些城市有芜湖、杭州、上饶、临沧等；其中，达州、南充和崇左位居所有参评城市的最后三位，指数值分别为 0.0513、0.0450、0.0367。

从图 5-3 中可以看出，相对于其他地区，我国东部地区城市环境投资与治理指标指数与城市政策响应与社会福利指数差距最大，表明东部地区城市环境投资与治理对城市政策响应与社会福利的影响相对较小。

分区域来看，东部地区城市环境投资与治理指数的平均值最高，为 0.0861，然后依次是中部地区 0.0840、西部地区 0.0790 和东北地区 0.0759。东部地区城市环境投资与治理优势明显，东北地区最弱。并且由于环境投资与治理指标相对于生活质量指标占总比重权重较高，因此环境投资与治理指标的指数值对政策响应与社会福利指数排序的总体影响较大。

从城市环境投资与治理指数值排名结果看，在环境投资与治理指数值前 10 位的城市中，东部地区城市有 5 个，分别是三亚、儋州、深圳、东莞、海口；西部地区城市有 2 个，是巴彦淖尔和金昌；中部地区城市有 3 个，分别是运城、鹤壁、蚌埠；没有东北地区城市。而后 10 位的城市中，西部地区城市有 6 个，分别为巴中、临沧、资阳、达州、南充和崇左；东北地区城市有 4 个，分别为齐齐哈尔、营口、伊春和牡丹江；没有东部和中部地区城市。

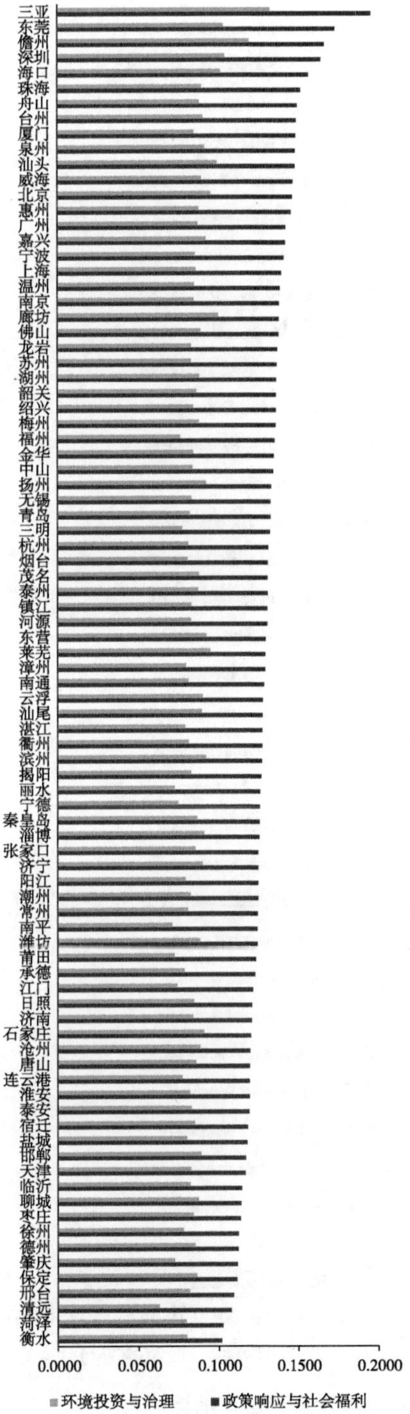

三亚
东莞
儋州
深圳
海口
珠海
舟山
台州
厦门
泉州
汕头
威海
北京
惠州
广州
嘉兴
宁波
上海
温州
南京
廊坊
佛山
龙岩
苏州
湖州
韶关
绍兴
梅州
福州
金华
中山
扬州
无锡
青岛
三明
杭州
烟台
茂名
泰州
镇江
河源
东营
莱芜
漳州
南通
云浮
汕尾
湛江
衢州
滨州
揭阳
丽水
宁德
秦皇岛
淄博
张家口
济宁
阳江
潮州
常州
南平
潍坊
莆田
承德
江门
日照
济南
石家庄
沧州
唐山
连云港
淮安
泰安
宿迁
盐城
邯郸
天津
临沂
聊城
枣庄
徐州
德州
肇庆
保定
邢台
清远
菏泽
衡水
0.0000
0.0500
0.1000
0.1500
0.2000
环境投资与治理
政策响应与社会福利

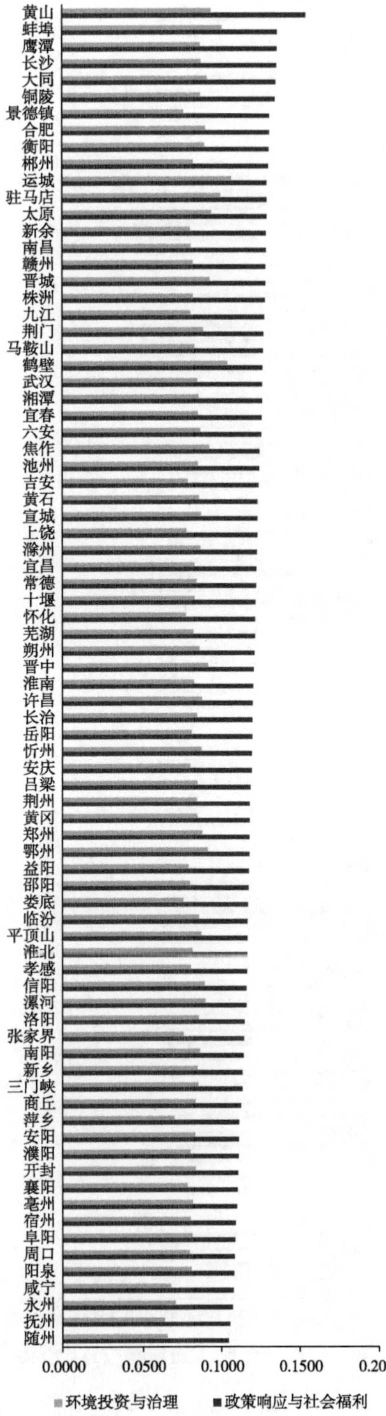

黄山
蚌埠
鹰潭
长沙
大同
铜陵
景德镇
合肥
衡阳
郴州
运城
驻马店
太原
新余
南昌
赣州
晋城
株洲
九江
荆门
马鞍山
鹤壁
武汉
湘潭
宜春
六安
焦作
池州
吉安
黄石
宣城
上饶
滁州
宜昌
常德
十堰
怀化
芜湖
朔州
晋中
淮南
许昌
长治
岳阳
忻州
安庆
吕梁
荆州
黄冈
郑州
鄂州
益阳
邵阳
娄底
临汾
平顶山
淮北
孝感
信阳
漯河
洛阳
张家界
南阳
新乡
三门峡
商丘
萍乡
安阳
濮阳
开封
襄阳
亳州
宿州
阜阳
周口
阳泉
咸宁
永州
抚州
随州
0.0000
0.0500
0.1000
0.1500
0.2000
环境投资与治理
政策响应与社会福利

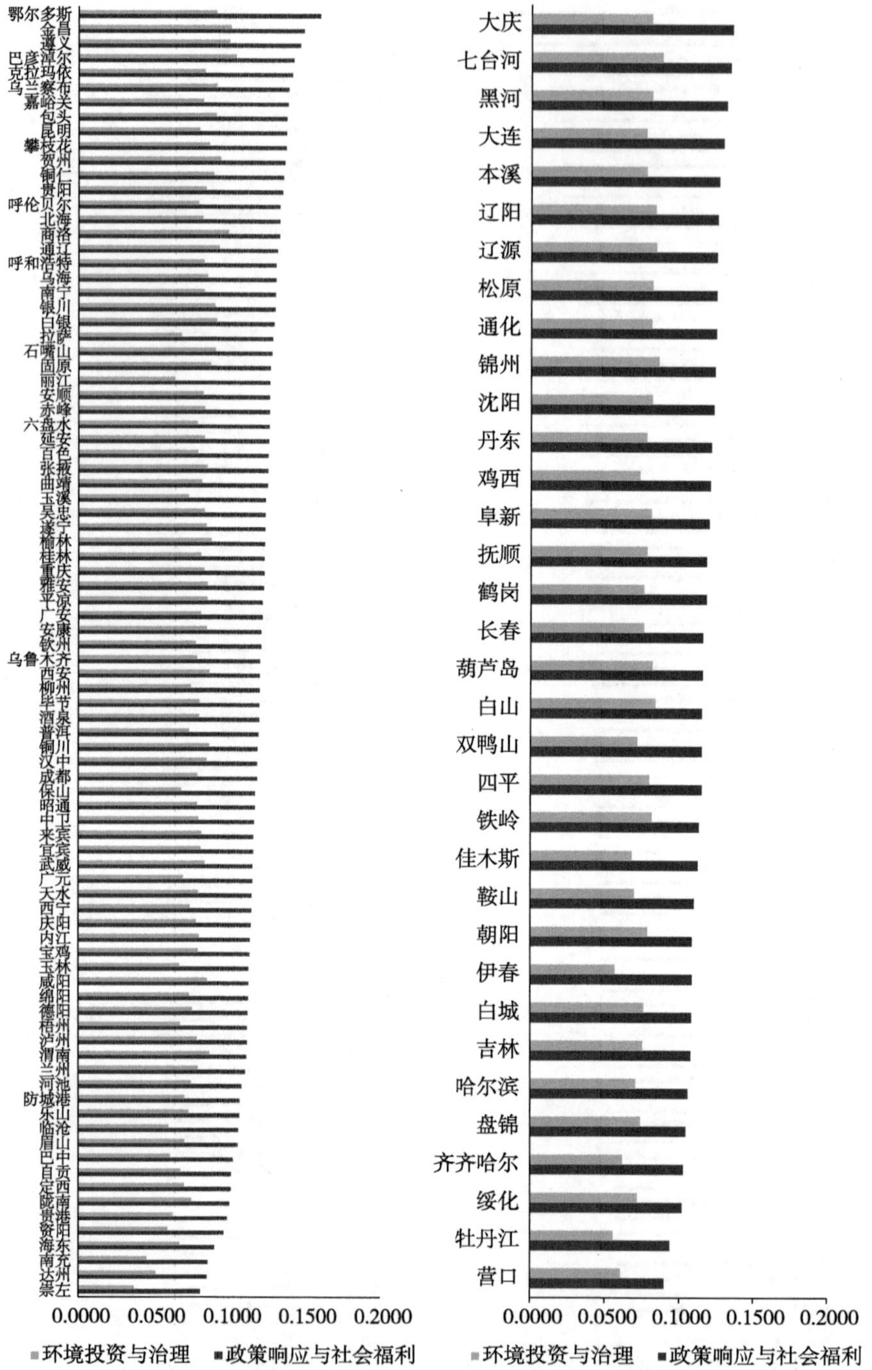

图 5-3 政策响应与社会福利和环境投资与治理指标对比

注：图 5-3 按东部、中部、西部和东北地区划分，根据政策响应与社会福利指数大小自上至下排列。

从区域内部的城市最高指数值与最低指数值的差值来看，东部指数值最高的城市三亚（指数值 0.1327）与指数值最低的城市清远（指数值 0.0629）之间的差值为 0.0698；中部指数值最高的城市运城（指数值 0.1062）与指数值最低的城市抚州（指数值 0.0634）之间的差值为 0.0428；西部指数值最高的城市巴彦淖尔（指数值 0.1038）与指数值最低的城市崇左（指数值 0.0367）之间的差值为 0.0671；东北地区指数值的最高城市七台河（指数值 0.0880）与指数值最低的城市牡丹江（指数值 0.0555）之间的差值为 0.0325。从中可以看出，东部地区城市指数值差异最大，西部次之，中部再次，东北地区城市指数值差异最小。

（二）城市生活质量指标比较

在城市政策响应与社会福利指数测度体系中，生活质量指标包括 5 个三级指标，其权重占政策响应与社会福利指数的 33.33%，占城市绿色发展指数总权重的 10%。

表 5–9　生活质量三级指标、权重及指标属性

指标序号	指标	权重	指标属性
40	城镇居民人均可支配收入	2.00%	正
41	人均住房面积	2.00%	正
42	建成区绿化覆盖率	2.00%	正
43	空气质量达到二级以上天数	2.00%	正
44	可吸入颗粒物浓度（PM2.5）年均值	2.00%	逆

注：本表内容由本报告课题组召开的多次研讨会确定。

按表 5–9 给出的权重，对三级指标原始数据做标准化处理并计算，得出我国 290 个城市生活质量指标指数及其排名，具体如表 5–10 所示。

表 5-10 中国 290 个城市生活质量指数及排名

城市	生活质量指标		城市	生活质量指标		城市	生活质量指标	
	指数值	排名		指数值	排名		指数值	排名
东莞	0.0700	1	安顺	0.0441	98	泰安	0.0361	195
鄂尔多斯	0.0688	2	怀化	0.0440	99	潍坊	0.0360	196
厦门	0.0638	3	揭阳	0.0440	100	防城港	0.0359	197
三亚	0.0630	4	梧州	0.0440	101	孝感	0.0357	198
丽江	0.0625	5	崇左	0.0439	102	宣城	0.0356	199
珠海	0.0624	6	曲靖	0.0438	103	滁州	0.0356	200
舟山	0.0612	7	丹东	0.0437	104	榆林	0.0355	201
深圳	0.0606	8	通化	0.0436	105	贵港	0.0354	202
拉萨	0.0604	9	常州	0.0436	106	滨州	0.0354	203
黄山	0.0604	10	泰州	0.0435	107	天水	0.0354	204
福州	0.0590	11	大同	0.0434	108	四平	0.0352	205
台州	0.0585	12	双鸭山	0.0433	109	哈尔滨	0.0352	206
惠州	0.0576	13	马鞍山	0.0433	110	济宁	0.0351	207
克拉玛依	0.0576	14	钦州	0.0432	111	晋城	0.0350	208
昆明	0.0576	15	松原	0.0432	112	淮北	0.0350	209
威海	0.0574	16	茂名	0.0432	113	长治	0.0349	210
泉州	0.0570	17	赤峰	0.0429	114	太原	0.0349	211
嘉峪关	0.0561	18	贺州	0.0427	115	莱芜	0.0348	212
宁波	0.0556	19	延安	0.0426	116	宜宾	0.0348	213
海口	0.0552	20	潮州	0.0423	117	朔州	0.0347	214
三明	0.0551	21	连云港	0.0422	118	淄博	0.0347	215
广州	0.0550	22	鹤岗	0.0421	119	蚌埠	0.0347	216
景德镇	0.0548	23	抚州	0.0421	120	眉山	0.0346	217
大庆	0.0546	24	桂林	0.0419	121	商洛	0.0342	218
呼伦贝尔	0.0540	25	辽阳	0.0418	122	徐州	0.0342	219
龙岩	0.0540	26	乌鲁木齐	0.0417	123	来宾	0.0341	220
上海	0.0538	27	萍乡	0.0414	124	宝鸡	0.0340	221
苏州	0.0536	28	沈阳	0.0412	125	天津	0.0339	222
温州	0.0536	29	娄底	0.0412	126	达州	0.0338	223
丽水	0.0534	30	巴中	0.0411	127	葫芦岛	0.0337	224
南京	0.0534	31	扬州	0.0410	128	内江	0.0336	225

续表

城市	生活质量指标		城市	生活质量指标		城市	生活质量指标	
	指数值	排名		指数值	排名		指数值	排名
南平	0.0532	32	齐齐哈尔	0.0410	129	唐山	0.0336	226
大连	0.0520	33	辽源	0.0409	130	荆州	0.0335	227
伊春	0.0518	34	武汉	0.0409	131	吕梁	0.0335	228
绍兴	0.0517	35	广安	0.0408	132	西安	0.0334	229
北京	0.0512	36	衡阳	0.0408	133	汉中	0.0334	230
北海	0.0512	37	西宁	0.0407	134	乐山	0.0332	231
攀枝花	0.0512	38	南充	0.0406	135	黄冈	0.0331	232
玉溪	0.0511	39	张掖	0.0405	136	自贡	0.0331	233
宁德	0.0511	40	吴忠	0.0405	137	宿迁	0.0331	234
莆田	0.0509	41	合肥	0.0404	138	泸州	0.0329	235
贵阳	0.0507	42	鞍山	0.0403	139	河池	0.0329	236
中山	0.0505	43	咸宁	0.0402	140	吉林	0.0324	237
金华	0.0505	44	银川	0.0402	141	白城	0.0324	238
烟台	0.0505	45	宜春	0.0402	142	铜川	0.0321	239
黑河	0.0504	46	湘潭	0.0401	143	临沂	0.0321	240
青岛	0.0503	47	抚顺	0.0400	144	许昌	0.0320	241
杭州	0.0501	48	酒泉	0.0400	145	襄阳	0.0319	242
嘉兴	0.0501	49	重庆	0.0399	146	忻州	0.0318	243
漳州	0.0499	50	固原	0.0399	147	焦作	0.0317	244
韶关	0.0498	51	毕节	0.0398	148	铁岭	0.0317	245
无锡	0.0495	52	长春	0.0397	149	武威	0.0314	246
汕头	0.0491	53	成都	0.0396	150	白山	0.0313	247
本溪	0.0490	54	张家口	0.0394	151	沧州	0.0313	248
佛山	0.0490	55	秦皇岛	0.0393	152	兰州	0.0312	249
保山	0.0488	56	随州	0.0393	153	盘锦	0.0309	250
鹰潭	0.0486	57	安庆	0.0392	154	濮阳	0.0308	251
金昌	0.0485	58	宜昌	0.0391	155	临汾	0.0306	252
湛江	0.0485	59	肇庆	0.0391	156	定西	0.0304	253
湖州	0.0482	60	遂宁	0.0391	157	绥化	0.0302	254
新余	0.0482	61	芜湖	0.0390	158	朝阳	0.0300	255
梅州	0.0481	62	阜新	0.0390	159	郑州	0.0297	256

续表

城市	生活质量指标		城市	生活质量指标		城市	生活质量指标	
	指数值	排名		指数值	排名		指数值	排名
郴州	0.0480	63	通辽	0.0389	160	石家庄	0.0295	257
长沙	0.0479	64	池州	0.0388	161	枣庄	0.0294	258
河源	0.0479	65	绵阳	0.0387	162	驻马店	0.0294	259
乌兰察布	0.0478	66	岳阳	0.0387	163	营口	0.0293	260
呼和浩特	0.0478	67	十堰	0.0385	164	平顶山	0.0292	261
六盘水	0.0477	68	六安	0.0384	165	洛阳	0.0291	262
南昌	0.0477	69	益阳	0.0384	166	商丘	0.0289	263
镇江	0.0477	70	汕尾	0.0383	167	晋中	0.0289	264
江门	0.0476	71	张家界	0.0383	168	宿州	0.0289	265
鸡西	0.0475	72	白银	0.0383	169	周口	0.0287	266
南通	0.0474	73	昭通	0.0383	170	新乡	0.0283	267
南宁	0.0472	74	廊坊	0.0382	171	亳州	0.0282	268
包头	0.0472	75	巴彦淖尔	0.0381	172	邯郸	0.0281	269
儋州	0.0472	76	牡丹江	0.0381	173	三门峡	0.0277	270
铜陵	0.0470	77	荆门	0.0381	174	安阳	0.0276	271
九江	0.0470	78	锦州	0.0380	175	南阳	0.0276	272
遵义	0.0469	79	云浮	0.0379	176	阜阳	0.0276	273
百色	0.0468	80	盐城	0.0378	177	邢台	0.0274	274
铜仁	0.0464	81	石嘴山	0.0376	178	阳泉	0.0272	275
七台河	0.0462	82	邵阳	0.0375	179	咸阳	0.0272	276
衢州	0.0462	83	常德	0.0375	180	德州	0.0269	277
普洱	0.0459	84	淮南	0.0375	181	开封	0.0268	278
赣州	0.0458	85	雅安	0.0373	182	聊城	0.0265	279
临沧	0.0457	86	淮安	0.0373	183	信阳	0.0264	280
阳江	0.0457	87	东营	0.0372	184	鄂州	0.0264	281
株洲	0.0456	88	资阳	0.0371	185	漯河	0.0260	282
乌海	0.0456	89	黄石	0.0369	186	保定	0.0249	283
柳州	0.0455	90	济南	0.0368	187	陇南	0.0249	284
广元	0.0455	91	平凉	0.0368	188	渭南	0.0242	285
玉林	0.0454	92	德阳	0.0366	189	海东	0.0228	286
上饶	0.0451	93	永州	0.0366	190	菏泽	0.0228	287

续表

城市	生活质量指标		城市	生活质量指标		城市	生活质量指标	
	指数值	排名		指数值	排名		指数值	排名
吉安	0.0450	94	中卫	0.0365	191	运城	0.0224	288
清远	0.0450	95	日照	0.0363	192	鹤壁	0.0219	289
承德	0.0444	96	安康	0.0363	193	衡水	0.0215	290
佳木斯	0.0444	97	庆阳	0.0362	194			

注：. 本表数据及排名根据《中国统计年鉴 2018》《中国环境统计年鉴 2018》《中国城市统计年鉴 2018》《中国城市建设统计年鉴 2018》等测算。

从表 5-10 我们发现，城市生活质量指标指数中，排名最高的是东莞，该值为 0.0700，衡水位列倒数第一，指数值为 0.0215。在参评的 290 个城市中，生活质量指标指数值高于或等于全国平均水平 0.0409 的城市共 131 个，占全部参评城市的 45.17%，如东莞、鄂尔多斯、厦门、三亚、丽江等；其中，东莞、鄂尔多斯、厦门位居所有参评城市前三位，指数值分别为 0.0700、0.0688、0.0638。有 159 个城市生活质量指标指数值低于全国平均水平，占全部参评城市的 54.83%，比例过半，如广安、衡阳、西宁、南充、张掖等，其中，运城、鹤壁、衡水排到了最后三位，指数值分别为 0.0224、0.0219 和 0.0215。

从图 5-4 中可以看出，我国城市生活质量指标指数远低于城市政策响应与社会福利指数，表明我国城市生活质量指标对城市经济增长绿化度的影响相对较小。分区域来看，各区域生活质量指标指数值差距不明显，按照简单算术平均方法具体计算，东部地区城市生活质量指标平均值为 0.0449，中部地区为 0.0365，西部地区为 0.0411，东北地区为 0.0401。

就排名结果来看，在生活质量指标前 10 位的城市中，东部地区城市有 6 个，分别是东莞、厦门、三亚、珠海、舟山和深圳；西部地区有 3 个城市，分别是鄂尔多斯、丽江和拉萨；中部地区仅有 1 个，是黄山；没有东北地区城市。而生活质量指标后 10 位的城市中，东部地区城市有 3 个，分别是保定、菏泽和衡水；中部地区城市有 4 个，分别是鄂州、漯河、运城和鹤壁；西部地区城市有 3 个，分别是陇南、渭南和海东；没有东北地区城市。

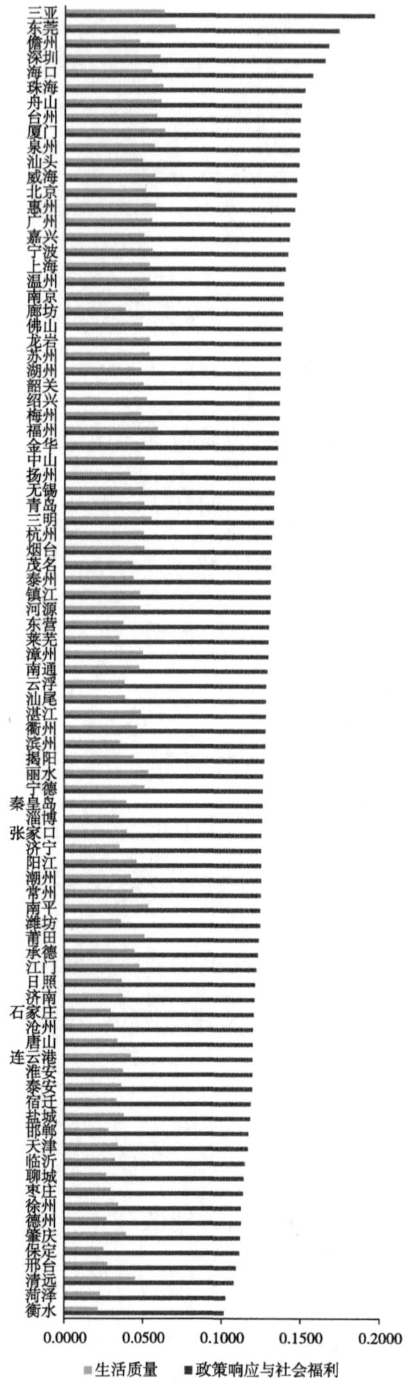

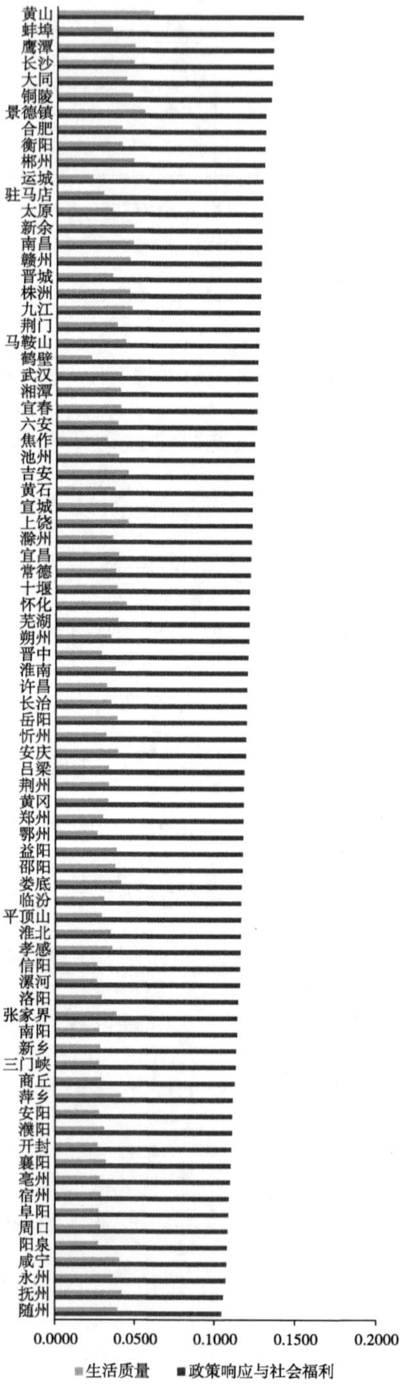

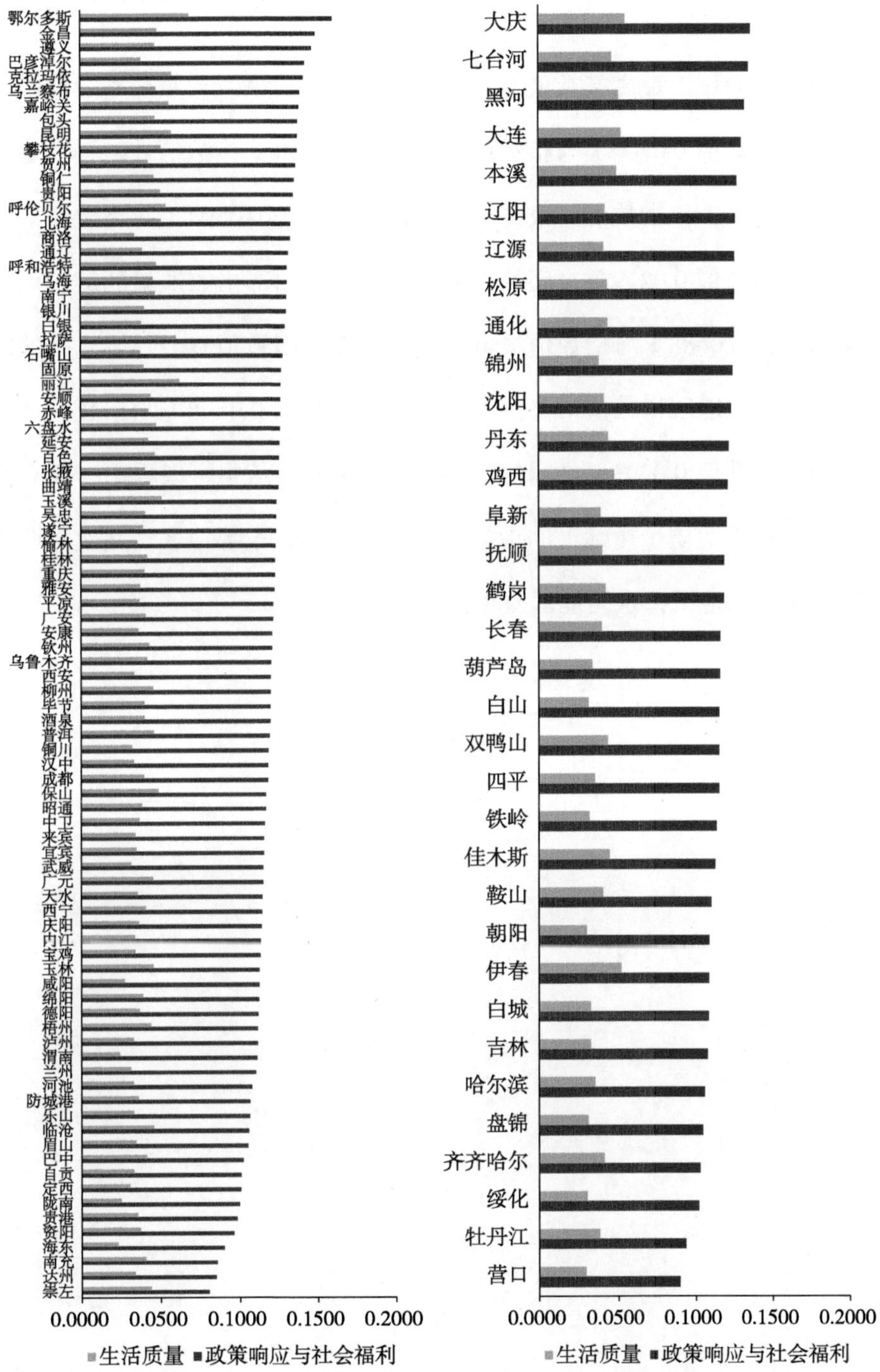

图 5-4　政策响应与社会福利和生活质量指标对比

注：图 5-4 按东部、中部、西部和东北地区划分，根据政策响应与社会福利指数大小自上至下排列。

按照区域内城市最高指数值与最低指数值的差值来看，东部指数值最高的城市东莞（指数值 0.0700）与指数值最低的城市衡水（指数值 0.0215）之间的差值为 0.0485；中部指数值的最高城市黄山（指数值 0.0504）与指数值最低的城市鹤壁（指数值 0.0219）之间的差值为 0.0385；西部指数值最高的城市鄂尔多斯（指数值 0.0688）与指数值最低的城市海东（指数值 0.0228）之间的差值为 0.0460；东北地区指数值最高的城市大庆（指数值 0.0546）与指数值最低的城市营口（指数值 0.0293）之间的差值仅为 0.0253。从中可以看出，四大区域内部中的城市生活质量指标上的指数值差值最大的是东部地区，其次是西部地区，再次是中部地区，东北地区差距最小。

第六章

新时代中国城市绿色竞争力提升战略

城市作为人类文明和社会进步的象征，是人口、资本、资源、文化、信息等元素在有限地理空间中的高度聚集地，也是绿色发展的重要载体。促进城市绿色发展，提升城市绿色竞争力对解决人民日益增长的美好生活需要和不平衡不充分的发展之间的矛盾，实现经济发展与生态建设的“双赢”具有重要意义。

一、中国城市绿色竞争力的现状

（一）中国城市绿色竞争力区域间差异仍然显著

从地理区域划分的角度看，中国城市绿色竞争力呈现出明显的地区差异。2017 年中国城市绿色竞争力呈现出东部最高，西部和中部接近，东北地区最低的空间分布格局。具体来看，东部地区所有测评城市的平均水平为 0.2771，在所有地区中排名第一位，西部地区所有测评城市的平均水平为 0.2417，在所有地区中排名第二位，中部地区所有测评城市的平均水平稍低于西部地区为 0.2381，东北地区所有测评城市的平均水平最低，仅为 0.2196。此外，从城市绿色竞争力排名来看，同样呈现出显著的区域化特征。东部地区多数城市排名靠前，平均位次为 86；西部地区城市次之，平均位次为 158；中部地区城市的平均位次与西部地区接近为 168，东北地区城市平均位次最为靠后为 212。总体来看，相对于中部、西部和东北地区，东部地区城市绿色竞争力优势明显。

（二）城市群辐射带动城市绿色发展作用凸显

城市群是中国未来经济发展格局中最具活力和潜力的核心地区，也是中国经济实现绿色发展的主战场。2017 年中国城市绿色竞争力排名前 100 的城市中，有多达 82 个城市处在地理位置不同、规模大小不一、经济实力悬殊的城市群当中。这表明，中国城市绿色竞争力已形成明显的城市群集聚特征。在中国当前形成的 14 个主要的城市群中，长江三角洲城市群、珠江三角洲城市群和京津冀城市群是最具代表性的三大城市群，其中珠江三角洲城市群城市绿色竞争力最高，长江三角洲城市群城市绿色竞争力紧随其后，京津冀城市群城市绿色竞争力排名第三，三大城市群的绿色竞争力分别为 0.2902、0.2882、0.2565，均高于全国平均水平（0.2489）。随着区域一体化进程的加快，绿色竞争必将从单个的城市之间扩展到以城市为组成部分的城市群之间，而城市群的巨大带动和辐射作用必将成为引领城市绿色发展的重要动力。

（三）人口规模仍是城市绿色竞争力的重要影响因素

按照城市人口数量，可将城市划分为超大城市、特大城市、大城市、中等城市和小城市。2017 年中国超大城市的绿色竞争力水平达到 0.3321，远高于其他规模的城市；特大城市的绿色竞争力水平较高为 0.3063；大城市和小城市的绿色竞争力水平相当，其中大城市以 0.2518 稍高于小城市的 0.2447；而中等规模城市的绿色竞争力最为落后，仅有 0.2359；此外，全部的超大城市、特大城市以及 46% 的大城市的绿色竞争力水平高于全国平均水平（0.2489），但仅有 40% 的小城市和 30% 的中等城市的绿色竞争力水平高于全国平均水平（0.2489）。这表明，人口规模仍是促进城市绿色发展的重要力量。

（四）人均国民收入与城市绿色竞争力关系密切

从 2017 年中国城市绿色竞争力指数综合排名来看，人均国民收入的高低与城市绿色竞争力同样具有密切的关系。以各城市人均国内生产总值为基础，将城市划分为高收入、中等偏上和中等偏下收入三种类型，其中，所有高收入城市的绿色竞争力平均水平达到 0.3007，远高于其他经济发展水平的城市，中等偏上和中等偏下收入城市的绿色竞争力平均水平分别为 0.2409、0.2197，全部低于全国城市绿色竞争力平均水平（0.2489），从城市绿色竞争力排名来看，高收入城市平均位次 48，中等偏上收入城市平均位次为 158，中等偏下收入城市排名平均位次为 214。总体来看不同收入水平城市差异非常明显，高收入城市遥遥领先，中等偏上收入城市稍强，中等偏下收入城市最为落后。

二、中国城市绿色竞争力提升的制约因素

（一）城市绿色竞争力提升协同效应难以充分发挥

2020 中国城市绿色竞争力在中部地区和西部地区之间的差距有所减小，但整体来看，中国城市绿色竞争力区域间差异仍然显著，东部地区城市的绿色竞争力仍远高于其他三个地区。就绿色竞争力的四个组成部分来看，东部地区除在自然资产与环境压力方面排名靠后以外，在经济基础与科技进步、资源与环境效率和政策响应与社会福利三个方面均排名第 1 位。此外，就四大区域内部各城市绿色竞争力之间的差距来看，2020 东部地区排名最高的深圳（第 1 名，指数值 0.4232）与排名最低的菏泽（第 215 名，指数值 0.2146）之间的位次差为 214，指数值差为 0.2086；中部地区排名最高的长沙（第 5 名，指数值 0.3565）与排名最低的阳泉（第 278 名，指数值 0.1929）之间的位次差为 273，

指数值差为 0.1636；西部地区排名最高的鄂尔多斯（第 8 名，指数值 0.3478）与排名最低的达州（第 289 名，指数值 0.1757）之间的位次差为 281，指数值的差为 0.1721；东北地区排名最高的长春（第 42 名，指数值 0.2938）与排名最低的伊春（第 290 名，指数值 0.1703）之间的位次差为 248，指数值差为 0.1235，四大区域排名最高城市和最低城市的平均位次差 259，指数值差为 0.1670，由此可见，各地区的各个参评城市之间的绿色竞争力水平也存在较为明显差距，这在很大程度上阻碍了绿色竞争力的进一步协同提升。

（二）科技创新对于绿色竞争力提升潜力急需深入挖掘

绿色科技创新是在实现经济增长的同时推进环境保护的核心动力，是提升城市绿色竞争力的根本途径，但当前我国绿色技术创新还不能完全满足绿色发展需要，绿色技术创新水平不高的原因主要在于以下两点：第一，企业缺乏主动进行绿色技术创新的动力。绿色科技创新的本质是通过绿色工艺和技术以实现资源的持续使用和经济的循环发展，但由于绿色技术创新的研发和运行周期长、产生直接经济效益较慢，而大多数企业以经济利益作为发展的第一要务，片面追求经济效益而忽视生态效益和社会效益，导致缺乏足够的内在利益驱动力进行绿色科技创新。第二，我国缺少绿色科技创新的核心技术。我国现有有效绿色专利主要集中在污染控制与治理环节，对环境污染治理的作用效果较为单一，而在替代能源、环境材料和节能减排等绿色核心科技方面的创新成果较少，制约了城市整体绿色竞争力水平的提升。

（三）城市绿色竞争力提升存在环境压力短板

2020 中国城市绿色竞争力排名前三的城市中，只有深圳市自然资源与环境压力的排名进入了全国前 100，北京市排名 145，广州市排名 114。在城市绿色竞争力排名前 10 的城市中（深圳、北京、广州、三亚、长沙、上海、青岛、鄂尔多斯、西安和东莞），没有一个城市在自然资源与环境压力方面的得分进入中国前 10，其中西安市在自然资源与环境压力方面排名最为靠前，排名第 39 位。这表明，自然资源与环境压力是拥有绿色竞争力优势城市的明显短板，尽管在一定程度上存在自然资源禀赋差异的原因，但环境压力最主要的来源仍是来自生产与人口过度密集造成的严重能源紧缺和环境污染，这种压力将进一步制约城市绿色竞争力的提升。

（四）城市绿色竞争力提升亟待加强顶层设计

城市竞争力的各个组成要素之间具有关联性和系统整体性的特征，局部的绿色增长不会真正提升城市整体的绿色竞争力，但目前条块分割、管理分散、各自为政的环保困局使得中国很多城市绿色发展的潜力没有充分释放。以长江经济带为例，虽然长江经济带整体及上中下游均建立了常态的对话沟通平台，如长江水利委员会、长江三角洲城市经济协调会等，并发表了加快绿色发展与生态保护合作的《武汉共识》《长沙宣言》《合肥纲要》《南昌行动》《淮南宣言》等集体倡议，但由于缺乏统一有效的发展机制，导致了各部门之间缺乏协调，使得众多的标准、程序、专项规划和治理政策相互矛盾与冲突，特别是上中下游地区难以就生态补偿的形式与标准达成一致意见，造成诸如项目审批效率低下、地区间行政壁垒巨大等难题，加剧了城市绿色发展困境。

三、中国城市绿色竞争力提升的途径

（一）促进城市协调发展，缩小城市绿色竞争力区域差距

首先，摒弃“地方保护主义”观念，建立多城市合作协调推进机制。发挥

地方政府的引导作用，尝试构建以政务、经济、生态等为基础平台的多层面政府合作机制，努力缩小城市之间的绿色竞争力差异。其次，对绿色竞争力水平较低的城市进行政策倾斜。通过建立典型城市之间的对口帮扶机制，从资金投入、人才培养、科技创新和产业发展等方面对绿色竞争力水平较低的城市进行帮扶，重点突破问题城市，例如：对推进经济发展或环境治理的城市给予专项资金支持，对落后城市的人才培养工程加大教育投入和造血式帮助，对产业升级和科技创新项目给予经验技术共享、科技投入支持。最后，充分发挥城市群的协同带动作用。合理定位城市群内各城市功能，积极发挥中心城市的扩散效应，使群内绿色竞争力较高的城市带动绿色竞争力较低的城市，进而提升单个城市、城市群乃至整个地区的绿色竞争力。

（二）提高绿色科技创新水平，增强城市绿色竞争力核心动力

首先，企业要增强绿色创新的主体意识。以未来经济发展的趋势为导向，改善企业内部机制，在增加研发投入的同时，优化投入产出比例，优化产业结构，保证技术开发要素的绿色化，实现经济增长由低成本拉动向技术进步及产品差异化拉动转变，确保企业经济绩效与社会环境绩效都能得到有效改善。其次，政府要积极推进绿色科技创新的补偿政策。对参与绿色技术创新活动的企业给予一定的财政补贴和政策支持，以缓解企业在绿色科技创新中面临的各种压力和困难，为企业开展绿色技术创新提供环境支持。最后，绿色科技创新要逐渐摆脱现有以传统的末端治理为目标的绿色技术创新标准，不断对标国际先进水平，突破在替代能源、清洁生产、节能减排等方面的技术障碍，将绿色技术创新持续应用于生产的全过程，切实提高绿色技术创新能力。

（三）改善关键制约因素，补齐城市绿色竞争力提升短板

从中国城市绿色竞争力测度的内部指标来看，各维度均存在一些制约城市

绿色竞争力提升的关键因素，但对城市绿色竞争力提升影响较大的指标主要集中在经济基础和科技进步、自然资产与环境压力两个子系统中。首先，拥有较高的自然资源禀赋的城市其经济基础往往相对薄弱，导致其城市绿色竞争力水平不高，这些城市要改变传统产业结构，提升第三产业在产业结构中的占比，同时要积极提高产品的科技含量和附加值，将资源优势转变为经济优势。其次，拥有良好的经济基础的城市其面临的环境压力往往过大，从而抑制了城市绿色竞争力水平的进一步提升。这些城市需要特别注意对资源与环境的保护以保持生态系统的稳定性，同时尽量减少人类活动对资源与环境造成的损害，不断提高资源与环境的承载力。

（四）普及绿色发展观念，夯实城市绿色竞争力人本基础

首先，加强生态文化教育，牢固树立绿色发展理念。从公众生活习俗出发，制订适宜的、易被公众所接受的生态文化教育方案，开展绿色发展相关知识讲座，注重加强对绿色发展知识的科学普及，还可以通过视频、广播、条幅等多种多样的形式开展宣传教育活动，使大众从心底认识到人与自然和谐共生的重要性。其次，引导公众积极践行绿色生活方式。积极倡导和大力推行绿色消费，推广使用节能节水产品、节能家电、新能源汽车和节能住宅等产品，发展城市绿色交通，推进生活垃圾分类收集处理，使绿色发展理念在日常化的生活和劳动中内化为公众的自觉行为。最后，在全社会培育绿色文化。组织、鼓励和引导社会组织、志愿者和广大群众积极参与绿色发展的公益活动和全民行动计划，积极开展生态文明创建活动，进一步普及绿色政绩观、绿色生产观、绿色消费观，引导人民群众崇尚节约、低碳生活，在全社会形成尊重自然环境、建设生态文明的浓厚文化氛围。

参考文献

[1] A. Charnes, W. W. Cooper, Q. L. Wei. Cone Ratio Data Envelopment Analysis and Multi-objective Programming [J]. International Journal of Systems Science, 1989, 20(7).

[2] ADB & IGES. Towards Resource-Efficient Economies in Asia and the Pacific. Asian Development Bank & Institute for Global Environmental Strategies, 2008.

[3] Dasgupta P. Economics: A Very Short Introduction [M]. London: Oxford University Press, 2007.

[4] H. Fukuyama, W. L. Weber. A Directional Slacks-based Measure of Technical Inefficiency [J]. Socio-Economic Planning Sciences, 2009, 43(4).

[5] Hsu, A. et al. 2016 Environmental Performance Index. New Haven, CT: Yale University, 2016. Available: www.epi.yale.edu.

[6] IMD. The World Competitiveness Yearbook, 1996[R]. Institute for Management Development, Lausanne, Switzerland, 1996.

[7] International Resource Panel. Decoupling natural resources use and environmental impacts from economic growth. 2011.

[8] K. Tone. A Slacks Based Measure of Efficiency in Data Envelopment Analysis [J]. European Journal of Operational Research, 2001, 130.

[9] OECD. Extended Producer Responsibility - A Guidance Manual for Governments, OECD, Paris, 2001.

[10] OECD. Green Growth Indicators 2017 [R]. OECD, Paris, France, 2017.

[11] R. Fare, S.Grosskopf, C. A. Knox Lovell, S. Yaisawarng. Derivation of Shadow Prices for Undesirable Outputs: A Distance Function Approach [J]. The Review of Economics and Statistics, 1993, 75(2).

[12] The World Bank Group. World Development Indicators[R]. World Bank,2012.

[13] UNDESA. National sustainable development strategies - the global picture, unpublished briefing note, United Nations Department of Economic and Social Affairs, 2012.

[14] UNEP. Planning for Change - Guidelines for National Programmes on Sustainable Consumption and Production, 2008.

[15] UNIDO & UNEP. Enterprise-Level Indicators for Resource Productivity and Pollution Intensity: A Primer for Small and Medium-Sized Enterprises. 2011.

[16] UNIDO & UNEP. Good Organization, Management and Governance Practices: A Primer for Providers of Services in Resource Efficient and Cleaner Production (RECP). April 2010.

[17] UNIDO. Industrial Policy for Prosperity: UNIDO' s Strategic Support, 2011.

[18] WEF. Global Competitiveness Report 1996[R]. World Economic Forum, Geneva, Switzerland, 1996.
[19] World Bank. Cost of Pollution in China: Economic Estimates of Physical Damages. Conference edition. Washington DC, 2007.
[20] Y. H. Chung, R. Färe, S. Grosskopf. Productivity and Undesirable Outputs: A Directional Distance Function Approach [J]. Journal of Environmental Management, 1997, 51.
[21] 北京师范大学经济与资源管理研究院，西南财经大学发展研究院. 2014 人类绿色发展报告 [M]. 北京：北京师范大学出版社，2014.
[22] 北京师范大学科学发展观与经济可持续发展研究基地等著. 2016 中国绿色发展指数报告——区域比较 [M]. 北京：北京师范大学出版社，2016.
[23] 蔡昉，都阳，王美艳. 经济发展方式转变与节能减排内在动力 [J]. 经济研究，2008（6）.
[24] 曹东，赵学涛，杨威杉. 中国绿色经济发展和机制政策创新研究 [J]. 中国人口、资源与环境，2012（5）.
[25] 曹荣湘等. 全球大变暖：气候经济、政治与伦理 [M]. 北京：社会科学文献出版社，2010.
[26] 迟全华. 从政治高度深刻认识绿色发展理念重大意义——学习习近平总书记关于绿色发展新理念新思想 [N]. 光明日报，2016-4-10（6）.
[27] 关成华，韩晶. 绿色发展经济学 [M]. 北京：北京大学出版社，2018（3）.
[28] 国合会. 中国绿色经济的发展机制与政策创新 [R]. 北京：国合会，2011.
[29] 国家统计局城市社会经济调查司. 中国城市统计年鉴 2016 [M]. 北京：中国统计出版社，2016.
[30] 谷树忠，谢美娜，张新华. 绿色转型发展 [M]. 浙江：浙江大学出版社，2016.
[31] 环境保护部. 2015 中国环境状况公报 [R]. 北京：环境保护部，2016.
[32] 蒋南平，向仁康. 中国经济绿色发展的若干问题 [J]. 当代经济研究，2013（5）.
[33] 李伟. 创新与绿色如何引领新常态 [J]. 新经济导刊，2016（5）.
[34] 李佐军."十三五"我国绿色发展的途径与制度保障 [J]. 环境保护，2016（11）.
[35] 联合国环境规划署. 中国绿色长征 [R]. 北京：联合国环境规划署，2013.
[36] 刘红梅. 推进城市绿色发展 [N]. 青海日报，2018-02-26.
[37] 倪鹏飞，马尔科·卡米亚，王海波等. 全球城市竞争力报告 2017-2018（简版）[R]. 联合国人居署，中国社会科学院财经战略研究院，中国社会科学院城市与竞争力研究中心，广州，中国，2017.
[38] 潘浩然. 什么才是绿色发展？ [N]. 中国环境报，2017-3-29.
[39] 邱寿丰. 探索循环经济规划之道——循环经济规划的生态效率方法及应用 [M]. 上海：同济大学出版社，2009.
[40] 周光迅，郑珺. 习近平绿色发展理念的重大时代价值 [N]. 自然辩证法研究，2020（03）.
[41] 朱东波. 习近平绿色发展理念：思想基础、内涵体系与时代价值 [N]. 经济学家，2020（03）.

[42] 廖小平，邹巅，袁宝龙. 推动我国绿色发展的模式及路径研究 [N]. 湖南师范大学社会科学学报，2020 (01).

[43] 首都科技发展战略研究院. 2016 首都科技创新发展报告 [M]. 北京：科学出版社，2016.

[44] 宋涛，荣婷婷. 人力资本的集聚和溢出效应对绿色生产的影响分析 [J]. 江淮论坛. 2016 (3).

[45] 宋涛. 中国可持续发展的双轮驱动模式——绿色工业化与绿色城镇化 [M]. 北京：经济日报出版社，2015.

[46] 唐宇红. 联合国环境规划署 _UNEP_ 的角色演进 [J]. 环境科学与管理，2008 (5).

[47] 田红娜. 中国资源型城市创新体系营建 [M]. 北京：经济科学出版社，2009.

[48] 王兵，黄人杰. 中国区域绿色发展效率与绿色全要素生产率 (2000—2010) ——基于参数共同边界的实证研究 [J]. 产经评论，2014 (1).

[49] 王玲玲，张艳国. "绿色发展" 内涵探微 [J]. 社会主义研究，2012(5).

[50] 王秋艳. 中国绿色发展报告 [M]. 北京 : 中国时代经济出版社，2009.

[51] 吴正. 中国沙漠及其治理 [M]. 北京 : 科学出版社，2009.

[52] 习近平. 之江新语 [M]. 浙江 : 浙江人民出版社，2007.

[53] 习近平. 习近平谈治国理政 [M]. 北京 : 外文出版社，2014.

[54] 习近平. 习近平谈治国理政 (第二卷) [M]. 北京 : 外文出版社，2017.

[55] 习近平. 中国共产党第十九次全国代表大会在京开幕 习近平代表第十八届中央委员会向大会作报告 李克强主持大会 2338 名代表和特邀代表出席大会 [EB/OL].2017-10-19. http://news.xinhuanet.com/politics/19cpcnc/2017-10/18/c_1121822838.htm.

[56] 段炳德. 深刻理解实现高质量发展的重要内涵 [N]. 中国青年报，2018-02-12 (02).

[57] 谢雄标，吴越，严良. 数字化背景下企业绿色发展路径及政策建议 [J]. 生态经济，2015 (11).

[58] 姚伊乐，李军. 提高森林生态补偿标准 [N]. 中国环境报，2014-03-11.

[59] 曾少军. 碳减排：中国经验——基于清洁发展机制的考察 [M]. 北京 : 社会科学文献出版社，2010.

[60] 张高丽. 大力推进生态文明，努力建设美丽中国 [J]. 求是，2013 (24).

[61] 张庆丰，罗伯特・克鲁克斯. 迈向环境可持续的未来：中华人民共和国国家环境分析 [M]. 北京 : 中国财政经济出版社，2012.

[62] 赵峥，倪鹏飞. 我国城镇化可持续发展：失衡问题与均衡路径 [J]. 学习与实践，2012 (8).

[63] 中国科学院可持续发展战略研究组 .2013 中国可持续发展战略报告：未来 10 年的生态文明之路 [M]. 北京 : 科学出版社，2013.

[64] 国家统计局 , 生态环境部. 中国环境年鉴 2018[M]. 北京 : 中国统计出版社，2018.

[65] 中国省市经济发展年鉴编委会.2016 中国省市经济发展年鉴 (上、下册) [M]. 北京 : 中国财政经济出版社，2016.

[66] 国家统计局城市社会经济调查司. 中国城市统计年鉴 2018 [M]. 北京 : 中国统计出版

社，2018.
[67] 中国政府网. 习近平：决胜全面建成小康社会 夺取新时代中国特色社会主义伟大胜利——在中国共产党第十九次全国代表大会上的报告 [EB/OL]. http://www.gov.cn/zhuanti/2017-10/27/content_5234876.htm.
[68] 中华人民共和国国土资源部：第二次全国土地调查：人多地少基本国情不变，2013-12-31.http://www.mlr.gov.cn/xwdt/mtsy/people/201312/t20131231_1298980.htm.
[69] 中华人民共和国国务院新闻办公室：强化应对气候变化行动——中国国家自主贡献，2015-11-18.http://www.scio.gov.cn/xwfbh/xwbfbh/wqfbh/2015/20151119/xgbd33811/Document/1455864/1455864.htm.
[70] 周鲁宏. 联合国环境规划署（UNEP）行动研究 [J]. 环境科学与管理，2012(9).
[71] 周青. 实现从要素驱动向创新驱动转变 [N]. 广西日报，2017-03-07.

附　录

中国城市绿色竞争力指数测算指标解释及数据来源

1. 人均地区生产总值

国内生产总值（GDP）是指按市场价格计算的一个国家（或地区）所有常住单位在一定时期内生产活动的最终成果。对于一个地区来说，称为地区生产总值或地区 GDP。

人均地区生产总值的计算公式为：

$$人均地区生产总值=\frac{地区生产总值}{（上年年末总人口数+当年年末总人口数）/2}$$

资料来源：

国家统计局城市社会经济调查司．中国城市统计年鉴 2018［M］. 北京：中国统计出版社，2018.

2. 地区财政收入

地区财政收入是指地方财政年度收入，包括地方本级收入、中央税收返还和转移支付，由省（自治区、直辖市）、县或市（自治州、自治县）的财政收入组成。

资料来源：

国家统计局城市社会经济调查司．中国城市统计年鉴 2018［M］. 北京：中国统计出版社，2018.

3. 第一产业劳动生产率

第一产业劳动生产率是指一定时期内第一产业增加值与第一产业年平均就业人员数的比值。

第一产业劳动生产率计算公式为：

第一产业劳动生产率＝

$$\frac{\text{第一产业增加值}}{\text{（上年年末第一产业就业人员数＋当年年末第一产业就业人员数）}/2}$$

资料来源：

国泰安数据库。

4. 第二产业劳动生产率

第二产业劳动生产率是指一定时期内第二产业增加值与第二产业年平均就业人员数的比值。

第二产业劳动生产率计算公式为：

第二产业劳动生产率＝

$$\frac{\text{第二产业增加值}}{\text{（上年年末第二产业就业人员数＋当年年末第二产业就业人员数）}/2}$$

资料来源：

国泰安数据库。

5. 第三产业劳动生产率

第三产业劳动生产率是指一定时期内某地区第三产业增加值与第三产业年平均就业人员数的比值。

第三产业劳动生产率计算公式为：

第三产业劳动生产率＝

$$\frac{\text{第三产业增加值}}{\text{（上年年末第三产业就业人员数＋当年年末第三产业就业人员数）}/2}$$

资料来源：

国泰安数据库。

6. 第三产业增加值比重

第三产业增加值比重是指报告期内某地区第三产业增加值占地区生产总值的比重。

资料来源：

国家统计局城市社会经济调查司．中国城市统计年鉴 2018［M］．北京：中国统计出版社，2018.

7. 科技投入占公共财政支出比例

科技投入是一种概念，是指支持开展科技活动的投入，也是生产性的投入。

公共财政支出是公共财政分配的第二阶段，它是国家将集中起来的社会产品或国民收入按照一定的方式和渠道，有计划地进行分配的过程。

科技投入占公共财政支出比例的计算公式为：

$$科技投入占公共财政支出比例 = \frac{科技投入}{公共财政支出}$$

资料来源：

国家统计局城市社会经济调查司．中国城市统计年鉴 2018［M］．北京：中国统计出版社，2018.

8. 万名从业人口中科学技术人员数

从业人口指从事一定的社会劳动并取得劳动报酬或经营收入的全部劳动人口，它包括职工、城镇的私营企业从业人员和个体劳动者、农村社会劳动以及其他社会劳动者。

科学技术人员是指掌握某种专门科学技术知识、技能的人，包括各种专门的科学技术人才。

万名从业人口中科学技术人员数的计算公式为：

$$万名从业人口中科学技术人员数 = \frac{科学技术人员}{从业人口数（单位：万）}$$

资料来源：

国家统计局城市社会经济调查司. 中国城市统计年鉴2018［M］. 北京：中国统计出版社，2018.

9. 全市科技从业人员数占全省的比重

全市科技从业人员数占全省的比重指科技从业人员所占据全市人口数量的份额。

全市科技从业人员数占全省的比重的计算公式为：

$$全市科技从业人员数占全省的比重 = \frac{科技从业人员}{全市人口数}$$

资料来源：

国家统计局城市社会经济调查司. 中国城市统计年鉴2018［M］. 北京：中国统计出版社，2018.

10. 教育投入占公共财政支出比例

教育投入占公共财政支出比例指教育支出总额在公共财政总支出中占据的份额。

教育投入占公共财政支出比例的计算公式为：

$$教育投入占公共财政支出比例 = \frac{教育投入}{公共财政支出}$$

资料来源：

国家统计局城市社会经济调查司. 中国城市统计年鉴2018［M］. 北京：中国统计出版社，2018.

11. 每万人在校大学生人数

$$每万人在校大学生人数 = \frac{全市大学生数}{人口总数}$$

资料来源：

国家统计局城市社会经济调查司 . 中国城市统计年鉴 2018 [M]. 北京 : 中国统计出版社，2018.

12. 人均耕地面积

人均耕地面积是指一定时期内一个地区个人平均拥有的耕地面积。其中，耕地面积为该地区总耕地面积；人口数量为地区总人口。

资料来源：

国家统计局城市社会经济调查司 . 中国城市统计年鉴 2018 [M]. 北京 : 中国统计出版社，2018.

13. 人均水资源量

人均当地水资源量是指一定时期内一个地区个人平均拥有的水资源总量。其中，一定区域的水资源总量是指当地降水形成的地表和地下产水量，即地表径流量与降水入渗补给量之和，不包括过境水量。

资料来源：

国家统计局城市社会经济调查司 . 中国城市统计年鉴 2018 [M]. 北京 : 中国统计出版社，2018.

14. 人均绿地面积

绿地面积是指报告期末用作绿化的各种绿地面积。包括公园绿地、单位附属绿地、居住区绿地、生产绿地、防护绿地和风景林地的总面积。

人均绿地面积计算公式为：

$$人均绿地面积 = \frac{绿地总面积}{市辖区常住人口}$$

资料来源：

国家统计局城市社会经济调查司. 中国城市统计年鉴 2018 [M]. 北京：中国统计出版社，2018.

15. 森林覆盖率

森林覆盖率指一个国家或地区森林面积占土地面积的百分比。在计算森林覆盖率时，森林面积包括郁闭度 0.20 以上的乔木林地面积和竹林地面积、国家特别规定的灌木林地面积、农田林网以及四旁（村旁、路旁、水旁、宅旁）林木的覆盖面积。森林覆盖率表明一个国家或地区森林资源的丰富程度和生态平衡状况，是反映林业生产发展水平的主要指标。

森林覆盖率的计算公式为：

$$森林覆盖率 = \frac{森林面积 + 灌木林地面积 + 林网树占地面积 + 四旁树占地面积}{土地总面积} \times 100\%$$

资料来源：

各个市公报 2017。

16. 单位土地面积二氧化硫排放量

单位土地面积二氧化硫排放量的计算公式为：

$$单位土地面积二氧化硫排放量 = \frac{二氧化硫排放量}{土地调查面积 - 沙漠及戈壁总面积}$$

资料来源：

国家统计局城市社会经济调查司．中国城市统计年鉴 2018［M］．北京：中国统计出版社，2018.

国家统计局，生态环境部．中国环境统计年鉴 2018［M］．北京：中国统计出版社，2018.

各个市公报 2017。

17. 人均二氧化硫排放量

人均二氧化硫排放量的计算公式为：

$$人均二氧化硫排放量=\frac{二氧化硫排放量}{年平均人口}$$

资料来源：

国家统计局城市社会经济调查司．中国城市统计年鉴 2018［M］．北京：中国统计出版社，2018.

国家统计局，生态环境部．中国环境统计年鉴 2018［M］．北京：中国统计出版社，2018.

各个市公报 2017。

18. 单位土地面积化学需氧量排放量

单位土地面积化学需氧量排放量的计算公式为：

$$单位土地面积化学需氧量排放量=\frac{化学需氧量排放量}{行政区域土地面积}$$

资料来源：

国家统计局城市社会经济调查司．中国城市统计年鉴 2018［M］．北京：中国统计出版社，2018

国家统计局，生态环境部．中国环境统计年鉴 2018［M］．北京：中国统计出版社，2018.

各个市公报 2017。

19. 人均化学需氧量排放量

人均化学需氧量排放量的计算公式为：

$$人均化学需氧量排放量 = \frac{化学需氧量排放量}{年平均人口}$$

资料来源：

国家统计局城市社会经济调查司. 中国城市统计年鉴 2018［M］. 北京：中国统计出版社，2018

国家统计局，生态环境部. 中国环境统计年鉴 2018［M］. 北京：中国统计出版社，2018.

各个市公报 2017。

20. 单位土地面积氮氧化物排放量

单位土地面积氮氧化物排放量的计算公式为：

$$单位土地面积氮氧化物排放量 = \frac{氮氧化物排放量}{行政区域土地面积}$$

资料来源：

国家统计局城市社会经济调查司. 中国城市统计年鉴 2018［M］. 北京：中国统计出版社，2018

国家统计局，生态环境部. 中国环境统计年鉴 2018［M］. 北京：中国统计出版社，2018.

各个市公报 2017。

21. 人均氮氧化物排放量

人均氮氧化物排放量的计算公式为：

$$人均氮氧化物排放量=\frac{氮氧化物排放量}{年平均人口}$$

资料来源：

国家统计局城市社会经济调查司．中国城市统计年鉴 2018［M］．北京：中国统计出版社，2018.

国家统计局，生态环境部．中国环境统计年鉴 2018［M］．北京：中国统计出版社，2018.

各个市公报 2017。

22. 单位土地面积氨氮排放量

单位土地面积氨氮排放量的计算公式为：

$$单位土地面积氨氮排放量=\frac{氨氮排放量}{行政区域土地面积}$$

资料来源：

国家统计局城市社会经济调查司．中国城市统计年鉴 2018［M］．北京：中国统计出版社，2018.

国家统计局，生态环境部．中国环境统计年鉴 2018［M］．北京：中国统计出版社，2018.

各个市公报 2017。

23. 人均氨氮排放量

人均氨氮排放量的计算公式为：

$$人均氨氮排放量 = \frac{氨氮排放量}{年平均人口}$$

资料来源：

国家统计局城市社会经济调查司．中国城市统计年鉴2018［M］．北京：中国统计出版社，2018.

国家统计局，生态环境部．中国环境统计年鉴2018［M］．北京：中国统计出版社，2018.

各个市公报2017。

24. 单位地区生产总值用水量

单位地区生产总值用水量的计算公式为：

$$单位地区生产总值用水量 = \frac{总用水量}{地区生产总值}$$

资料来源：

国家统计局城市社会经济调查司．中国城市统计年鉴2018［M］．北京：中国统计出版社，2018.

国家统计局，生态环境部．中国环境统计年鉴2018［M］．北京：中国统计出版社，2018.

各个市公报2017。

25. 工业固体废物综合利用率

工业固体废物综合利用率是指工业固体废物综合利用量占工业固体废物产生量（包括综合利用往年贮存量）的百分率。计算公式为：

$$工业固体废物利用率 = \frac{工业固体废物综合利用量}{（工业固体废物产生量+综合利用往年贮存量）} \times 100\%$$

其中，工业固体废物产生量是指报告期内企业在生产过程中产生的固体状、半固体状和高浓度液体状废弃物的总量，包括危险废物、冶炼废渣、粉煤灰、炉渣、煤矸石、尾矿、放射性废物和其他废物等；不包括矿山开采的剥离废石和掘进废石（煤矸石和呈酸性或碱性的废石除外）。酸性或碱性废石指采掘的废石其流经水、雨淋水的 pH 值小于 4 或 pH 值大于 10.5 者。工业固体废物综合利用量是指报告期内企业通过回收、加工、循环、交换等方式，从固体废物中提取或者使其转化为可以利用的资源、能源和其他原材料的固体废物量（包括当年利用往年的工业固体废物贮存量），如用作农业肥料、生产建筑材料、筑路等。综合利用量由原产生固体废物的单位统计。

资料来源：

国家统计局城市社会经济调查司．中国城市统计年鉴 2018［M］．北京：中国统计出版社，2018.

26. 单位地区生产总值二氧化硫排放量

二氧化硫排放量分为工业二氧化硫排放量和生活二氧化硫排放量，其中工业二氧化硫排放量是指报告期内企业在燃料燃烧和生产工艺过程中排入大气的二氧化硫总量。计算公式为：

工业二氧化硫排放量 = 燃料燃烧过程中二氧化硫排放量 + 生产工艺过程中二氧化硫排放量

生活及其他二氧化硫排放量是以生活及其他煤炭消费量和其含硫量为基础，根据以下公式计算：

生活及其他排放量 = 生活及其他煤炭排放量 × 含硫量 $\times 0.8 \times 2$

单位地区生产总值二氧化硫排放量是指一定时期内某地区二氧化硫排放量与地区生产总值的比值。计算公式为：

$$单位地区生产总值二氧化硫排放量 = \frac{二氧化硫排放量}{地区生产总值}$$

资料来源：

国家统计局城市社会经济调查司．中国城市统计年鉴 2018［M］. 北京：中国统计出版社，2018.

国家统计局，生态环境部．中国环境统计年鉴 2018［M］. 北京：中国统计出版社，2018.

各个市公报 2017。

27. 单位地区生产总值化学需氧量排放量

化学需氧量（COD）是指用化学氧化剂氧化水中有机污染物时所需的氧量。COD 值越高，表示水中有机污染物污染越重。化学需氧量排放量主要来自工业废水和生活污水。其中，生活污水中化学需氧量（COD）排放量是指城镇居民每年排放的生活污水中的 COD 的量。用人均系数法测算。计算公式为：

城镇生活污水中 COD 排放量 = 城镇生活污水中 COD 产生系数 × 市镇非农业人口 ×365

单位地区生产总值化学需氧量排放量是指一定时期内该地区化学需氧量排放量与地区生产总值的比值。计算公式为：

$$单位地区生产总值化学需氧量排放量 = \frac{化学需氧量排放量}{地区生产总值}$$

资料来源：

国家统计局城市社会经济调查司．中国城市统计年鉴 2018［M］. 北京：中国统计出版社，2018.

国家统计局，生态环境部．中国环境统计年鉴 2018［M］. 北京：中国统计出版社，2018.

各个市公报 2017。

28. 单位地区生产总值氮氧化物排放量

氮氧化物排放量是指报告期内排入大气的氮氧化物量。

单位地区生产总值氮氧化物排放量是指一定时期内该地区氮氧化物排放量与地区生产总值的比值。计算公式为：

$$单位地区生产总值氮氧化物排放量=\frac{氮氧化物排放量}{地区生产总值}$$

资料来源：

国家统计局城市社会经济调查司．中国城市统计年鉴 2018［M］．北京：中国统计出版社，2018.

国家统计局，生态环境部．中国环境统计年鉴 2018［M］．北京：中国统计出版社，2018.

各个市公报 2017。

29. 单位地区生产总值氨氮排放量

氨氮排放量是指报告期内企业排出的工业废水和城镇生活污水中所含氨氮的纯重量。

单位地区生产总值氨氮排放量是指一定时期内该地区氨氮排放量与地区生产总值的比值。计算公式为：

$$单位地区生产总值氨氮排放量=\frac{氨氮排放量}{地区生产总值}$$

资料来源：

国家统计局城市社会经济调查司．中国城市统计年鉴 2018［M］．北京：中国统计出版社，2018.

国家统计局，生态环境部.中国环境统计年鉴2018[M].北京：中国统计出版社，2018.

各个市公报2017。

30. 节能保护支出占财政支出比重

节能保护支出占财政支出比重的计算公式为：

$$节能保护支出占财政支出比重=\frac{节能保护支出}{公共财政支出}\times 100\%$$

资料来源：国家统计局。

31. 城市污水处理投资占市政公用设施建设固定资产投资比重

市政公用设施建设指城市污水排放、雨水排放、路灯、道路、桥梁、隧道、广场、涵洞、防空等市政设施的维护、抢险、紧急处理、管理等活动。

计算公式为：

$$城市污水处理投资占市政公用设施建设固定资产投资比重=\frac{城市污水处理投资}{市政公用设施建设固定资产投资}\times 100\%$$

资料来源：国家统计局。

32. 城市园林绿化投资占市政公用设施建设固定资产投资比重

城市绿化是对社会环境资本的投入，其经济回报是多方面的，而且是十分丰厚的。城市对园林的需求分为两个方面：一是作为基础设施；二是作为休闲设施。

计算公式为：

城市园林绿化投资占市政公用设施建设固定资产投资比重＝

$$\frac{\text{城市园林绿化投资}}{\text{市政公用设施建设固定资产投资}} \times 100\%$$

资料来源：国家统计局。

33. 城市市容环境卫生投资占市政公用设施建设固定资产投资比重

城市市容环境卫生投资指为加强城市市容和环境卫生管理，创造清洁、优美的城市工作、生活环境而增加的投资。

计算公式为：

城市市容环境卫生投资占市政公用设施建设固定资产投资比重＝

$$\frac{\text{城市市容环境卫生投资}}{\text{市政公用设施建设固定资产投资}} \times 100\%$$

资料来源：国家统计局。

34. 城市垃圾处理投资占市政公用设施建设固定资产投资比重

城市垃圾处理投资指对于城市中产生的垃圾进行无害化处理而产生的成本费用。

计算公式为：

城市垃圾处理投资占市政公用设施建设固定资产投资比重＝

$$\frac{\text{城市垃圾处理投资}}{\text{市政公用设施建设固定资产投资}} \times 100\%$$

资料来源：国家统计局。

35. 每万人拥有公共汽车数量

每万人拥有公共汽车数量的计算公式为：

$$每万人拥有公共汽车数量=\frac{公共汽车总量}{地区人口（单位：万）}$$

资料来源：

国家统计局城市社会经济调查司.中国城市统计年鉴2018［M］.北京：中国统计出版社，2018.

36. 工业二氧化硫去除率

二氧化硫排放量是指报告期内企业在燃料燃烧和生产工艺过程中排入大气的二氧化硫总量。

二氧化硫去除量是指燃料燃烧和生产工艺废气经过各种废气治理设施处理后去除的二氧化硫总量。

工业二氧化硫去除率是指工业二氧化硫去除量占工业二氧化硫排放量和工业二氧化硫去除量总和的比重。计算公式为：

$$工业二氧化硫去除率=\frac{工业二氧化硫去除量}{（工业二氧化硫去除量+工业二氧化硫排放量）}\times 100\%$$

资料来源：

国家统计局城市社会经济调查司.中国城市统计年鉴2018［M］.北京：中国统计出版社，2018.

37. 工业烟（粉）尘去除率

烟（粉）尘排放量指报告期内企业在燃料燃烧和生产工艺过程中排入大气的烟尘及工业粉尘的总质量之和。

工业烟（粉）尘去除率的计算公式为：

工业烟（粉）尘去除率＝

$$\frac{\text{工业烟（粉）尘产生量}-\text{工业烟（粉）尘排放量}}{\text{工业烟（粉）尘产生量}}\times 100\%$$

资料来源：

国家统计局城市社会经济调查司．中国城市统计年鉴 2018［M］．北京：中国统计出版社，2018.

38. 城市污水处理率

城市污水处理率是指报告期内城镇生活污水处理量占城镇生活污水产生量的百分率。计算公式为：

$$\text{城镇生活污水处理率}=\frac{\text{城镇生活污水处理量}}{\text{城镇生活污水产生量}}\times 100\%$$

资料来源：

国家统计局城市社会经济调查司．中国城市统计年鉴 2018［M］．北京：中国统计出版社，2018.

39. 生活垃圾无害化处理率

生活垃圾无害化处理率是指报告期生活垃圾无害化处理量与生活垃圾产生量比率。在统计上，由于生活垃圾产生量不易取得，可用清运量代替。计算公式为：

$$\text{生活垃圾无害化处理率}=\frac{\text{生活垃圾无害化处理量}}{\text{生活垃圾产生量}}\times 100\%$$

资料来源：

国家统计局城市社会经济调查司．中国城市统计年鉴 2018［M］．北京：中国统计出版社，2018.

40. 城镇居民人均可支配收入

城镇居民人均可支配收入是指反映居民全部现金收入能用于安排家庭日常生活的那部分收入。它是家庭总收入扣除交纳的所得税、个人交纳的社会保障费以及调查户的记账补贴后的收入。

资料来源：

国家统计局城市社会经济调查司．中国城市统计年鉴 2018 [M]．北京：中国统计出版社，2018.

国家统计局．中国省市经济发展年鉴 [M]．北京：中国财政经济出版社，2018.

41. 人均住房面积

人均住房面积的计算公式为：

$$人均住房面积 = \frac{总住房面积}{人口数量}$$

资料来源：

国家统计局．中国省市经济发展年鉴 2018 [M]．北京：中国财政经济出版社，2018.

各市公报 2017；各市年鉴 2018。

42. 建成区绿化覆盖率

建成区绿化覆盖率指报告期期末建成区内绿化覆盖面积与区域面积的比率。计算公式为：

$$建成区绿化覆盖率 = \frac{建成区绿化覆盖面积}{建成区面积} \times 100\%$$

资料来源：

国家统计局城市社会经济调查司．中国城市统计年鉴 2018［M］．北京：中国统计出版社，2018.

43. 空气质量达到二级以上天数

城市空气质量等级是据城市空气环境质量标准和各项污染物的生态环境效应及其对人体健康的影响，所确定的污染指数分级以及相应的污染物浓度限值。

资料来源：

环保部网站；各市公报 2017。

44. 可吸入颗粒物浓度（PM2.5）年均值

可吸入颗粒物浓度（PM2.5）年均值的计算公式为：

$$\text{可吸入颗粒物浓度（PM2.5）年均值} = \frac{\text{全年总值}}{\text{总天数}}$$

资料来源：

各市公报 2017；各市年鉴 2018。

后　记

中国特色社会主义进入新时代，中国社会主要矛盾已经转化为人民日益增长的美好生活需要和不平衡不充分的发展之间的矛盾。对当今中国而言，人民最重要的美好生活需求便是对良好生活环境的渴望；最突出的发展不平衡不充分问题便是人与自然关系的失衡。绿色发展就是能够更好满足人民日益增长的美好生活需要的发展，绿色竞争力也将成为未来城市之间角逐的主要战场。

我们延续了上一年中国城市绿色竞争力方面的研究，于2019年年初开始筹划《中国城市绿色竞争力指数报告2020》的研究与写作。同年9月，初步确立了研究内容和研究方向。在写作过程中，多位专家对于研究的方法和内容等提出了建设性的意见。他们是：王灿发教授、杨万东教授、段光明研究员、陈浩教授、江明清处长、赵军利处长等。在此，对以上专家学者的热情支持和辛勤付出，表示由衷的敬意和诚挚的感谢！

《中国城市绿色竞争力指数报告2020》五易其稿，终于编写完成，即将出版。由于城市绿色竞争力的研究尚处萌芽阶段，并没有可以遵循的研究范式，加之主客观条件的限制，本书一定还有诸多不足之处。我们期待各界人士能够予以关注、参与探讨，共同推进城市绿色竞争力的研究，为实现可持续发展，做出积极贡献！

关成华

2020年4月

各章主要执笔人

章　数	撰稿人
总　论	关成华、韩晶
第二章	田易凡、冯娅
第三章	任璐、姜如玥
第四章	陈曦、孙雅雯
第五章	陈超凡、冯娅
第六章	高铭、彭一然
附　录	孙雅雯、王赟
统　稿	韩晶、陈曦、姜如玥